对话式研训：
教研转型新走向

主　编　孙志明
副主编　唐元毅　钟永强　徐　斌
编　委　刘　川　唐　煌　朱莉玲　张　倩
　　　　练富裕　袁向阳　田云春　刘艳艳
　　　　张森林　张　兵

西南交通大学出版社
·成　都·

图书在版编目（CIP）数据

对话式研训：教研转型新走向 / 孙志明主编. —成都：西南交通大学出版社，2021.8
ISBN 978-7-5643-7974-2

Ⅰ. ①对… Ⅱ. ①孙… Ⅲ. ①中小学–教学研究 Ⅳ. ①G632.0

中国版本图书馆 CIP 数据核字（2021）第 028269 号

Duihua Shi Yanxun：Jiaoyan Zhuanxing Xin Zouxiang
对话式研训：教研转型新走向

主　编 / 孙志明　　　　　策划编辑 / 覃　维
　　　　　　　　　　　　责任编辑 / 梁　红
　　　　　　　　　　　　封面设计 / 原创动力

西南交通大学出版社出版发行
（四川省成都市金牛区二环路北一段 111 号西南交通大学创新大厦 21 楼　610031）
发行部电话：028-87600564　028-87600533
网址：http://www.xnjdcbs.com
印刷：四川煤田地质制图印刷厂

成品尺寸　170 mm×230 mm
印张　16.25　　字数　233 千
版次　2021 年 8 月第 1 版　　印次　2021 年 8 月第 1 次

书号　ISBN 978-7-5643-7974-2
定价　75.00 元

图书如有印装质量问题　本社负责退换
版权所有　盗版必究　举报电话：028-87600562

师培因对话而精彩

王建强

　　自教育产生之日起,对话就与之相约,并磕磕绊绊地走到一起。

　　每天,我们都在和别人交流,与别人进行着这样或那样的对话,但此对话并不是真正意义上的对话。在哲学家眼里,对话就是对话双方相互理解的过程,是一个认识自我、反思自我的过程,是对话双方在已有经验和知识的基础上,从各自的理解出发,以语言为中介,以交往、沟通、意义为实践旨趣,促进双方视界融合、意义再生的一种交往活动。

　　对话式研训中的"对话",是在特定的研究与培训的场域中,培训者与受训者基于教育教学实践问题,以对话为基本方式,以行为改善为主要目标,将教师培训与教学研究融为一体,在认知、情感、意蕴等方面进行的多元交流活动。

　　作为一种沟通方式,对话意味着平等融洽,彼此没有居高临下的地位尊卑和话语霸权,只有你来我往的思想交锋和情感交流;作为一种认知方式,对话意味着动态生成,是在体验、感悟、理解中不断与心灵耦合、磨合与对接，进而超越认识，修正观念，重构知识系统，进行高层次对话——心灵对话；作为一种活动方式，对话意味着与体验、语言、精神的同筑同构，彼此在平等、倾听、接纳、敞开的基础上达成双方的视界交融；作为一种评价方式，对话意味着多元主体的多维互动。

基于"任务驱动多，训前诊断少；行政要求多，需求满足少；自上而下多，自下而上少；通识培训多，分层研训少；单向灌输多，互动研讨少；专题辅导多，课程建构少"的实际问题，宜宾市翠屏区以课题研究为载体，将问题上升为课题，力图通过"对话"的方式，建构起对话式研训的基本模式与推进路径：遵循"搁置争议、平等对话、开放共享、科学推进"四大原则；遵守"差异的尊重、开放的倾听、谦卑的外推、自觉的反思"四大准则；遵照"实践问题→研训话题→思想碰撞→视域融合→策略生成→行为改善"六大环节；运用"基础工具箱、维护工具箱、策略生成箱"三类工具；形成"个体对话式研训、多维对话式研训、专题对话式研训、双向对话式研训、案例对话式研训"五种模式……正是在逐级递进、逐层深入的螺旋上升过程中，各个环节紧紧相扣，各种工具灵活运用，将培训主题贯穿始终，释放出了师培的教育力量，师培也因对话而精彩。

在对话式研训的场域中，培训者与参训者的对话，不是一方压制另一方，而是"平等中的首席""学习的伙伴"；不是单纯的同意或反对，也不是简单的问答，更不完全等同于"讨论"，而是观点的碰撞、智慧的共享……对话式研训的最高境界是"无心插柳"式的相遇、相知和相通，是一种"神会"——在思想深处相互碰撞，在精神深处相互鼓励，在情感深处相互感染，最终达到视界融合、精神沟通、心灵互动和人格完善的理想境界。

"以往培训，总感觉专家高高在上，培训总是收获甚微，而对话式研训通过不同阶段、不同形式的对话，激发了我们的参培热情，指导我们逐步深入，让我们从被动走向主动。""培训前的课程方案、预习作业的提前发布，让我们心中有数，有话可说；培训中的自我对话、同伴对话、书本对话，让我们想说、敢说、能说。""这样的培训，切实改变了以往的灌输式和与实践脱节的状况，让我们处于积极思考及自主建构的状态，最大限度地激发了我们培训的主体意识。"……正如老师们的感慨，对话式研训，立足对话，变"培训"为"研训"，犹如一个加速器，让校本研修根植于教师实践中的"真问题"，改变了教师被动参与的状态，促进了教师专业知识的横向延伸、纵深拓展，促进了教师专业的快速发展。同时，对话式研训还对学校教研方式的变革、区域师培路径的创新和教育质量的提升都产生了积极的推动作用。

当然，对话式研训下的"对话"并不是一蹴而就的，而是一个知识习得、经验积淀、智慧共享的过程。为此，我们要从生命的高度、生活的视角及时捕捉、巧妙把握对话的话题，创设"趣、新、奇、疑"的对话情境，搭建起学习群体探索真理、提升人格的生命场景和平台，并动态调控对话过程，特别是让那些对话的边缘者、旁听者能够实质性地走进对话场，参与对话，共享对话，从中得到实质性的表达和淋漓尽致的表现，进而彰显出师培的独特魅力和潜在的育人力量。

（作者系《四川教育》副主编、副编审）

前 言 Preface

教师培训是教师教育非常重要的一个方面，也是促进教师专业成长重要的手段。我国从中华人民共和国成立初期就已开展了教师培训，但只是简单意义上的"教师进修"或"在职学习"。1977 年 12 月，教育部下发了《关于加强教师培训工作的意见》，这是我国最早使用"教师培训"名称的文件。1990 年，国务院颁布的《面向 21 世纪教育振兴计划》提出了中小学教师"继续教育工程"。1999 年 9 月 13 日，教育部制定的《中小学教师继续教育规定》正式发布施行，标志着我国中小学教师培训走向制度化和法制化。随后，关于教师信息化和教师网络联盟化等文件的颁布，使我国教师培训实现了全员化、多元化。

为教师培训而独立设置的教师研修机构——教师进修学校诞生于 20 世纪 50 年代中期，是专门从事中小学教学研究、管理和指导的业务部门；复兴于改革开放、尊师重教的时代洪流中，承担着新教师培养和教师学历达标培训、学历补偿培训等工作。60 多年来，教师研修机构始终围绕了解和研究、服务和推动基础教育开展工作，成为我国基础教育发展的一股不可缺少的专业支持力量。

宜宾市翠屏区教师培训与教育研究中心（以下简称"中心"，1997 年因行政区域调整更名为宜宾市翠屏区教师进修学校）是由宜宾市翠屏区教师进修学校、宜宾市翠屏区教研室、宜宾市翠屏区电教馆合并而来，是宜宾市翠屏区人民政府领导、宜宾市翠屏区教育局主管，具有独立法人资格的办学实体，属于师范性质的全民所有制的成人中等职业学校。"中心"是四川省示范性县级教师培训机构和全国示范性县级教师培训机构，一直致力探索作为研训机构该如何创新教师培训理念、变革培训方式、优化培训课程等，致力引领教师在常态的教育教学环境中成为教育思想的激荡者、教育改革的先行者、教育实践的领跑者、教育理念的落实者、教师专业成长的合作者。"中心"在成立之初就率先提出了以"做教育思想的激荡者"为校训，以"提高教师素质，服务基础教育"为办学宗旨，明确了"以培训为主线，以科研为引领，以教研为载体，以技术为平台，构建翠屏特色的教师研训模式"的办学思路。

近年来，作为全国示范性县级教师培训机构，"中心"与北京师范大学、西南大学以及上海、深圳、浙江等教育发达地区的相关机构进行了广泛合作，先后承担近二十项"中小学教师国家级培训"（以下简称"国培"）工作。为了让"国培"学员既有精深的学科专业知识，又有精湛的学科教学技能，更有独到的学科教育思想，"中心"通过区域教师培训和"国培"的不懈探索，进一步提出了"对话式研训"的新理念。

百年大计，教育为本；教育大计，教师为本。教师培训不再是新鲜话题。各个国家、各个地区为了加快教育发展，都在加快推进教师培训工作。尽管教师培训工作日益受到广泛关注，教师自我提升的需求也越来越强烈，但现实的教师培训工作并不能满足广大中小学教师日益增长的专业发展需求。

"坚持把教师队伍建设作为基础工作。"宜宾市翠屏区聚焦校本研修，以"对话式研训"培育区域教师研修文化、培育新时代"四有"好教师，为建设"开放、智慧、活力"的翠屏教育新体系奠定牢固的根基。

从2003年起，翠屏区全面推进校本研修。经过十多年的探索，翠屏区逐步建立并完善了整合线上线下"区—片区—学校"三级联动的混合式教师研训体系，在全区推进对话式研修，将教师发展的阵地前置于学校，将教师发展的重心下移到学科教研组，将教师发展的方式从外铄转为内生。

本书的出版就是为了介绍"对话式研训"教师培训模式，给教师培训工作提供可资借鉴的新路径。

本书详细介绍了中小学教师"对话式研训"的理念、操作的过程、实施的方法及相关技能，并附有培训实录，使读者能更深入地认识"对话式研训"。本书是教师培训管理者、培训师、一线教师共同研究和实践后的成果。几年来，培训团队走向了大江南北，受到了教育专家和一线教师的肯定和欢迎。纵观全书，有以下三个特点：

1. 创新性。长期来，"一人讲，多人听"的教师培训模式是一种接受式的培训，受训者始终处于被动的状态，参与的主动性、积极性不高，培训的实际效果不佳。而"对话式研训"却动员了所有参训教师"下水"，变接受式培训为参与式培训，参训教师既是受训者也是培训者。这一创新的培训模式改变了教师对目前在职培训的认识，也使得教师积极、踊跃地参与到培训工作中，且颇有收获。

2. 实效性。"对话式研训"是综合多年来我国教师培训模式中广受教师欢迎的方法，形成的创新培训模式。各个阶段相互串联，一线教师在参加培训的过程中充分发挥其积极性、主动性，在培训中充分感受思想的碰撞与冲击，形成自身的教育理念，并实现教育理念到教育行为的转换和内化，培训的实际效果明显。"对话式研训"更是一种参与式的开放培训模式，以问题为中心的参与探索学习，倡导将培训与教学有效结合，搭建教育思想与教育行为融合、互通的平台；注重教师的参与，避免教师在培训结束后产生事不关己的困惑。很多教师在参与"对话式研训"培训后直呼这样的培训"真有效""真过瘾""真解渴"。

3. 操作性。在操作上，"对话式研训"有系统与互动两个关键。"实践问题—研训话题—思维碰撞—视或融合—策略生成—行为改善"这六个阶段围绕一个中心问题展开，着重在培训过程中让全部参训者"动起来"，在多个环节上增加专家与教师、教师与教师间不同形式的互动讨论。其基本思路大致可表述为：思想引领—实践研修—形成教师个人教育信念和行为。本书详细介绍了"对话式研训"培训模式，并附有培训的优秀实录，提供详细的借鉴范例，同时还有各地的教育专家、一线教师对"对话式研训"培训的评价与建议。一线教师可以在研读本书之后，根据自身的实际条件进行校本培训和自我提升。

作为教师专业发展的新途径，"对话式研训"不仅对教师在培训模式上予以示范，更在教师的一些基本素养和技能上做了详细的指导。本书主要围绕四个方面的内容进行阐述，第一，介绍"对话式研训"的概念、要素、特征、价值、原则等；第二，详细介绍了"对话式研训"的操作模式、行动策略、实用工具、运作机制中优秀教师需要具备的相关素养；第三，对区级研训、校本研训进行介绍；第四，从评价要素、评价运用、研训效果方面展现了"对话式研训"的部分实录，并汇集了全国部分教育专家、一线教师对"对话式研训"的评价与建议。本书编排详略得当，方便读者在书中寻得自我提升的重要信息和一些技能的方法指导。

最后，感谢《四川教育》副主编王建强在百忙之中为本书作序；感谢宜宾市翠屏区师培中心培训团队和 18 个子课题学校主研人员对本书的编写和培训推广倾心的付出；在此，一并致谢。

四川省教育科学研究院科研管理所所长王真东、宜宾学院原党委副书记刘维鸿、宜宾学院教授何奎莲和刘伟、宜宾市教科所教改室主任黄绪富为本书的编写和出版提供了积极支持，特此表示谢忱之意。

宜宾市人民政府总督学黄耀学，宜宾市教科所所长黄滨，宜宾市教育局师训科科长谢清，宜宾市翠屏区教育和体育局局长向庆明、副局长黄清华和聂林丘，宜宾市翠屏区政府总督学鲍媛媛等领导长期关心与支持，在此表示深深的谢意。

书即付梓，倍感欣慰。衷心期待来自读者的声音——无论是批评还是褒奖，都是对我们极大的鼓励和鞭策。

编　者

2020 年 7 月

目录 contents

第一章　理论寻踪：对话式研训的发展溯源
　　第一节　对话的研究概述 …………………………………002
　　第二节　对话教学的概述 …………………………………005
　　第三节　对话式培训概述 …………………………………014
　　第四节　对话式研训概述 …………………………………018

第二章　概念建构：对话式研训的内在体认
　　第一节　对话式研训的概念界定 …………………………027
　　第二节　对话式研训的内在特性 …………………………034
　　第三节　对话式研训的行动准则 …………………………038

第三章　行动路径：对话式研训的实践操作
　　第一节　对话式研训的操作环节 …………………………044
　　第二节　对话式研训的行动策略 …………………………067

  第三节 对话式研训的实用工具 …………………………… 073
  第四节 对话式研训的操作模式 …………………………… 080

第四章 实践应用：对话式研训的行动范式
  第一节 培训者的培训 ………………………………………… 091
  第二节 新教师的培训 ………………………………………… 109
  第三节 骨干教师培训 ………………………………………… 125
  第四节 学科教学研训 ………………………………………… 136
  第五节 学科网络研训 ………………………………………… 154
  第六节 家校协同研训 ………………………………………… 175

第五章 效果评价：对话式研训的实践成效
  第一节 对话式研训评价 ……………………………………… 190
  第二节 对话式研训效果 ……………………………………… 210

参考文献 ……………………………………………………………… 238
后 记 ……………………………………………………………… 242

第一章

理论寻踪：对话式研训的发展溯源

【导语】

对话，已悄然走进我们的生活，逐渐成为人们的生存状态，成为当代社会的关键词、时代的主旋律。

在这个对话的时代，对话的潮流已经波及学校教育、教学领域，已成为新课程教学的要求与使命。同时，教育对话也回应了时代的精神，并或多或少地以各种形态体现在新的教育理念与实践之中。

对话式研训并不是空穴来风，而是有迹可循，有源可溯。无论是中国文化，还是西方文化，都有先哲推崇和主张通过"对话"来探究真理和知识，如孔子、苏格拉底都采用对话的形式来教学，彰显出了非凡的时代意义。

对话理论源远流长，有其哲学基础、社会学基础、心理学基础和教育学基础：米哈伊尔·巴赫金强调了对话的必然性，戴维·伯姆则强调了对话的创造性，马丁·布伯强调了对话的平等性，保罗·弗莱雷强调对话的批判性，促使教育重新肩负起造就人、造就世界的责任……这些对话理论和对话精神，为对话式研训奠定了理论基础。

第一节　对话的研究概述

一、对话的发展溯源

对话是一种认识方式，是对话主体双方从各自理解的前结构出发，所达成的一种视界融合。对话包含着诸如交流、沟通、研究、讨论、辩论等，还包含着以实践活动（如实验、参观、调研、实习、模拟、演练等）为平台或载体而进行的语言和思想。

作为一种活动形式，对话可追溯到古希腊时代的"苏格拉底式对话"。"苏格拉底式对话"是一种采用对谈的方式，以澄清彼此观念和思想的方法。苏格拉底认为，透过对话可使学生澄清自己的理念、想法，使谈论的话题清晰。苏格拉底方法又叫"问答法"，从头到尾都是以师生问答的形式来进行的。苏格拉底在进行概念教学时，先抛出问题让学生思考，而非直接把概念告诉学生。如果学生回答问题错了，并非马上进行纠正，而是以问题的形式来引导学生进一步思考，并在层层引导中找到正确的答案。苏格拉底法有三个步骤：第一步，苏格拉底讽刺。在苏格拉底看来，如果一个人不谦逊"自知其无知"，就不可能真正学到真知。第二步，定义，即在反复诘难和归纳的问答中得出明确的定义和概念。第三步，助产术，即引导学生自己进行思索，自己得出结论。在苏格拉底看来，自己的工作就是帮助他人"生出"正确的思想，同时，只有发自内心的知识才能使每个人拥有真正的智慧。

最早提出对话概念的是俄国文艺理论家米哈伊尔·巴赫金。"生活就其本质说是对话。"正如米哈伊尔·巴赫金所言，对话并非独语，它既是目标指向，又是具体方式。它强调参与对话的人全心投入，并在观念、意识、行为等方面发生变化。同时，米哈伊尔·巴赫金还认为："对话是人的存在方式，对话交际才是语言的生命真正所在之处。"在米哈伊尔·巴赫金看来，对话就是在民主平等、坦率真诚的氛围下，主客体在相对独立、彼此尊重的前提下进行言语交流。

被称为现代"对话"概念之父的马丁·布伯认为,"存在"并非"我"自身所具有,而是发生于"我"与"你"之间。他指出个体"我"不应当把他者视为客体而形成"我—它"关系,而应建构平等的"我—你"关系,使人与世界、与他人之间构成平等的相遇,这种"我—你"关系和敞开心扉便被称为"对话"。

"对话仿佛是一种流淌于人们之间的意义溪流,它使所有对话者都能够参与和分享这一意义之溪,并因此能够在群体中萌生新的理解和共识。"正如英国思想家、物理学家戴维·伯姆所言,对话追求的并不是单方面的胜利,而是"一赢俱赢""在对话中,人人都是胜者"。开展这种对话,关键点就在于破除思维背后的束缚。为此,我们只有在对话中找到具有内聚力的精神能量,才能超越单纯为解决社会问题而进行对话的范畴。

作为儒家的经典著作,《论语》是由孔子的弟子及其再传弟子编撰而成,记录了孔子和弟子们之间的问答,是中国古代对话教学的滥觞。《论语》以语录体的形式,通过对话,展示了孔子和弟子们的言行,表达了孔子的道德观念、伦理思想、政治主张、教育原则。

二、对话的哲学基础

对话的内涵,是基于一定的对话哲学观,要从哲学上的"主体间性"说起。现代西方哲学认为,存在是主体间的存在,孤立的个体要变为一种交互主体,存在要转换成一种对话。在这种思想下,不少学者阐述了自己对"对话"的不同理解。

在哲学层面,米哈伊尔·巴赫金强调了对话的必然性,马丁·布伯强调了对话的平等性,戴维·伯姆则强调了对话的创造性;在教育学层面,保罗·弗莱雷强调对话的批判性,促使教育重新肩负起造就人、造就世界的责任。可以这样说,对话既是一种理念——引导自我深入思考、叩问教育的本质,又是一种指导教师开展教育工作的手段。

引导对话从哲学理论向教育和教育观转变的,首推当代巴西教育家保罗·弗莱雷。他认为,传统的教育是"储存式的教育""学生是保管人,教师是储户。教师不是去交流,而是发表公报,让学生耐心地接受、记忆和重复储存材料"。正是在对话理念的引领下,教育要"成为一种颠覆性的力量",就需要教师通过对话教育,唤醒每个学生的发展活力,激发每个学生的生命潜能,让每个学生都看到自己的价值,履行好自己的责任,进而在改造世界中完善人格、追求人性。

三、对话的理论研究

对话理论,可以说是源远流长。无论是中国文化,还是西方文化,在早期都有先哲主张或推崇通过"对话"的方式去探究真理、丰盈知识。例如,孔子、苏格拉底的对话教学,成效显著,意义非凡。这种对话往往是探索一定真理、知识的手段,同时,对话还被赋予了特定的哲学、社会学、文化学和教育学等多个领域的内涵。对话作为一种理论,其覆盖的内容极其广泛,研究的方向和角度因而也呈多样化,包括哲学方向、文学和语言学方向、心理学方向、社会学方向,以及教育学方向等。

我国不少学者结合自身实践,学习、借鉴国外的对话理论,多维、多向地对对话教育展开了深入研究:钱中文教授站在哲学的角度,分析出米哈伊尔·巴赫金对话思想的核心词是交往;祁晓冰则从人本主义的视角出发,揭示了对话理论的本质内涵是民主精神;尉乐音明确了米哈伊尔·巴赫金在对话理论发展中的奠基角色,并指出"没有足够的尊重、没有平等的交流平台,便没有对话"……看来,对话是建立在对彼此差异性的尊重的基础之上的。同时,我国一些学者为了切实改变中国教育领域的师生关系障碍,运用了对话理论,对传统的师生关系进行了客观的评价。当然,要想真正改变现有的师生关系,我们就要先从理论高度对师生关系进行分析和解构,并结合教学实践进行检验和修改。例如张增田、靳玉乐在《马丁·布伯的对话哲学及其对现代教育的启示》一文中强调马丁·布伯的对话哲学对中国教育的指导意义,揭示了马丁·布伯对话思想的本质在于让他人有重新认识教育的机会:教育的本质不是为了统治而存在的，而是使人成为人；教育的目的并非使人驯化，而是使非健全人成为健全人。

第二节　对话教学的概述

"通过对话和各自阐述自己的理由进行争论，这是 21 世纪教育需要的一种手段。"正如联合国教科文组织在《教育——财富蕴藏其中》一文中强调，时代呼唤对话教学，不但将对话作为一种手段，更应将对话上升为一种理念和精神。德国的格林伯格认为，所有的教学都进行着最广义的对话，不管哪一种教学方式占支配地位，相互作用的对话都是优秀教学的一种本质性标识。作为一种新的教学理念，对话教学体现了师生、生生之间民主、平等、沟通、互动、合作的一种多项交流的教学形态。

一、对话教学的理论基础

（一）哲学基础

哲学是理解世界的方式，教育使人学会理解世界。马丁·布伯（1878—1965）是"20 世纪真正世界性的人物之一。他是一个伟大的哲学家——他的诗性哲学经典《我与你》被普遍看成是 20 世纪最有影响的著作之一"。双重世界是布伯对话理论的哲学根基。《我与你》开篇就指出："人执持双重的态度，因之世界于他呈现为双重世界。"人与世界有两种截然不同的关系，即"我—它"关系和"我—你"关系。这两种关系的不同不在于对象的不同，而在于关系本身。马丁·布伯推崇的"我—你"关系则是双方全身心地投入其中，互相视对方为目的，具有直接性、当下性和相互性。"我—你"关系则是真正的"对话"。只有"我"与"你"相遇之时，对话才能真正展开，即"我—你"关系与"对话"是直接同一的。

对话具有相互性。这里的"相互性"是指"我"和"你"彼此敞开心扉,心怀对方、体验对方:"我"向"你"敞开了心扉,对"你"告谓"我"所发生的一切,而"你"全身心领受和回应了"我"的告谓,对话就自然在彼此之间产生;如果"我"向"你"敞开心扉,开放自己,而"你"却没有用心领受"我"的告谓,那对话将无法产生,即"失之交臂"。而"我"和"你"是对话的两维,缺一则不构成对话。"显然,在对话的师生关系中,教师首先要对学生怀有尊重,并在肯定学生整体人格的意义上,呼唤学生的共同参与,体会与学生的合作分享。"

21世纪伊始,教育界针对"灌输式"教学,兴起了声势浩大的"教改"。于是,"对话德育""对话教学"破土而出,成为时代的热门话题。同时,学界也开始关注对话理论之父马丁·布伯,在深入学习中探讨马丁·布伯的师生关系理论,并在教育教学中运用对话哲学。

(二)社会学基础

长期以来,以地缘、血缘关系构筑起的中国传统文化强调以"孝"为核心,着力构建家族秩序,并由此引申出"忠君"思想。中国传统文化讲究"敬老爱幼""尊师重道"及"贵和尚中"等,这样的社会文化基础势必导致学生在课堂上对老师的尊重和顺从,视教师所言为"天经地义",少有怀疑。

其实,教育是一个不断发展、卓越前行的过程。这个过程既使学生的个性得到充分的发展,又使学生个体充分社会化,特别是孔子"有教无类"的教育中包含了"平等"的思想。作为对话教学的初始阶段,《论语》中所表现出来的孔子与弟子对有关问题的交流方式,也开启了对话教学的先河。社会,切实需要教育进行对话。

(三)心理学基础

在美国著名人本主义心理学家亚伯拉罕·马斯洛所提出的需要层次理论中,自我实现需要是人最高层次的需要。马斯洛的需要层次论对教育有着极重要的价值和意义。沛·西能在《教育原理》中说道："一切教育的根本目的应该是帮助男女儿童尽其所能达到最高的个人发展。"教育的最高目的应该指向人的自我实现，而心理学研究表明，作为生命个体都有得到尊重的需要，生命的激情就是在受到尊重的过程中得到释放。然而，在新课程的大背景下，一些教师由于对课堂教学改革认识不到位，放不下自己的权威和身份，没有把自己当成是学生学习的伙伴，没有与学生共建民主平等、互敬互爱、互教互学的新型师生关系，从而难以让学生进入平等对话的氛围，享有平等对话的权利，拥有平等对话的条件，没有和谐、融洽的课堂，对话在课堂教学中就难以实施。

传统教学只将学生作为一个社会需要的人来加以培养，很少关注学生的个性、欲望、价值等，引发了学生的自我失落、忽视了学生的自我需求。而学生在对话教学中可以尽情地舒展生命、在师生交流中碰撞出智慧的火花，进而彰显出生命的活力，达成自我实现的需要。

（四）教育学基础

《论语》中，孔子与学生的一问一答、互动交流、平等对话应该是我国早期对话教学实施的典范。古希腊时期的思想家、哲学家和教育家苏格拉底认为对话是一种采用对谈的方式，以澄清彼此观念和思想的方法。苏格拉底认为透过对话可使学生澄清自己的理念、想法，使谈论的课题清晰。

保罗·弗莱雷在《被压迫者的教育学》中旗帜鲜明地提出了"对话式教学"。"对话是人与人之间的接触，以世界为中介，旨在了解世界。"正如他所言，对话的本质就在于对话双方通过交流了解世界的过程。

"我们在思考，怎样才能找到人与自然、人与人只是相互作用的那个领域，以便在这个领域里用认识来鼓舞起他的精神。这里最主要的是，要是一个人终于有一天发现自己是知识的主宰者，使他体验到一种驾驭真理和规律性的心情。"正如苏霍姆林斯基在《给教师的建议》所强调，人与人、人与物之间相互的关系，主要通过对话来实现"发现自己是知识的主宰者"。

同时,《基础教育课程改革纲要》(试行)也明确指出:"改变课程实施过于强调接受学习、死记硬背、机械训练的现状,倡导学生主动参与、乐于探究、勤于动手,培养学生搜集和处理信息的能力、获取新知识的能力、分析和解决问题的能力以及交流与合作的能力。"这就为"对话教学"的实施提供了政策依据和理论基础。

二、对话教学的基本内涵

对话既是一种教学原则,又是一种教学方法。理解对话教学,我们很容易步入两个误区:要么把对话教学看成是以对话为手段的教学;要么把对话教学看成是以对话为原则的教学。这两种理解存在着一定的差异:前者是对话方式在教学中的应用;后者则是体现现代对话精神的教学。对话,无论是作为语言学形式,还是时代的行为原则,虽然有意义上的联系,但又是截然不同的。

对对话教学的理解,我们可从狭义与广义两种角度来理解:狭义的对话仅仅发生在人与人之间。那么,狭义的对话教学就是指以师生平等为基础,以对话为手段,以意义的生成为实践宗旨,促进主体取得更大融合的一种教学形态。而广义的对话不仅仅发生在人与人之间,还可以发生在师生与文本之间。广义的对话教学就是指建立在平等、理解、信任和民主关系下的师生、生生间在思想、情感和精神上发生的互动交流与沟通参与,以对话精神为原则,合理协调教师、学生及文本三者之间的关系,以开放性、生产性和创造性为表征的开放的、动态的交流过程。

对话教学是对话的时代精神在教育领域的体现,是对传统教学方式进行挑战与革新的一种教学方式。对话意味着学生从各种束缚、禁锢、定式和依附中超越出来,挑战书本、教师和权威。在新一轮课堂教学改革中,课堂教学必须关注学生的生命个体,给学生以主动探索、自主支配的时间和空间;关注学生的学习方式,构建民主、平等、合作的师生关系;关注学生的个性心理,创设对学生有挑战性的问题情境;关注学生独有的文化,增加师生、生生之间多维有效的互动。而根据现有对话教学的理论研究来看，对话教学这种方式能够比较好地将对学生的种种"关注"统一在具体的教学中。

近年来，在对"对话教学"的研究中，一套较完整的对话教学理论正在逐渐形成，其中比较著名的具有代表性的学者有德国的格林伯格、巴西的弗莱雷和我国的钟启泉、刘庆昌等。格林伯格认为在所有教学中，都进行着广义的对话，不管哪种教学方式占支配地位，相互作用的对话都是优秀的一种本质性的标识。在他看来，教学原本是形式的对话，具有对话的性质。弗莱雷最主要的思想就是反对传统的"讲授式教学"，提倡"对话式教学"。钟启泉特别强调师生要"借助于直接性的对话，取得心灵的沟通，达到互识共识，将显得更加重要"，而刘庆昌则提出了"对话教学是对话的时代精神在教育领域的回应"，是"民主平等的教学、沟通合作的教学、互动交往的教学、创造生成的教学、以人为本的教学"。

三、对话教学的基本特征

（一）以民主平等为前提

长期以来，在"师道尊严"的浸润与影响下，教师成了真理的化身、知识的权威，师生关系并没有真正实现平等，而师生之间更多的是教师的"独白"，缺少相互间真正的"对话"。在新课改的语境下，教师既要关心、尊重、爱护学生，又要建立起一种民主的、平等的、和谐的师生关系，实现师生双向互动和坦诚对话。所以，在课堂对话教学中，师生之间应该建立一种民主的、平等的、融洽的、协调的人际关系。师生间只有彼此平等，才有"说"和"听"的对等；师生间也只有平等，才能说出内心真实的自我。"对话"中的说者是谦虚的，听者才会是认真的。教师掌握了学生的情况，学生理解了老师的意图，双方在彼此信任中开展交流，接纳对方，获得彼此意义的生成。在这种关系的引导下，学生就会迸发出智慧和灵光，就会充分调动学习的主动性、积极性、探究性、协作性和创造性，进而增强未来社会的责任感。对话教学是在平等、民主、和谐的氛围中，师生作为独立的对话主体共同进入课堂场域，在双向倾听、包容与理解中建构会晤关系。

（二）以沟通参与为基准

教师在对话教学实践中要实现由控制向沟通引导的定位转向。教师应理性审视对话教学实践，不过分推崇标准与程序而致重回灌输式教学的原点。教师的职责是引导学生敞开心扉，用心倾听与畅快表达，培养独立人格与完整个性。对话教学需要师生间的交互沟通、共同参与，否则就不是对话教学。新课程强调，教学就是教师的"教"与学生的"学"的一种交往，师生在共同参与、彼此沟通、相互启发、适时补充中，分享彼此的思考、知识和经验，沟通彼此的观念、体验、情感，进而丰富教学内容、求得新的发现，力图达成共享、共识、共进，实现师生的教学相长与共生共长。

（三）以互动对话为核心

在传统的教学实践中，教师成为教学的中心，其任务就是无条件向学生灌输知识，而学生就成为无条件接受知识的容器。在对话教学中，教师要充分重视学生"说话"的权利，而学生在听与说的过程中，了解他人的认识，生成自己的情感、态度、价值观。在动态变化的网络时代，随着知识的更新加速，学生接触面不断拓展，信息来源快，思维活跃，在某些方面可能比老师知道得还多。在这种情况下，教师便要向学生学习，"对话"成为必然的选择，互动交流、合作探究成为必然的方式。

对话的本质属性是主体性。师生都具有独立的人格和人生的价值，都是课堂教学的主体。师生没有高低、尊卑、强弱之分，在人格上、价值上是完全平等的。师生关系是一种平等的、双向的、理解的关系，利用对话教学在师生间、生生间、学生与文本间、学生与多媒体间开展广泛的信息交流和信息反馈。教师运用多种教学手段，使不同水平和能力的学生通过合作实现"互补"，达到共赢。

（四）以共生同长为目的

对话教学应以育人为根基，站在学生的立场聆听并接纳他们的需求，关照他们个性化、完整性声音的自主表达与呈现，切忌借对话之名控制课堂和规训学生。

教师不仅要关注对话教学中的"事"，更要关注教学中的"人"，即在对话教学中，不仅关注教学任务的完成，更要关照学生成长。对话教学中的"成长"指向学生与教师的共同成长，让师生在"有话能说、有话要说"的话语空间中表达自我，体验课堂的存在感、归属感和幸福感。

对话教学要实现老师和学生共生同长的目的，还要注意提升教师教学的对话智慧：一是在对话中反思对象、情境和观点的变化，防止学生声音被掩盖或遮蔽；二是敏锐感知学生话语，对其来源、特点、变化及隐含意义保持警觉，适时给予反馈和引导；三是学会换位思考，了解辨别学生话语的本意；四是真诚、谦虚、主动参与学生的话语环境，与学生达成认知、情感与精神上的紧密联系。

四、对话教学的表现形式

在对话教学中，"对话"是一个环节，是一个过程，更是一种理念。对话教学的基本表现形式有师本之间、生本之间、师生之间、生生之间四种。通过共同参与、相互沟通，学生、教师、文本要实现和谐统一。

（一）师生对话

作为对话教学的最基本形态，师生在课堂上进行的生问师答、师问生答是最经常发生的对话形式；而课外，师生的对话方式还表现为日记、周记、作业、试卷、随笔、总结等。例如，教师通过对学生作业的批改这一渠道，既可以真实地了解学生内在的想法，又可以以批语的形式对学生进行指导与建议。同时，师生在交往过程中，也可以通过眼神来暗示、动作来指示，进行无声的对话。可以说，肢体语言既是师生的沟通方式，又是师生对话的有效形式。

师生对话是基于师生互相尊重、信任和平等的立场,通过言谈和倾听而进行的双向沟通、共同学习的过程。对话作为一种教育精神,强调师生人格的平等,即师生之间只有价值的平等,而没有人格高低贵贱、权势强弱之分。在对话中,教师和学生作为有生命的、具有平等地位的人相遇,相互尊重彼此的独特个性,自由而持久地交换意见,共享不同的个人经历、人生体验。对话中,教师和学生共同学习民主和平等的观念,学习尊重差异、尊重生命。由此,教师和学生之间就形成了真正的人与人的关系。对教学而言,教学对话意味着互动,意味着参与,意味着相互建构。传统意义上的"教师教"和"学生学"将不断让位于师生互教互学,彼此形成一个真正的"学习共同体"。对学生而言,对话意味着心态的开放、主题的凸显、个性的展现、创造性的解放;对教师而言,对话意味着上课不是传授知识,而是一起分享理解,上课不是无谓的牺牲和时光的耗费,而是生命活动、专业成长和自我实现的过程。

(二)生生对话

生生对话是学生相互学习的重要活动,既有知识的交流,又有情感的传递,既有行为互动,又有思维互动。生生对话能使学生集思广益、相互交流与合作,始终处于积极探究之中,从而取长补短、相互帮助、共同发展。角色体验也能让对话折射出人性的光辉,可让学生在参与对话、解读教材、体悟文本意境的基础上,自由选择有关角色进行表演和体验。

在学生与学生的对话中,学生不仅要放声地讲,还要静心地听。在课堂上,每当学生听到不完全相同的做法时,他的智力就在接受挑战、思维就受到启发与碰撞。为此,教师要善于营造生生对话的氛围,就要接纳学生提出的各种观点,让不同的意见、观点碰撞、激荡和交融。

(三)师本对话

师本对话,指的是教师与文本、作者的对话。这是课堂教学的基础和首要环节，是生本、生师、生生对话的凭借和支撑。师本对话是教师以教材为主要载体的文本的认识、理解、吸收和转化，是教学有效开展的前提。

教师是课堂教学的组织者、引导者，是课程资源的开发者。有效师本对话的构建是教师专业素养的重要内容，需要长期有目的、有意识的浸润和培养。师本对话应具备两个意识：一是阅读者对话体验；二是作为特殊阅读者的文本研读和教学设计。

师本对话的前提是教师和文本在地位上的对等，只有这样才能建立师本间的对话关系。同时，师本对话建立在科学理性的文本观之上。教师在认识文本的过程中，只发现文本的意义是不够的，还需要解释和创造。这样，师本间实现了真正的对话，达到了"精神相遇"和"视界融合"，形成了新的理解。

（四）生本对话

生本对话，指的是学生与文本之间的对话。对话教学中，教师要让享有"话语权"的学生真正有话可说，关键在于落实"生本对话"。否则，学生缺乏谈资，就不会有课堂上师生之间、生生之间的交互沟通。生本对话是对话教学四种基本类型中最重要的一种，学生是对话教学的重要参与者和发展对象，而文本则是对话教学必须依托的内容载体。

在对话教学中，教师要真正做好对话，关键要进行对话的教学设计。为此，教师需要做到以下几点：第一，好的教学设计是基于学生已有的学习经验而设计的。因此，在进行教学设计之前，教师要分析学生已有的学习经验。第二，要理解课程标准与教学之间的关系。在基于课程标准的前提下，教师要规划好学期或者模块纲要，设计好教学方案。第三，弄清楚本节课的核心知识、核心问题是什么，所要用到的核心方法是什么，要培养学生怎样的核心素养。这样，教师在引导学生进行生本对话时才会有的放矢。

第三节 对话式培训概述

一、对话式培训发展溯源

变化是环境的永恒主题，应变是发展的一项重要任务，而培训则是适应环境和应对变化的良策。培训工作的质量直接影响工作品质。

从本质上看，教师培训是一种系统化的智力投资。学校投入大量的人力、物力开展教师培训，着力提高教师专业素质、提升办学质量。从收益与投资的角度来看，教师的培训转化为产出是一个漫长而长期的过程，它涉及培训内容的多样化和个性化、培训方式的恰当性、培训时机的选择性等因素，也涉及教师对培训的内容是否吸收和有效地运用于工作活动等。因此，培训对教育的影响是一个间接的、长期的过程。如何实现培训的高效益？这是培训管理的重要内容。谁拥有高质量的培训者，谁就拥有培训的竞争优势。可是，谁是培训者呢？培训者应该如何设计、组织培训呢？什么样的培训才是高效、高质的培训呢？"对话式培训"成为培训者们探究和实践的培训模式和理念，期望创造平等、自由的平台，让学习者在宽松的环境中主动积极地学习并实现思维的变革。

其实，对话式培训由来已久。苏格拉底对话被他的学生柏拉图记录下来，至今仍有深厚的影响力；《论语》中所记载的孔子师生之间的对话，以及古文中常常出现的"对曰"，都反映了对话的特征。

教育家保罗·弗莱雷将对话视为一种教育原则，明确提出了对话教育思想。在其著作《被压迫者教育学》中，他对占主导地位的灌输式教育进行了猛烈抨击，他认为灌输式教育激化了原本存在的教与学、师与生之间的矛盾，把人与人、人与世界分离和对立起来，让被培训者失去批判的意识，抹杀被培训者的创造力，把人变成无意识的机器。他指出："对话是人与人之间的接触，以世界为中介，旨在命名世界。"人只有通过交流，其生活才具有意义。只有通过学术思考的真实性，才能证明教师思考的真实性。教师和学生的交流是通过对话实现的，对话促使反思与行动。根据保罗·弗莱雷对话式教学条件的基本论述，我们认识到在这个崇尚民主、平等、自由等价值理念的现代社会，教师必须放下架子，培养平等、爱、谦虚、信任、希望和批判性思维的素养，为开展对话教学提供条件，从而更好地构建一种平行的、平等的、民主的、真实的、积极的师生双向交流的对话式教学，给学生民主、平等、理解和宽容的教育。

二、对话式培训理论寻踪

20世纪最重要的思想家之一的戴维·伯姆在其著作《论对话》一书中讨论了关于对话的种种思想和理念。他在书中论述了对话的实质，对话时出现的问题，开展良好对话的要点，进而通过对话探讨人类内心思维的作用方式。戴维·伯姆通过自身的实践提出了崭新的对话理论，被西方社会广泛推崇。在他看来，对话是一个多层面的过程，人类的思维生成于集体之中，并在集体之上维持。华东师范大学课程与教学研究所刘徽在其撰写的《内心的对话需要平等、自由的平台》一文中就提出，研究戴维·伯姆的对话理论对当前进行的课程教学改革具有启示作用。

伯姆对话的远见和视野在世界各国的影响日益扩大，也吸引了众多的追随者。他们积极地将对话理论应用到各类培训中，改变培训的模式，提高培训效益。著名的管理学家彼得·圣吉（Peter Senge）就是其中之一。他在《第五项修炼》中把对话译为"深度汇谈"，综合观察对话的社会问题，分享对话的基本原则，进而解决想换的社会问题。美国微软公司、通用电器公司、英特尔公司、壳牌石油等通过学习《第五项修炼》，借助其深度汇谈的理念开展公司培训，受益匪浅。

作为保罗·弗莱雷"民众教育"概念的贯彻者，简·韦拉在其著作《对话培训法——理论与实务》中通篇使用了民众教育原则。借助民众教育中的问题呈现法，韦拉设计出培训七步规划法。培训者在设计培训课程、实施课程过程中回答：谁？为何？何时？何地？什么内容？有何目标？如何做？通过这七个问题呈现法实施对话，制作出适应不同情境下的不同人群的培训方案。韦拉认为，通过对话学习是最有效、最具革新精神的。通过学习对话培训法，我们在培训中应用"七步规划法"，使我们拥有了民众教育的全新体验，积极去创造适合培训对象的课程和培训模式，取得了较好的培训效益。例如，凉水井中学在"基于对话研训的初中学科教学实践研究"的课题研究中，创生了3W、4W学科教学预习法（见图1.1）。

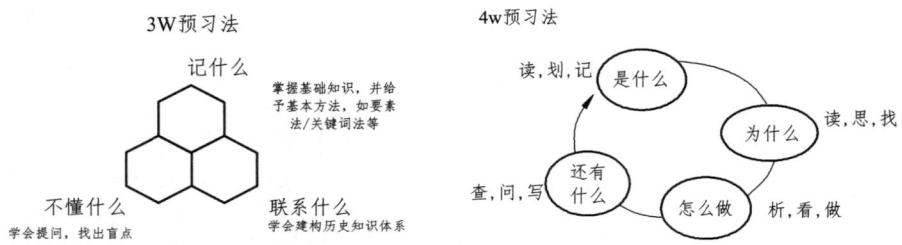

图1.1 3W、4W学科教学预习法

《4C法颠覆培训课堂：65种反转培训策略》的作者沙朗·L.波曼从培训师与学员角色改变着手，提倡培训师与学员位置反转，让学员主导培训课堂。书中提供了65种培训活动与策略，鼓励培训者在培训中"袖手旁观"，让学员作为教学的主角，去讨论、提问、表达、实验、参与、展示、练习、教授以及互教互学，让学员在讨论和教学中成为真正的学习者。4C法为培训者打开了一扇新的思维大门。

佐藤学先生在东西方思想的对话中建构起自身的哲学理论，他在《学习的快乐——走向对话》一书中提出"修炼学习"是追求自我完善的行为，而"对话学习"是通过同他人的沟通行为，展开探究对象意义的行为。"对话学习"同"修炼学习"一样应当得到传承的学习传统。在对话学习中，人从继承"对话学习"与"修炼学习"两种传统中，"勉强"转换为"学习"，从知识的活动转换为"表达""共享"式知识和技能的活动，以多样的方式表达各自的理解方式，最终让课程成为"彼此切磋的共同体"，让学习者变被动为能动，在学习中获得学习的快乐。这就是"对话学习"的魅力所在，也正是每个培训者在初始展开培训时最期许的培训效果。

三、对话式培训实践应用

学者们从理论到实践论述了"对话"的价值和意义,借助这些理论,企业积极尝试、创新,制定出适合培训对象的培训策略和模式,推动着企业人才建设稳步向前。

被著名的管理学家彼得·圣吉(Peter Senge)赞誉的"创造集体智慧的最好的汇谈(对话)方法——世界咖啡,被不少企业、政府部门、教育和社会机构广泛应用。国际组织学习学会(SOL)的高级顾问朱安妮塔·布朗(Juanita Brown, Ph.D.)与戴维·伊萨克(David Isaacs)合著的《世界咖啡》一书中,提出的世界咖啡的可视化的具体过程、世界咖啡的七个准则、世界咖啡的主持艺术等,也让教师培训者在运用中感受到了对话的力量,取得非常好的培训效果。如宜宾市青年街幼儿园在开展《幼儿园区域环境创设》的主题培训中,借用"世界咖啡"这一学习型组织的交流工具,展开集体对话。教师们 4~5 人组成对话交流小组,围坐在类似咖啡座的桌子旁,围绕着"幼儿园区域环境创设"中的目标设置、材料的选择与支持、师幼互动等问题展开为时 20~30 分钟的渐进式谈话。教师们在平等、轻松的环境中敞开心扉,分享知识、激发创新思维,针对工作中的实际问题结合主题展开积极的探索,最终形成了适合本园和教师自身的班级环境创设工作策略。宜宾市青年街幼儿园不仅在教育教学培训中运用世界咖啡开展对话式培训,还在"园所文化""团队管理"等主题培训中运用此项工具,让深度汇谈在幼儿园形成氛围和成为习惯,也为幼儿园带来了持续的创新与发展。

在对话式培训中,如何让参训教师从问题表象带入深层次思考,进入自由开放、思维聚集的氛围,进而生发深刻的碰撞与反思,最终达到培训高效的期望呢?ORID 焦点呈现法这一模式化交谈的工具经过改造,运用到教师培训中,为对话式培训提供了新的路径。在培训中,设计层次架构严谨的问题,通过提问引导、焦点讨论、共同省思并决策行动等环节开展对话、讨论。在对话过程中,培训者深入了解教师对问题的不同认知和个体感受以及多元化的观点,进而教师紧扣工作实际，展开思考与探究。在交流与合作中，尊重他人观点，保持理性思考，形成解决工作中的实际问题的可行性策略，最终促使教师运用到工作中，改善工作方法，提高教育效益。

在研究科学课程改革对科学教师及教师培训提出的新要求的基础上，南京师范大学徐蕴通过参与并研究美国知名科学教育专家杰士林教授在我国澳门地区实施的科学教师培训活动，借鉴其成功经验，在探究教学、建构主义学习观等理论的指导下，对培训的教学实践进行经验总结和理论概括，设计出"探究——对话式教师培训模式"。该模式主要包括五个部分：收集和分类、探究和建构、迁移和拓展、对话和交流、反思和评价。通过实践应用该模式，提出了该模式对我国各科教师培训的可借鉴之处：关注学员的前概念，引导学员参与探究活动并从中收集学员的前概念，并对学员的前概念进行科学的分类；运用学员的前概念，创设认知冲突，引导学员在对话与探究中实现知识的自主建构；双方运用多种手段进行自我评价和反思调整，并在知识的拓展和迁移应用中反思学习成效，改进培训过程。

世界咖啡、ORID焦点讨论法、六顶帽子、四副眼镜等培训策略和模式，为对话式培训提供了一种科学有序的模式和操作流程。这些培训策略的运用充分体现了平等、尊重、民主、生成的培训理念。对话式培训，从教师的需求出发，以问题为导向，生成培训话题，引导教师在对话中获得解决实际问题的策略，促使教师培训更加贴近教师实际需求，因而受到教师们的欢迎。

"对话"，正改变着培训者的思维，也改变着培训的格局和模式。

第四节 对话式研训概述

当前，人类已步入对话时代。作为一种"在各种价值相等、意义平等的意识之间相互作用的特殊形式"，对话已成为教师培训交往的主要形式，人们已习惯于把对话与民主、平等、理解、宽容等联系在一起。

一、对话式研训核心价值

开展中小学教师对话式研修，主要是基于以下三个需要。

（一）新时期教师培训的需要

当前，基础教育课程改革倡导的民主与平等、沟通与合作的教育教学理念已成为时代和历史的必然，作为中小学教师培训机构也急需探究行之有效的培训方式。但在基层区县教研部门，常常以培训者为中心，以专题讲座、集中辅导为主要手段的绝对控制培训模式至今仍占据着教师培训的主导地位；灌输、填鸭式的培训方式和参训者无限制的大班化培训至今仍然普遍存在，其结果是听课者分心、讲课者疲惫、管理者无奈，教师培训走入低谷，举步维艰。

教育部制定的《关于改革实施中小学幼儿园教师国家级培训计划的通知》要求教师培训工作"改进培训内容""创新培训模式"，直指当前中小学教师研训现状的种种弊端：一是在过多的预设性、灌输式培训面前，一线教师没有主动选择、参与、实践、体验、创新的机会，导致研训主体性失落。二是研训方式与先进的教育观念相背离，表现为"用违背课改的方式来推进课改"，与新课程理念南辕北辙。三是忽视研训对象的学习特点，视成人学习者的头脑为空白，试图"硬塞"进培训者事先预设的"知识"。

教师专业化的内涵丰富，融专业知识、技能、情感、行为、境界于一体，而传统的教师培训过于关注教师的专业知识与技能，无法培养出真正的"教育大家"，只能培养出合格的"教书匠"。为此，针对专业境界的潜移默化培养就成为教师培训突破瓶颈、面向未来的重要命题。

从学校现实水平和教师发展的内在需求出发，各级教师培训机构必须改革培训方式，为教师专业发展提供一种按照个体学习愿望与学习特点，并具有自身发展选择的形式与途径，让其在岗位上自我学习、合作学习，养成学科教学的研究意识、研究精神和研究态度，在岗位工作实践中成为一名"学习者"和"研究者"。

（二）开展对话式教学的需要

当前，对话式教学的兴起与发展迫使各级教师培训机构重新思考教师的培训并引发教师培训目标、内容和方式的反思与改进。传统的以在职教师为主体的专业学科教学研究活动，所采取的研修理念是要求各校教师学习和掌握专业研究人员所提供的教学知识技能等其他内容，并强调活动内容、形式、标准的统一性，且不仅是教师个体间的一致，也是学校间的一致。这种学科教师专业发展的模式，没有照顾到教师个体内在需求差异，没有照顾到处于不同发展阶段教师的不同要求和各校教研水平的差异。在日常研训活动中，大多数教研员都是先听上课老师说说自己的设计意图，再发表意见进行评课。这种教研方式虽然也听取了老师的说课，教研员与上课教师之间有一些交流，但这种交流的深度和广度不够，只凸显了教研员的权威地位，教师更多是听和接受意见。所以，从教师成长的角度审视，这种教研方式是缺乏民主与平等的。

（三）夯实学生核心素养需要

在教育部印发的《关于全面深化课程改革，落实立德树人根本任务的意见》中，"核心素养"被置于深化课程改革、落实立德树人目标的基础地位。今天，这个概念体系正在成为新一轮课程改革深化的方向。

不同于一般意义的"素养"概念，"核心素养"指学生应具备的适应终身发展和社会发展需要的必备品格和关键能力，突出强调学生的个人修养、家国情怀、社会关爱，更加注重学生的合作参与、创新实践、自主发展。从价值取向这个维度来看，核心素养"反映了学生终身学习所必需的素养与国家、社会公认的价值观"；而从指标选取来看，核心素养既注重学科基础又关注个体素养，既反映社会发展的新动态又注重本国历史文化特点和教育现状。为此，"核心素养"模型，要以社会主义核心价值观为圆心来构建，并通过学校教育来培养、塑造和维持。

作为一套系统设计的育人目标框架，学生发展核心素养需要从整体上推动和变革教育各环节，并形成以学生发展为核心的完整育人体系。

为此，我们可从课程改革、教学实践、教育评价三个方面落实核心素养。

对教师而言，这是个巨大挑战，需要教师实现观念转型，即从"学科教学"向"学科教育"转型。为此，教师首先要明白自己是一名教师，然后才是某个学科的教师；首先要清楚作为"人"的"核心素养"有哪些、学科本质是什么，然后才明白教学究竟要把学生带向何方。对话式研修有助于培训者与一线教师开展广泛深入的对话，提高其教育教学实践能力。

二、对话式研训先行研究

华中师范大学教育学院副教授昔建发和武汉市解放中学高级教师刘永胜近年来联合开展了"'多维对话式'校本研修模式的新探索——基于武汉市解放中学校本研修的实践"的课题研究。在提升教师教育生活质量的目标引领下，武汉市解放中学努力让校本研修成为教师的一种生活方式。同时，不少研究者还就对话式培训发表了自己的看法，如慈溪教师进修学校胡国军在《教师培训：走向交往与对话的研究》一文中指出，交往是教师培训活动的本质，对话是教师培训交往的主要形式，交往与对话是教师培训活动的走向。

成立于2007年的宜宾市翠屏区师培中心，在"做教育思想的激荡者"的校训及"生态教育，特色翠屏"的区域教育发展理念引领下，紧紧围绕"特色学校建设工程""课堂改革十年行动计划"两大主题，以"丰富研修模式、建设研修课程、提升研修品质、培育研修特色"为目标，切实担起了推进区域教育质量和教师队伍素质"双提升"的大任。

自成功创建为全国示范性县级教师培训机构后，宜宾市翠屏区师培中心领导审时度势，根据新课改要求和新时期教师培训工作的需要，于2014年提出了开展对话式研训的工作思路，将对话式研训作为当前教师培训的一个主要发展方向。为了深入推动对话式研训的持续发展，翠屏区师培中心以课题研究为载体，成立课题组，对全区教师进行了前测和统计分析，并于2016年以《区域中小学教师对话式研修的实践性研究》

为题向四川省、教育部教育科研规划办申报，带动对话式研训的发展。历经四年的不懈探索，课题研究取得了阶段性的成果：2016年3月30日，宜宾市翠屏区师培中心主任唐元毅代表翠屏区师培中心以《深入开展对话式研修，打造翠屏师训品牌》为题，在全国县级教师培训机构联盟2016年年会上进行了大会交流，受到了与会两百多家县区级教师培训机构领导和专家的好评和肯定；同时，《中国教育报》于2016年3月以《"对话"，激荡一池春水——四川省宜宾市翠屏区区域推进"对话式研修"工作纪实》为题报道了宜宾市翠屏区师培中心近年来开展对话式研修所取得的成果。

三、对话式研训现状分析

为了解中小学教师对话式研修现状，课题组于2015年6月采用自编问卷对区内宜宾市第五初级中学、宜宾市中山街小学和宜宾市鲁家园幼儿园等18所中小学、幼儿园的393名教师进行了问卷调查及访谈。问卷《翠屏区中小学教师对话式研修现状调查》重点调研对话式研修现状，主要从对"对话式研修"的认识度、接受度、需求度三个维度展开，综合分析后发现当前中小学教师研训现状。

（一）对话式研训的现状分析

1. 对对话式研训的认识模糊

一是教师对"对话""对话式教学""对话式培训""对话式研修"等相关概念及其内容的了解与认知度均不高，均低于50%，经常参加对话式研修的仅占10.94%。

2. 对对话式研训的接受度高

认为对话式研修对提升个体教育能力、对学校发展有作用的人数达60%以上；他人的研修成果对提升教学能力有用、愿意接受他们帮助与指导、愿意与他人分享自己研修成果、愿意指导和帮助他人者比例均在

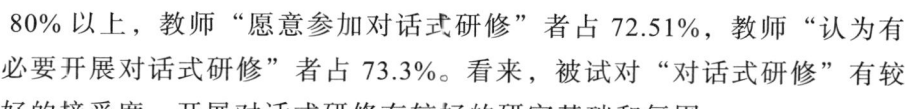

80%以上，教师"愿意参加对话式研修"者占72.51%，教师"认为有必要开展对话式研修"者占73.3%。看来，被试对"对话式研修"有较好的接受度，开展对话式研修有较好的研究基础和氛围。

3．对对话式研训的内在需求

教师最希望从研修中获得的是教学能力的提升；最希望优秀一线教师担任对话式研修的研修导师，其次才是专家学者及教研员；认为一学年中参加对话式研修的次数最好是1~2次、3~5次；认为"一堂课结束后通过翻看与教研员交流对话的材料对写教学反思有作用"；绝大多数教师在对话式研修结束后会全部或部分保存过程中生成的各类文档；当"有一节课希望得到教研员的指导与点评，而当天教研员因其他事无法前来听课时"教师采用"用文字描述当时的教学过程发给教研员、将课堂实录发给教研员看、在电话中向教研员描述当时的教学过程"等多种应对方式；教师觉得对话式研修中对自己教学工作帮助较大的环节是和专家在教学实施后的对话；教师与其他教师或教研员交流与教学相关的文档材料最常选用的工具是邮箱和即时交流软件；教师感觉对话式研修中不方便操作的环节是与教研员约定时间交谈及填写递交各种材料。

（二）对话式研训的问题再现

在对学校领导与教师个别访谈资料进行整理后，我们发现当前中小学教师研训存在的问题主要表现在以下几个方面。

1．一线教师的研训主体性失落

一线教师对当下预设的课程内容、统一的集体教学形式、单调沉闷的授课方式、制度约束非人文管理等只能被动接受，没有主动选择、参与、实践、体验、创新的机会。

2．研训方式与教育观念相背离

现有的很多研训活动，往往在倡导先进的教育观念的同时采用了与这种观念不符甚至相悖的研训方式，仍然沿袭"我讲你听"的模式，较少让被培训者或参与者自主构建、主动探究。培训者或主持人很少考虑研训活动本身的示范性，与新课程"自主、合作、探究"的教学理念形成鲜明的对比。

3．日常研训活动忽视研训对象

在日常研训活动中，培训机构忽视了研训对象——成人学习的特点。成人的学习是基于已有的知识和经验，根据自身需要或问题而进行的选择性学习。而我们作为培训者或教研活动的主持人往往忽视这一点，把他们的头脑视为空白，把事先预设的模块一个又一个往里面塞。

4．研训活动缺乏平等对话交流

在具体的学科教研指导工作中，虽说教研员是学科教学教研的权威，但对某个环节，上课教师说不定思考得还要多些，哪怕处理得不恰当，但也有如此处理的理由。要让上课教师真正从内心接受建议，教研员还得找准教师思维起点并让这种最原始的内在想法表达出来，才能知道教师设计的出发点，而只有基于教师最初想法的指导才是最容易被老师理解和接受的。

（三）对话式研训的结果分析

经过对区内教师问卷和访谈进行梳理，我们认为：

1．研究具有可能性和可行性

从问卷与访谈结果显示，当前中小学、幼儿园教师对"对话式研训"的接受程度非常高，认为对话式研训能提升教师个体教育能力、促进学校的发展（60%以上），认为有必要开展对话式研修和愿意参加者均达到70%以上，愿意参加对话式研修并在其中分享个人成果、接受他人指导并指导他人者均达到80%。

2．提升教师认知度和参与度

教师对"对话式研修"的认知度低、前期参与度不高，需要通过课题研究，全面提升教师对"对话式教学、对话式研训"的认知和了解程度，激发后期参与课题研究的主体性和主动性。

3．研究具有必要性和迫切性

调研及访谈结果均显示：当前中小学、幼儿园"对话式研修"缺乏，教师对"对话式教学、对话式研修"等概念的了解不够，前期参与相关培训和学习的时间和机会都很少，迫切需要通过课题研究提高教师对对话式研修的认知度。

为了全面履行新型教师培训机构的新职能，培育区域研训品牌，宜宾市翠屏区师培中心根据我国教师培训现状并结合区域教师培训存在的问题，确定把对话式研训作为教师培训的一种新的创新型研训方式开展研究，并把课题研究名称确定为"中小学教师对话式研修的理论与实践研究"。

第二章

概念建构：对话式研训的内在体认

【导语】

对对话的理解，不同的学者站在不同的层面和维度，有不同的看法与见解。而作为教研机构开展的对话，是培训者与参培者、主持者与参与者之间在认知、情感、意蕴等方面的一种多元交流活动，是一种民主平等的、坦率真诚的、主客体之间互为主体的言语交流活动，而对话式研训则是基于教育教学实践问题，以学习者（中小学教师）为中心，以对话为基本方式，以行为改善为主要目标，融教师培训与教学研究于一体的中小学教师研训模式。

从外在特征来看，经研究认为，对话式研训具有"民主性、平等性、互动性和生成性"四大特征；

从实施原则来看，实施对话式研训要遵循"搁置争议、平等对话、开放共享、科学推进"四大原则；

从行动准则来看，对话式研训要遵循"差异的尊重、开放的倾听、谦卑的外推、自觉的反思"四大准则。

在对话式研训的实践中，中小学教师历经反思、实践、再反思、再实践的发展嬗变，不断丰盈着自身的实践智慧，切实提高解决实践问题的能力。

第一节 对话式研训的概念界定

我国教师培训历经几十年的发展嬗变：1999年颁布的《中小学教师继续教育规定》标志着我国中小学教师培训迈入了制度化、法制化的轨道。21世纪，无数教师或主动或被动地参与到"国培计划"中。教师参加过各种教师培训，接受着国家、省、市、县、校级培训。如何激发教师的参培热情？如何保持教师继续教育的动力，让培训真正成为教师专业发展的强大支持力量？这就成为各级各类教师培训机构研究的重大课题。由于传统的教师培训模式、方法、内容等已经受到教师的严重质疑，在新的历史时期，唯有创新求变才能让教师通过培训走出困境。作为县级教师培训机构，翠屏区师培中心需要重新审视教师培训的价值取向、明确自己的职能定位、深入研究教师的学习规律，不断更新培训理念、变革培训模式。基于自我反思、源于历史沿革、吸收借鉴国内外成人学习与教师培训的理论与先进经验，我们不断深入研究和实践中小学教师对话式研训模式，并尝试对对话式研训的概念进行有效的界定。

一、研训模式：对话式研训的内在要义

随着时代的发展和社会的进步，对话已具有丰富的内涵。它不只是停留在教学的方式或方法的层面上，已成为教学的重要品性和灵魂。李镇西在《对话：平等中的引导》一文中强调："作为体现交往哲学理念的'对话'，它不仅仅是一种调动学生的手段，更是一种尊重学生的教育思想；不仅仅是一种激活课堂的教学技巧，更是一种走进心灵的教育境界；不仅仅是指教师与学生通过语言进行的讨论或争鸣，更是师生之间平等的心灵沟通与交流。"而滕守尧也在《论生态式艺术教育》中特别强调："在对话式教育中，所有的人都认为自己在接受教育，因为在这种教育中总是着眼于得到新的东西。在这种新的东西面前，所有的人，不管你过去是教育者还是被教育者，都有可能处在一种无知的状态。'看来，在对

话式研训中，对话是一种方式，一种方法，一种手段，但更为重要的是一种理念和精神。作为理念和精神，对话首先意味着所有参与教育的人都应该具有对话的意识。正如滕守尧所说："这里所说的对话，主要取决于一种'对话意识'。因此，真正决定一种交谈是否是对话的，是一种民主的意识，是一种致力相互理解、相互合作、相互共生和共存，致力和睦相处和共同创造的精神的意识，这就是'对话意识'。"

作为教研机构开展的对话，是培训者与被培训者、主持者与参与者之间在认知、情感、意蕴等方面的一种多元交流活动，是一种民主平等的、坦率真诚的、主客体之间互为主体的言语交流活动。对话的各方相对独立，各自保持彼此的自尊。作为教研机构开展的对话式研训，就是研训员与教师在培训中变培训者"唯讲"和参训者"唯听"为双方互动交流、平等参与、沟通合作，共同决定对话的形式和内容，关心双方具体的生活经验，在对话中共同创设交往的情境，在对话与合作中开展培训学习，通过民主、平等的对话构建开放的、生成性的、充满生命力的对话式研修体系。

而对对话式研训的概念，上海市静安区教育学院张建中在《创建地区学科教师个体对话式研修的思考与实践》中提出，个体对话式研修就是通过专家教师和一般教师（新手教师和熟练教师）的合作，对一般教师课堂教学的真实情境案例开展研究，帮助他们建立自己的教学认识，构建自己的教学，默会知识结构。个体对话式研修是以合作双方专业知能发展的内在需要为动力，在真实背景下对具体实践问题进行行动研究，促进教师对自己教学行为、教学思想的反思，建立专家教师和一般教师的经验互动、经验分享，实现理论与实践的整合、多学科的整合，使研修者默会的专业知识结构有效拓展，最大限度地把获取的默会专业知识转化成可以言传的理性经验。

综合所述，我们对对话式研训的内涵做出如下界定：对话式研训是基于教育教学实践问题，以学习者（中小学教师）为中心，以对话为基本方式，以行为改善为主要目标，融教师培训与教学研究于一体的中小学教师研训模式。这种模式由"实践问题—研训话题—思想碰撞—视域融合—策略生成—行为改善"六大要素构成,经历反思、实践、再反思、再实践的发展嬗变,不断丰富教师的实践智慧,提高教师解决实践问题的能力。

二、研训一体:对话式研训的行动取向

教师培训与教学研究曾经彼此分离,学术上视其为两个不同的概念,机构设置上分属教师进修学校和教研室。随着新一轮基础教育课程改革的实施与不断深入推进,教师专业成长客观上要求"边实践、边研究、边培训,及时把教改实验和教学研究的成果转化成培训内容"。于是,各教师培训机构从实践中凝练出"研训一体"的理念。

为了进一步完善具有中国特色的教师教育体系、贯彻落实《中小学教师继续教育规定》和《中小学校长培训规定》,教育部印发了《关于加强县级教师培训机构建设的指导意见》,明确了县级教师培训机构应"成为本地区开展中小学教师继续教育工作的培训、研究和服务中心",提出了"努力建设一支集培训、教学、教研于一体的具有较高水平的新型培训者队伍"。这就从政策层面明确了以"研训一体"的理念加强县级教师培训机构建设和培训者队伍建设。

教育部组织编写的《更新培训观念、变革培训模式——中小学教师继续教育学习提要》将"研训一体"视为一种"实施全员培训的组织模式",并进行这样的概括:"它以科研做先导,以问题解决为目标,将行动研究与全员培训紧密结合,将各种培训模式有机整合,特别强调研究者与教师的密切协作。"随后,国家以"国培计划"为抓手,大规模开展教师培训的实践探寻,并不断深入理论研究。这样,"研训一体"就从一种具体的组织模式演变为指导各类教师培训的基本理念。教育部印发的《关于深化中小学教师培训模式改革,全面提升培训质量的指导意见》明确要求"转变培训方式,提升教师参训实效"。《中共中央国务院关于全面深化新时代教师队伍建设改革的意见》要求"改进培训内容,紧密结合教育教学一线实际,组织高质量培训,使教师静心钻研教学,切实提

升教学水平"。教育部组织编写的"国培计划"项目实施指南均强调贴近教师教育教学实践，以问题为导向，整合教学研究与培训的多种方式，提升教育经验，增强解决实际问题的能力。

对话式研训以"研训一体"为基本理念，主张以教师教育教学中的实践问题为主线，从中生成研训话题，将行动研究、反思实践与培训活动融为一体，在多方、多向、多维的对话中整合理论观点与实践经验，生成解决问题的新策略。

三、学为中心：对话式研训的核心理念

1. 诺尔斯成人学习理论的启示

教师培训从本质上来讲是成人教育，应遵循成人学习的规律。诺尔斯的成人学习思想为教师学习研究提供了重要的参考和借鉴。诺尔斯深入分析了成人学习的特点，认为成人学习具有以下特点：自主学习的心理倾向、以经验学习为主的认知过程、以完善社会角色为学习任务、以解决问题为学习目的、具有明确的学习需要意识、以有内在价值的内部动机为学习动机。诺尔斯特别关注"自我概念"的转变，认为成人有一种"深刻的心理需要：希望别人看到他对自己生活负责的能力，并受到尊重，即被看成独立的人"，于是提出了"自我导向学习"。诺尔斯认为，提倡自我导向学习，并不是课堂教学或教师可以取代的，而开展自我导向学习，无论是对学习者，还是教学者而言，都是一个很大的挑战。在自我导向学习中，教育者要从知识的灌输者转变为帮助者、辅导者，教育者在整个过程中扮演着更多的角色。

2. 借鉴交互式培训的核心观点

《交互式培训——让学习过程变得积极愉悦的成人培训新方法》一书对人类学习的研究成果进行了概括，认为"学习是一种变化和适应的过程"，并认为培训、指导和教育的唯一目标就是让人学习，其任务不是传送传递信息，而是改变学习者；作为培训师、教练或者教育者，其秘诀

是"以学习者为中心,以绩效为基础",任何缺少这两大原则的培训方式都只能是单向的传递信息并导致不确定的不良结果。

3.吸收教师学习理论研究的成果

《更新培训观念、变革培训模式——中小学教师继续教育学习提要》一书对中小学教师的学习特点做了如下概括:(1)教师的学习,重在增强适应力,着力解决教育教学中的新问题。(2)教师面临的教育教学情境不断变化,这就决定了情境体验是理论与实际的中介。(3)教师的学习与他们的工作实践密不可分,教育经验也是理论联系实际的桥梁。(4)中小学教师是培训的重要资源。(5)培训者与中小学教师在培训过程中相互之间的交流、启发和学习,具有非常重要的价值;培训应该与中小学教师进行民主的讨论和探讨,每一个人的经验、看法和感受都是十分珍贵的;要努力让每一位参训中小学教师都能主动地参与教学对话,以培训主题的身份发表意见,彻底改变一言堂注入式讲授,尽可能实现最充分的信息交流和资源共享。

以学习者(中小学教师)为中心,就是在设计研训的主题、过程和方法时要站在教师立场,创设学习者参与研训方案的制定与完善,抓住倾听与表达、分享与反思、学习效果的评估等各种机会,作为研训的主体全程、全心参与研训活动。

四、平等对话:对话式研训的基本方式

对话,是当今社会人们广泛使用的词汇之一,已渗透到哲学、政治、经济、科学、文化和教育的各个角落,并成为这个时代的精神主流。沈晓敏通过大量文献研究总结出对话的含义:一是对话属于交谈、交流、讨论、协商或磋商之类的活动;二是持有不同意见甚至发生冲突的人们之间的交流、讨论,目的是消除冲突或达到相互理解;三是文学艺术作品中的要素——对白。对话式研训中的"对话",包含有上述的第一层、第二层含义,同时还具有自身的特征:对认知的发展,不仅仅是信息共

享，还要达到共同理解、超越原有认知，更要采取实践性行为。这种对话，尊重参与者的差异，让每一个教师总是带着自己已有的经验、背景、信念、观点等参与到研训活动中去。正是这些差异为对话提供了可贵的资源，通过彼此的分享创造了向他人学习的机会。也正是在分享别人不同观点的基础上，自己的观点被相对化，重新审视并获得新的发展契机。也因此，对话不同于争辩，争辩在于据理力争，一方赢、另一方输；对话则强调"搁置己见"，让不同的思想相互激荡，来自他人的信息为自己所吸收，自己的既有经验被他人的视点唤醒，这样就有可能产生新的思想，促成新的意义的创造。我们可以把对话理解为"倾听与表达"，即每一个对话者在倾听他人以及向他人表达时，既要审视他人的见解与观点，又要检验和反观自己的思想和经验，亦即产生"思想碰撞"；每一个对话者在与他人的比较中，不断认识到自己的合理性和不足之处，在积极吸纳他人的合理性和不断地自我修正中实现"视域融合"，并创生新的认知即"生成策略"，运用新的认知（新策略）尝试解决自己在实践中的问题，促进自我发展。由此可见，倾听与表达，是"对话"的外在表现形式，比较、分析、选择、综合、重组是"对话"的内在思维活动。因此，对话不仅是一种言语活动，也是一个思维活动过程。据此，我们把对话式研训中的"对话"理解为：学习者与自我的对话、学习者与学习者之间的对话、学习者与培训者之间的对话、学习者与文本的对话。在这里，我们把参与研训活动的中小学教师统称为学习者，把研训活动的组织者统称为"培训者"。

1. 学习者与自我的对话

这种对话其实质是学习者的自我反思，使学习者对原有经验的自我审视、理性分析、重新总结、积极检验。事实上，在对话式研训中，学习者与自我的对话贯穿研训活动始终，从训前的需求评估、方案评价，学习者即开始了与自我的对话；在与他人的对话过程中，学习者常常会不断吸收他人的观点并与自己的原有经验进行比较，做出自己认为最合理的经验重组，再回到实践中加以检验，开始新一轮的自我对话。

2. 学习者与学习者之间的对话

在研训活动中，设计学习者之间对话的活动环节是必不可少的。学习者相互间的交流、研讨，可以促进思想碰撞，迸发灵感的火花；可以学会分享成果，学会欣赏和理解他人，学会尊重不同的观点，学会客观分析和辩证思考，学会整合不同的经验，实现视域融合。学习者与他人的对话，可以加速个体的意义建构。为此，学习者与他人之间的讨论、交流有助于学习者建构起新的、更深层的理解；在与他人的对话过程中，学习者的想法、解决问题的思路都被明确化和外显化了，学习者可以更好地对自己或他人的理解和思维过程进行监控；在对话中，学习者之间观点的差异可以引起学习者的认知冲突；在学习者为解决某个问题而进行的对话中，他们需要达成对问题的共同理解，建立更完整的表征，这有利于问题的解决，形成更完整的认知；学习者通过他人的对话，可以促进合作完成个人难以完成的学习任务。总之，通过对话，多种观点都被加以考虑，可以深化理解，促进新的意义生成，加速意义的主动建构。

3. 学习者与培训者之间的对话

在对话式研训中，培训者与学习者之间不再是单纯的对象性的主客体关系，也不是纯粹的"你教我学"的知识接受关系，而是一种互为主体的意义关系，是一种交往互动的对话关系。对话意味着视培训者与学习者为民主平等的都具有主体意识和主体地位的学习共同体，在相互尊重、相互信任和民主平等的基础上，双方互相倾听和言说，彼此敞开自己的精神世界，获得精神的交流和意义的分享。平等对话并不意味着培训者的主导作用可以缺失。平等是双方均作为具有主体地位意义上的平等，但双方在认知上的不对称，需要培训者发挥主导作用，成为学习的促进者、引导者。这种主导作用体现在培训者要精心设计研训话题、营造良好的对话环境、设计对话过程和对话方式，在对话中维护话题并引导对话不断深入，不断促进新的意义生成。

4．学习者与文本的对话

在对话式研训中，培训者常常需要根据研训话题精选相应的理论文本，为学习者提供另一种"理论视域"，让学习者通过与文本的对话，促进学习者"实践视域"与"理论视域"的融合。这样，对话就成为学习者与文本之间、实践视域与理论视域之间联系的桥梁和纽带。

五、行为改善：对话式研训的主要目标

"不闻不若闻之，闻之不若见之，见之不若知之，知之不若行之。学至于行而止矣。行之，明也。"对我国古代学者荀子的名言，西方学者把它翻译成："我听到的，我忘记了；我看到的，我记住了；我做过的，我理解了。"其实，教师学习的目的在于解决实际问题，而研训的目的在于促进教师将理解的知识应用于实践。对话式研训主张将对话作为研训的基本方式，但不是为了对话而对话，而是学习者经历对话、在对话中生成新的意义、生成新的行动策略，并付诸实践检验，最终引发学习者的行为改善。对话式研训不是关注学习者知道了什么，而是关注学习者知道后能做什么、会做什么。当学习者的行为发生了改变，学习才真正发生。因此，在对话式研训中，我们经常会设计基于个人或小组的反思：学到了什么、可以如何使用；在研训结束时，让学习者制订一个行动计划，促进学习者在学习后将所学习的内容付诸实践。

第二节　对话式研训的内在特性

对话式研训是在新一轮基础教育改革过程中日渐发展起来的，充分体现了对话时代的理念和精神的一种研训形态。对话式研训是相对于传统的专家讲授型研训而言的，是以"沟通性"为其品性的研训，以言语、

理解、反思等互动方式在经验共享中创生认知和提升教育教学能力，提升教师境界及价值的研训形态。

一、对话式研训的核心价值

"'价值'这个普遍概念是从人们对待满足他们需要的外界物的各种关系中产生的。"马克思的话包含了三层意思：价值的形成是源于主体的需要；其形成的条件是客体具有满足主体需要的某种属性；价值形成的实质是主客体之间需要与满足关系的不断生成。而价值追求反映了个体的主观意志需要，主要是指个体对客观事物满足自己需要和利益的认识，是个体主观意志的反映。对话式研训的核心价值主要表现在以下几方面。

1．创新与变革

对话式研训是一种变革性的研训方式，是建立在平等对话的基础上，积极发挥参训者的主动性，深刻地研究问题和解决问题。作为成人的一种特殊学习方式，教师研训本应具有更强的主体性，但实际上却更为封闭。由于教师培训的复杂性，对话式研训并非要完全代替传统的研训模式，而是对传统研训不合理之处加以修正和完善。从严格意义上说，对话式研训要求培训者教育理念发生转变，即从传统的灌输型教育理念走向平等、互动民主型的教育理念。对话所体现的是一种主体间性，而非传统的主客体性。这样，在培训过程中就消解了主客体之间的对立，实现了人人都是培训的主体。

2．民主和平等

对话式研训是一种民主平等的研训。只有在民主和平等的基础上，对话式研训才能顺利进行。没有了民主和平等，"对话"也就成了空谈。"民主不仅是政府的形式；它首先是一种联合生活的方式，是一种共同交流的方式。"正如杜威在《民主主义与教育》一书中所写，杜威将民主从一种制度形式中解放出来，使之成为人们的生活方式和人生态度。为此，对话式研训要在民主、平等的基础之上，不断发现问题、解决问题，进行知识、经历的分享，不断满足个体的需要，并让个体学会平等对话、民主决断。

3．重组与建构

传统讲授型研训存在严重的"培训者中心"倾向。培训者常常忽视了参训者的主体地位，往往不顾及参训者的感受，呈现出主客体分离甚至对立的师生关系。一些培训者自以为拥有知识权威而高高在上、自说自话，而参训者只能被动接受，缺少质疑问难的权利和机会。这种"我—他"的关系不具备师生平等对话的平台，是对参训者个人经验世界的忽视和抹杀。同时，一些培训者由于对教学实践了解不深，秉持的是一种理论样式的话语，导致了教育理论与教育实践的脱节，造成了培训效果不明显。

其实，在对话式研训中，培训者不再是高高在上的权威，而只是一个信息提供者；参训者也不是被动接受的没有主体性的被动者，而是具有与培训平等地位的对话者。因此，对话式研训是在平等地位的基础上，通过对话建构新意义的过程。

二、对话式研训的主要特征

就其内在特征而言，对话式研训具有民主性、平等性、互动性和生成性四大特征。

1．民主性

对话式研训坚持民主思想，主张培训者与参训者之间是一种民主的、坦诚的关系，都拥有并尊重相互的话语权，并各自保持相对的独立性。

2．平等性

在对话式研训中，培训者与参训者地位是平等的，不存在高下、尊卑的区别，双方相互理解、相互尊重、相互信任。

3. 互动性

培训者与参训者、参训者与参训者之间在互动、交流过程中实现多种视界的对话、沟通、汇聚、融合，对话过程是一种多方参与的、多方交互、多方碰撞的动态过程。

4. 生成性

培训者与参训者双方应真诚地沟通，互相借鉴，取长补短，在充满激励的合作氛围中引发新的思路，生成新的智慧。对话成果在这种充满智慧和创造色彩的过程动态生成，而非培训者事先预设。

三、对话式研训的基本原则

1. 搁置争议的原则

对话式研训是在把参训者的成见（偏见）、已有的经验进行搁置的条件下进行，是一种平等、坦率、真诚的有声或者无声的信息交流，是灵魂与灵魂的激荡，是培训者与参训者间的一种多元交流活动。对话式研训从一开始就与坦率、真诚等相伴而生。为此，搁置争议是进行对话的根基，更是对话式研训取得成效的保证。

2. 平等对话的原则

平等是对话式研训的前提与保障。没有平等，对话式研训将得不到参训者的认可和心理认同。在研究中只有坚持平等才能使培训者与参训者进行真诚的沟通与交流，才能把研训工作真正落到实处。为了真正体现对话的民主、平等，培训者与参训者可共同商讨，民主确定研训话题；活动过程须尊重每个人的话语权，并让每个人学会倾听。

3. 开放共享的原则

对话式研训是处于一种动态的"预设""生成"与"共享之中"，具有开放共享的特征。它要求参训者在实际教学研究中进行探究性对话，需要各自敞开心扉，互相帮助与接纳，共享群体智慧。对每次研训活动，每个人都会对自己的认知、资源做一个公开的分享，以力求与他人形成思想的碰撞，激发更多的灵感。同时，培训者与受训者可通过QQ、微信等随时进行交流与资源共享。

4. 科学推进的原则

对话式研训是建立在对话理论基础上的一种延续性研究，自然就要遵循对话相关理论和规律开展研究，才可能取得科学的结论，其研究成果才能得到教育同行和专家的认同。当然，人们对任何一种事物的认识都有一个从简单到复杂、由浅入深的过程。这就需要采取小步起步，逐步推进的方法，不能操之过急。

第三节　对话式研训的行动准则

对话式研训是通过活动的策划，集中表现为不同思想观点的碰撞与新思想观点的生成。在开展对话式研训时，并不是随心所欲，而要遵循一定的行动准则。

一、差异的尊重

差异是交往、沟通的前提，有差异才有交流、分享的必要。交流是对差异的尊重、理解；如果缺乏对差异的尊重，不喜欢与自己不同的观点，或者总是固守"我对你错"的思维模式，先验地表达了对他人的否定，一开始就关上交流的大门，就无法达成彼此间的理解，更谈不上从理解走向接纳。理解结成互动关系，没有了互动，只是单方面地告诉传达、布置、操控等，就没有新思想的生成，没有实践团队的形成，有的可能只是彼此间的貌合神离。当然，既然被称作"团队"，也不能缺乏起码的共同点，如围绕同样的话题（专题、课题），使用统一的话语系统有着对目标、任务的认同，遵守共同的信念、准则等。在一项"教学改革活动"中，专家组经过研讨，决定研制《教学改革活动指南》，内容包括活动的目标任务、主要活动形态和方式、关键制度建设、倡导的几种精神、共同的行为准则等，印发给每个成员，作为大家行动和反思的参照，使大家能够在同一个活动平台进行交流研讨，走到一起进行实践探索。

团队是一个温暖而舒适的场所、一个温馨的家。在这个家中，大家彼此尊重、相互信赖，有共同的归属感。以尊重差异为基础的团队建设的主要机制在于对话。和谐的团队是不断对话的结果，对话好比是将团队成员组合在一起的神经纤胞。

对话是与独白相对而言的。在一段具有逻辑的、连贯的独白中，主体所表达的意义是确定的，非此即彼，不能前言不搭后语、自相矛盾，而在对话中，说者与听者、提问者与应答者不断转换着角色，双方的言谈随着话题的改变而改变。每一方都不依附、受控于另一方。同时，一方又不能完全与另一方不相干，只能存在于双方之间，反映出一种主体间性。双方在持续的交流中相互影响、相互渗透，都有可能发生视界的交换、观点的改变，产生一种新的体验，进入一种新的境界。

对话的真正意义就在于此。对话的逻辑是敞开的，结构是开放的。这样一个敞开的过程是由问题引导的。问题提示着意义生成的方向，决定着求知之路，它比应答更重要。一旦问题没有了，被"消灭"了，对话就会终止，转入独白阶段。从探究的进程来看，独白是片段性的、暂时的，对话是永恒的。每一个独白都是在一定的对话情境中诞生的，受到对话结构的制约和影响。

二、开放的倾听

对话不同于以"聊"为目的的闲谈，不同于以"辩"为目的的争论，不同于以"商"为目的的妥协。对话的目的不是试图赢得对方，也不是相互做出妥协各自做出让步。对话所关心的始终是意义的交流与分享，使每个参与者都从中受益，这就需要开放的倾听、谦卑的外推和自觉的反思。

对话包括倾听和表达两个方面，两者构成了一个不断生成新知的螺旋式上升的循环过程，其中的关键环节是倾听。倾听，是因为我们不能"看见"所有东西，尤其是我们习惯于向外看，不能直接看清自己，也不习惯于看自己。有倾听，才会引发他人的充分言说，才会从他人这面镜子中认识自我。倾听中伴随着提问、解析、意译、补充等，乃是为了帮助他人澄清其想法。倾听远比表达更能接纳他人的问题。言说行为有时免不了暗含着一种指导甚至训诫，而倾听则意味着对他人的尊重，意味着对他人的视角、思路、知识及信仰的积极关注。它是积极对话的起点，也是关键点。人我关系是相互定义的，他人是与我互为支援的思想资源，是我们进行实践探索的重要伙伴。一旦他人变成与己无关的"别人"，他人异样的心声就被忽略，而别人与"我"同样的声音才变得重要，才引起"我"的关注，别人与"我"的思想交流过程也就被简化为是否同意"我"的观点、主张、信仰准则等。如此，对话也就变成了"我"的已有知识的"告诉"与别人的"服从"，甚至变成了人我之间的"交易"，也就不可能产生新知，形成不了所谓的"互动知识"。

教师实现"行为改善"是一个具有创造意义的实践过程，其对教学活动意义的追寻是无止境的，它涉及教与学关系的建立、教学中的人对知识意义的建构以及教学研究团队成员间的互动，不可能也不应该变成单个人的独白，只能在开放的倾听中逐步建构起来。

三、谦卑的外推

每个人都是基于自己的已有经验与认知结构，建构不同的实践和理论。无论是个人生活世界，还是专业领域，皆有自己的独特性、有限性乃至封闭性，形成千差万别的"微世界"。所谓外推，就是设法走出自己的小天地，尝试用他人能够理解的言语来表达自己所熟悉的"微世界"。外推离不开表达，但又不同于一般的表达，它不是对"我"已有"微世界"的简单复述，是以"我"为中心的言说，是试图用他人能够接纳的方式进行表达。表达的过程，便是走出自我、获得"解放"的过程。它不是为了取悦别人而改变自己的主张，只是谦卑地邀请他人分享自己所熟悉的实践经验或学术成果，期待着别人的理解和接纳。注意，这仅仅是一种尝试、一种期待，甚至是一种观念的冒险。

在研讨过程中，对话者不当的表达很容易造成彼此关系的疏远：第一，想方设法地求证，证明自己的主张正确，津津乐道于自己所建构的"微世界"；第二，听从内心的冲动，直陈自认为对方的错误，只关注那些在"我"看来是错误的地方，这有时被认为是坦诚的表现，但通常情况下会令人不快，是不明智的；第三，笼统地肯定他人，含糊其词，不发表任何批评，给人一种一切都好的印象，其实容易造成误解或误导。为此，我们需要进行明智的选择：对自己的想法或举动做出解释，以保证双方讨论的是同一问题；提出值得肯定的地方，以便让对方保留和发扬这些东西；表达自己的担心和建议，期待对方做出回应。在这里，对和错不是最重要的，大家彼此接纳才是最要紧的。

如果只考虑谁对谁错，就等于承认了有一个绝对的标准凌驾于对话之上。退一步说，如果有什么标准的话，那这个判断正误的标准也应该在对话之中生成，并内化在对话过程之中，落实在人心与人心的相互期待中，心与心的和谐变成了共同体生活的基本准则。

四、自觉的反思

谦卑的外推重在透过别人的观点与世界来帮助我们更清楚地认识自己的无知、盲点以及对社会与世界的责任。任何一个概念系统或经验领域必然包含着一些只能在系统或经验内才能回答的问题。从严格意义上讲，对话式研讨很难直接发现真理，而更多的是促使对话参与者视界敞开，促进其对自我展开研究、对自身教学所依赖的那些不言而喻的预设、前提进行澄清、质疑与批判，进而解构已有探索过程与结论。恰如苏格拉底自比的那样：自己并不生育，而只是"助产婆"。这种自觉的反思使对话式研讨常常不像独白那样轻松，因为它需要转换视角，追问一切可以追问的东西，使原以为简单的问题变得复杂起来，使原先熟知的知识变得有些陌生。这意味着获得新生，意味着新境界的开始！例如，孔子发问，引出弟子谈志向："以吾一日长乎尔，毋吾以也。居则曰'不吾知也！'如或知尔，则何以哉？"孔子之所以只赞赏曾点的主张，是因曾点用形象的方法描绘了礼乐之治下的景象，体现了"仁"和"礼"的治则。孔子择机表达了自己的政治理想，但这不妨碍弟子有各不相同的政治抱负，他不是把自己的政治理想强加于弟子，而是给他们适当的点拨和启发，这就是经典——对话的经典。

第三章

行动路径：对话式研训的实践操作

【导语】

对话式研训的推进，离不开行之有效的操作策略与行动路径。在对话式研训的探索与实践中，宜宾市翠屏区教师培训与教育研究中心形成了"六环节、三策略、三工具、五模式"的对话式研训的操作模式。"六环节"，即在进行对话式研训时可按照"实践问题→研训话题→思想碰撞→视域融合→策略生成→行为改善"六大环节进行循序渐进地推进；"三策略"，即每个环节都采取各具特点的三大推进策略；"三工具"，即建立起基础工具箱、维护工具箱、策略生成箱三类工具，便于教师在进行对话式研训时自主选择、灵活应用；"五模式"，即建立起个体对话式研训、多维对话式研训、专题对话式研训、双向对话式研训、案例对话式研训五种操作模式。这样，在逐级递进、逐层深入的螺旋上升过程中，各个环节紧紧相扣，将培训主题贯穿始终，着力提升教研工作的实效性。

目前，从国家到地方、从区域到学校都开展了不同层次、不同类别、不同规模的教师培训方式，其本质还是沿袭中小学课堂中"教师讲，学生听"的传统，致使教师培训效果不尽如人意，导致教师不断提升的培训需求与实际培训供给之间的矛盾日益凸显。看来，教师培训模式的变革之需迫在眉睫。在"开发培训资源、降低培训重心、创新培训模式、注重培训实效"的工作思路引领下，宜宾市翠屏区教师培训与教育研究中心在实践中创新性地探索，形成了"对话式研训"的操作路径。

对话式研训是一个逐级递进、逐层深入的螺旋上升过程。在长期的实践探索中，我们形成了"六环节、三策略、三工具、五模式"的对话式研训的操作模式。"六环节"，即在进行对话式研训时可按照"实践问题→研训话题→思想碰撞→视域融合→策略生成→行为改善"六大环节进行循序渐进地推进；"三策略"，即每个环节都采取各具特点的推进策略；"三工具"，即建立起基础工具箱、维护工具箱、策略生成箱三类工具，便于教师在进行对话式研训时自主选择、灵活应用；"五模式"，即建立起个体对话式研训、多维对话式研训、专题对话式研训、双向对话式研训、案例对话式研训五种操作模式。这样，各个环节紧紧相扣，将培训主题贯穿始终，让参训教师共同合作完成培训任务。"对话式研训"是对"研—训—教"一体化的一种实践探索模式，也充分体现了"学习—实践—研究—再实践"的认知规律。

第一节　对话式研训的操作环节

在对话式研训的过程中，参训教师围绕培训主题，全过程参与"实践问题→研训话题→思想碰撞→视域融合→策略生成→行为改善"六大环节，让培训的内容贯穿在研究与实践中，实现"教学合一"，提升培训的实效性，这样更加有效地激发教师参与的积极性。当然，所有环节的设计要保证教师能深度参与培训，并在研究与实践中反思、提升，有助于教师实现从教育理念到教育行为的转化和内化。而从培训实施的主体来看,"对话式研训"前五个环节更多的是区(县)培训机构发挥引领作用,"行为改善"的环节则更多体现的是校本教研;学校在实施的过程中,前五个环节更多的是学校教研组发挥引领作用,"行为改善"的环节则更多体现的是个人自研。

一、实践问题

模型中的"实践问题"特指中小学、幼儿园教师在自身专业发展过程中出现的与教育教学密切相关的、具有一定共同性的、有碍教师专业能力发展的问题。"实践问题"是第一环节,后面的环节均是围绕实践问题开展。

实践问题是问题的初级形态(或者原生形态),是指没有经过研究者加工、提炼和明晰的问题,是教师教学中自然产生和存在着的问题。教师往往在教学中能直观地感觉到问题存在,但到底是什么问题以及是什么原因造成的,一时还不知道,这时的问题就是一种原生形态的问题。例如,在选择研训话题的时候,教师最初提出不同题材的群文阅读、阅读教学、如何处理自读课文、培养学生阅读能力等问题,隐隐约约地感到可能还是在阅读教学中存在什么问题,但又不知到底是什么问题。这里的问题就属于初级形态的问题。初级形态的实践问题具有内蕴性、模糊性和不确定性,还无法进行研究,不能称之为有效的研训话题。

问题的选定对教师参与的广泛性、积极性有着重要的影响。由此,我们应重视问题的选定。问题要来源于一线,来源于教师,同时还应考虑教师分层、分类、分岗培训的不同需求。同时,为了强调培训内容与参训教师经验的直接相关,培训者要依据参训教师的经验组织教育内容,重视参训教师的需要和兴趣,发挥其学习的主动性和自主性。因此,在培训前,培训者可通过问卷、调研等形式征询老师们面临的问题有哪些,迫切想学习什么,接受什么方面的培训,从而使培训更有针对性,更能满足教师需要。

【案例】田云春：让培训者充分发挥"对话性他者"的作用

对话时间：2017年6月11日早上。

对话场景："第42号教室"——翠屏区首届中华经典吟诵高级研修班的微信群。

对话背景：翠屏区首届中华经典吟诵高级研修班开学一个多月后，学员们学习了吟诵"一本九法"的技巧后，有了一个多月的练习实践，基本掌握了最基本的"依字行腔""平长仄短"技巧，发现了新的困惑与问题：一是吟诵时如何换气；二是吟诵时如何用气息控制发音才能使气息不"断绝"。

对话主题：吟诵时如何把握换气节奏点和进行气息控制？

整理说明：对话围绕以上两个问题而进行，本来是在同一时间段内交错夹杂进行的，但为了看起来更清楚明白，我就把两个问题的内容分别辑录为两个片段。

对话人物：辅导教师——田云春（副班主任）、李科；学员——徐桂平、罗忠艺、徐文坤、周琴。

对话片段：

片段一：关于吟诵时如何把握换气节奏点的对话

徐桂平：仔细听了七绝，发现其节奏点如下：仄起——4、26、26、4；平起——26、4、4、26。群友们说一说，我这"发现"对否？即一、四句第4字，二、三句第2字和第6字。

李科：徐帅发现得很准确哟！

徐桂平：掌握了五绝的节奏点后，开始学七绝时，一下感觉有点乱了，这个七绝一直困扰了我。昨天，我还在小组群里和友友讨论，一时也说不大清楚。今天早上起来，听徐健顺老师的诵和吟，一下子，好像突然清晰了，但又怕自己的听力和发现出了问题，所以发在群里想让大家听一听，是否是那样。

李科：徐帅的发现对我们都有益。陈琴老师有歌诀云：一三五不论，二四六分明，（平仄长短）节奏点上停一停（停连气息）。括号里的注是我加的。

徐桂平：李帅，"停连气息"指的是"音断，而气连"？

李科：停后要连，换气要自然隐蔽，感情不断。

徐桂平：喔，明白了。明白了方法，把方法转化为技能，还得自己去多练习，才能"手熟"。

罗忠艺：李老师，换气一般在哪个字后换呢？感觉七言不换气就不够了。还有，我发音的气息是不是不对哦，总有太多气流冲出来。请求指导。

李科：节奏点上换呀。

罗忠艺：七绝的节奏点在第四字后吗？

李科：你看一下徐帅的发现，爬楼吧。

罗忠艺：看了，不过不太明白。我再看看。

徐桂平：绝句是基础，绝句掌握不好，律诗就麻烦了。

田云春：这是平起句，第一句的节奏点也就是换气点，可在第2个字后，即黄河/远上白云间。这就是对徐桂平发现第一句的"2"的理解。再如，第二句，一片孤城/万仞山。

田云春：我对你发现的理解，对吗？

徐桂平：《凉州词》是平起七绝，节奏点如下：第一句第2字"河"、第6字"云"，第二句第4字"城"，第三句第4字"须"，第四句第2字"风"、第6字"门" ——简称，平起七绝：26、4、4、26。

罗忠艺：这个是固定的吗？就是说必须在这里换气，不换气行不行？

徐桂平：你的气息够，可以一气到底。但在节奏点上，平韵该延长。

田云春：我感觉还是换气更好点，换气是为了后面还有足够的气息，就如立定跳远，先收腹身子往后倒，再往前跳才跳得更远。再者，吟诵也如说话，换气稍停也是语言表达本身的需要。综合，换气既是生理需要，也是表情达意的需要。

罗忠艺：换气肯定要好点，不然前边的平声延长之后，后面就没力了！

罗忠艺（过了一会儿，应该是尝试了几遍后）：按照节奏点换气，试一试，好像要从容点。

罗忠艺：谢谢各位老师的指点，又解决了一个难题，节奏点换气法。

以往吸足了气也不够，且练习且体会吧！熟能生巧！

徐文坤："一片"处理不好，兄长支着呗。

徐桂平：我是"说"的巨人，"吟"的矮子。

李科：韵再低些呢。

周琴：谢谢！刚看到，今天主要尝试换气去了，又没顾着这头。晚上回去静下心再练练，我自己听时也觉得哪里不对劲，你一下子点中问题！

片段二：关于吟诵如何控制气息的对话

罗忠艺：李老师，换气一般在哪个字后换呢？感觉七言不换气就不够了。还有，我发音的气息是不是不对哦，总有太多气流冲出来。求指导。

（我们发现学员们在吟诵时多数都觉得气息不足，主要是由于发音时不善控制气息而造成的。此时，也有一名学员正好谈到发音时的气息不对的问题。针对这种情况，李科在班级微信群里发了《越人歌》吟诵录音，意在引导大家从中学习吟诵时控制气息的方法。）

田云春：现在我们发现了困惑——气息控制，其实这"问题"不是新的，而是"发现"的。

田云春：好好听刚才李科老师发的《越人歌》，其气息控制得很好，多揣摩学习吧！

（李科打出《越人歌》的文字内容：今夕何夕兮，搴洲中流。今日何日兮，得与王子同舟。蒙羞被好兮，不訾诟耻。心几烦而不绝兮，得知王子。山有木兮木有枝，心悦君兮君不知。）

罗忠艺：李老师，好多字都不认识哦！哎……

李科：我也查了字典的。

田云春：个人觉得听李科老师的《越人歌》，暂时不一定要模仿其吟诵的全部，主要是感受和揣摩他的气息控制。《越人歌》的体裁和现在律诗的体裁不一样，吟诵法也不一样，一步一步，会更从容点。

李科：《越人歌》是古体诗。

田云春：现在学习吟诵的绝句（与律诗）是近体诗。

罗忠艺：律诗在格律要求上要严格得多，所以更适合初学者吟诵。

徐桂平："蒙羞被好兮"中"被"应读"pī"吧？好像以前大学学习时读的"pī"。

李科：是吗？谢谢。我再查一下。

李科：好的。（大约查阅资料后）"被"的确应读"披"，谢谢徐帅提醒。

对话综述：第一个片段，对话的人数较多，对话的主题集中，联系实例深讨深入。通过对话，学员们对所提出的问题基本达成了共识，提出问题的学员和参与对话的学员，以及没参与对话但看了这些对话内容的学员都对"吟诵的换气节奏点"有了更深的认识，并能用于指导自己的实践，改善吟诵行为。第二个片段，对话人数很少，话语少。不多的对话是围绕吟诵内容本身的一个细节（读音问题）进行的，即对如何控制气息的吟诵技巧这个主题，只有培训者的"话语"，而学员没有一点回应。整个对话过程都未能围绕主题紧紧跟进，无思维的碰撞，更无认识的提升，既无广度也无深度。

对话追问：为什么在同一时间段，在同一对话平台里，同样的对话主体（"早吟"的学员们）对这两个主题的对话态度与效果会有如此大的差异呢？

培训反思："子曰：'不愤不悱，不启不发。'"正如《论语·述而》所言，对话在"愤悱"状态下进行更有效。第一个问题是学员自己提出来的，是他们在多次实践中遇到了困难后寻求解决问题的办法，通过反复的思考、学习、总结而提出来的问题，也是多数学员当下需要也能够通过努力能够解决的问题。不少学员处于愤悱的状态了，所以对话有广度有深度，能达成共识且及时用之于改善实践行为。第二个片段的对话之所以无广度无深度，可能是缘于学员对相应的对话主题未达"愤悱"状态。吟诵需要控制好气息这个问题，是培训者发现并提出来的，而学员们的认识水平还没达到这个高度，还没意识到自己的问题；或者意识到了问题，但觉得问题太难，并不是目前亟待解决，也不是目前所能够解决的问题。所以，既不感兴趣，也无实践经验、无理论认识使其参与主题对话。学员们对此问题未愤未悱，故而对话难以进行。而后面部分那一段短短的偏离预设主题的关于"被"字读音的"对话"问题,则是在学员们的认识水平范围内,所以能进行"对话",并通过"对话"也解决了学员发现并提出的问题。再者,培训者未对学员进行充分的引导,对吟诵中控制气息的重要性和如何控制气息,分析引导不够。

课题思考:在教师对话式研训中,如何更好地发挥培训者作为"对话性他者"的作用?佐藤学在《学习的快乐——走向对话》中认为,所谓"对话性他者",意味着在"最近发展区"里,能够发挥可能促使学习者的学习发生跳跃的、起一种"脚手架"作用的"他者"。佐藤学认为:"作为'对话性他者'的作用,其基础全在作为学习者的教师的素质和能力。"所以,培训者要尽量引领作为学习者的教师围绕与他们的素质和能力所能及所"匹配"的内容进行对话。为此,培训者可从以下两方面着力组织"对话式"研训:一是提高作为学习者的教师的素质和能力,让教师的素质和能力接近对话的内容与问题;二是培训者把对话的内容化难为易,让对话的内容和问题接近教师的素质与能力。这样,对话才更有可能做到主题有"焦点"、内容有"交集"、过程有交互交流,这样的对话才更可能是有广度、有深度、有意义的对话。

二、研训话题

模型中的"研训话题"特指对话式研训培训者在教师的实践问题中萃取出的、具有一定共同性的、有碍教师专业能力发展的、可供参训者共同研讨的研训主题。

根据新课程改革和教师实际需求,培训者选择有价值的培训主题,有的放矢地解决当前教师在教育教学中遇到的问题。也就是说每次活动,组织者要以课程改革或课堂教学中表现出来的热点、难点、重点问题为切入点,以提高教师实施新课程和教育创新能力为目的,"以案例展示理念,让理念回归课堂"为原则,精心策划,着力于解决一个问题或一类问题。它还需要参与教师在主题确定后,提前阅读理论与课例资料,列好培训要点,先在理论上深化对主题的认识,做好"厚积薄发"的准备。

当然，在培训问题和话题定位上，培训者要注重理论与实践的有效结合，为教师提供可供模仿、适用的教学操作策略，但在实施中，问题选定的模式与机制，需要我们认真考虑。可以这样说，实践问题是那些对中小学教师来说还无法直接解决的问题，从而对教师构成认知挑战的一种局面而呈现的问题。而研训话题是教师在教学中遇到的、具有共性和普遍性的、需要通过研究解决的问题，它既是研训活动的研究对象又是教研活动的核心。

从外在形态来看，研训话题表现为中级形态和高级形态：（1）研训话题的中级形态是指研训人员将初级形态的问题经过分析、比较后逐渐清晰化，并以小课题研究的形式提出来供研训活动使用。因此，研训话题的中级形态必须明确、清晰、简洁，以便教师开展研究。实践问题通过整理思考后成为研训话题的中级形态，同时为研训人员进行问题研究提供了基础。但是，这个转化过程要由研训者对初级形态的实践问题进行分析与综合、抽象与概括后才能使问题清晰化。例如，老师们在梳理问题时感觉到在阅读教学中存在问题但对问题的认识不够清晰，并根据自身教学实践进行认真分析，明确提出要研训的话题为"初中语文自主阅读教学的途径和策略"。因此，研训话题的中级形态可以使研究者进一步明确研究对象。（2）研训话题的高级形态是指通过研训员（或教研组长、备课组长等）的加工改造，把问题具体化，使研训者明确解决问题的途径和方法并积极思考的问题形态。研训话题的中级形态虽然已经使有待研究的问题明朗了，但研究的具体内容和方法是什么、如何进行研究、有哪些要求和建议等还不清楚，研训人员还无法在基层研训开展活动。这就需要主研人员对研训话题的中级形态进行提炼，给参加研训活动的教师提出明确具体的研究内容和要求。因此，研训话题的高级形态具有预设性、研究性、情境性、操作性等特点。当教学中的实践问题被转化为研训话题的高级形态后，研训人员更加明确了研训的具体内容、要求和研究途径。为此，在研训活动中，实践问题不再被研训人员看作"身外之物"和"另一个世界"之类与己无关的东西，而是一种可探寻、可分析、可切磋的东西，是实践和创造的对象。由于实践问题的解决承载着研训教师主动发展的希望,研训教师在问题研究的过程中能展示自己独特的生命状态和生命活力,研究问题便被赋予研训教师的生命价值。这种能高度焕发研训教师生命活力的问题形态就是研训话题的高级形态。这样,研训话题的高级形态,使研究的问题成为鲜活的状态,与教师的生命、生活息息相关,从而使它呈现出生命力,而这种具有内在生命力的研训话题最能激活、唤起研训人员的内在需要、兴趣、信心,提升自身主动探求的欲望及能力。

三、思维碰撞

模型中的"思维碰撞"特指对话参与者在对话活动中所有彼此对个体认知视域的影响过程。这一环节是最为精彩与激烈的环节,是"对话式研训"中的一大亮点。有时,真理在碰撞中明晰。学习,如果不经过碰撞,很难内化形成真正有价值的东西,但我们也不应忽视"碰撞"所带来的一些影响因素:一是碰撞技能的高下是否会左右或模糊实践本身的价值?二是碰撞容易走向极端。碰撞的目的并非分个高下曲直,而是让参训教师在不同的观点与视角的碰撞中建立自己的体验。因此,碰撞应该是相互补充、启发,以及有更多的视角与声音。当然,如果是多方参与的碰撞,则需要活动主持人,保证多方的有效参与和碰撞的整体推进。

借鉴建构主义的学习理论,我们提倡以学习者为中心的学习和同伴互动的学习过程,强调学习者探究理论与实践,知识与应用之间的关系,以便他们能够在特殊专业背景下,运用理论性知识。"思维碰撞"的最大特点是参与互动性强。每位参训教师不是以心理复制的方式被动地接受现实,而是在唇枪舌剑中引发自我的认知冲突,在选取他人观点的同时,根据自己原有的经验生动地解释新观点,通过同化和顺应,不断建构和完善自我认知结构,实现对教育认知的发展。

【案例】吟诵对话的"美篇"发布之后

对话时间：5月20日清早。

对话背景：副班主任田云春老师发布了赵坤玲同学做的"对话促进视域融合——关于吟诵技巧与诗文理解的讨论"。

对话过程：

田云春：这是咱们的学习委员赵坤玲姐姐辑录前天晚上大家在群里的交流而做的对话案例，美篇美美地！

唐元毅：早上一缕好清丽的晨风！

田云春：亲爱的同学们！大家学有所思，学有所悟，知无不言，言无不尽！这样的学习想不进步都不行哟！谢谢美丽的玲姐做的美篇，为咱们的学习做了美丽的辑录与思考！

（众学员为赵坤玲点赞献花）

赵坤玲：谢谢老师和同学们的肯定。全心全意为42号教室服务，是我应该做的。

赵坤玲：有几张图片，我又换了一下，看看是不是更好看一点。

周琴：我前晚把对话整理了出来，还没来得及分析。你更快！

赵坤玲：如果是作为新闻报道，我也整理得迟了一点。

唐元毅：我们不要"新闻"，只要学员们学习的点滴进步和那份发自心底的快乐、喜悦！

田云春：同学们，咱们班的有心人越来越多，把咱们的对话"记录在案"并做思考点评的同志越来越多了，欢迎大家都来做有心人，做咱们快乐学习旅程的记录者、思考者……

赵坤玲：在班主任吟诵的带领下，我们一定会收获满满。

田云春：同一件客观的事情、同一个客观的片段，每个人观察到的内容或许不一样，思考到心里去的观点就可能更不一样了。所以，大家完全可以从不同的角度对所截取的片段做不同的思考评析，做出来和大家共享！

杨西：经过这么久的学习，感觉学习真的是要经过反复的讨论研究，才能不闭门造车，从而学有所获！谢谢各位每天的精彩讨论。

杨西：共学共进！大家都把心得与思考贡献出来，每个人就都可以收获更多了。

田云春：希望更多的同学从不同角度去思考，就如咱们的交流一样——各尽其能，各献其智，各美其美……

邓宽栋：我被大家的学习精神感动，被大家的学习热情所感染。短短时间，大家对吟诵技巧的掌握让人惊讶！

田云春：荀子语："非我而当者，吾师也；是我而当者，吾友也；谄谀我者，吾贼也。"我将这句话送给大家共勉。

唐元毅：今早没作业，给同学们做了一个"记录员"，算是吟诵对话"美篇"之后续对话吧。

田云春：我的天呀，这完全就是直播了！我说咋没听闻班主任的言与声呢？原来，原来……掌声响起来！

唐元毅：各位同学，本班主任就给大家留个"作业"吧：就本次"对话"、后续"对话"进行"后续对话之二"。同学们，对话需要温度，对话也需要深度，期待同学们的再次激情喷发，再次精彩闪现！请副班主任、班主任助理、班委，及辅导教师共同组织好做好本次"作业"。

赵坤玲：有了温度，热情高涨。有了深度，学有所长。

黄晓燕：晚一个多小时，错过了太多精彩。只有慢慢回放。

田云春：精彩错过精彩在，这里的每一位成员都可以是精彩的创造者！

黄晓燕：错过的精彩仍存在，继续的精彩一起来。老师的精彩指航向，大家的精彩奔向前！

唐元毅：为了避免"错过精彩"，这次"对话"就改革一下吧——预约。即请副班主任与班主任助理、辅导教师、班委商量一下，确定一个相对集中的时间，让更多学员有"赴约"的机会。同学们，如何呢？

对话体会（唐元毅）：人人都有参与对话的潜能和欲望，教师也当如此，吟诵研修班学员更是如此。"兴趣是最好的老师"这句话似乎在我们这个团队里便可以找到最真实的印证。在吟诵研修班个团队里，我们自愿、自律、自励、自觉、自省、自强……只要我们能基于学员、为了学员、在学员中，"对话"便可引发，"对话"便可延展，"对话"便可深入……

四、视域融合

"视域融合"特指在对话式研训活动中，对话式研训组织者通过激发参与者之间的深度思想碰撞，将参与者的视域高度聚焦在对话主题之上，使参与者在寻求"实践问题"的解决时认知视域更为完整、更为趋同。"视域融合"是对前三个环节进行评析，对各种思想进行梳理，体现出专业引领的作用。"视域融合"这个环节很重要，需要加强。它如同我们"画龙"中的点睛之笔，也是迷雾航行中的指引之灯。这个环节，可以请名师、区内外的专家组建成教师教育合作共同体，从更高的层面、更广的范围进行交流学习、专业引领，值得我们思考。

【案例】袁向阳：期待观点碰撞，寻求视界融合——第五组"特色学校建设"对话案例分析

第五组参与对话成员：

专家：陈聪贵（建国小学校长）。

记录：袁向阳（区师培中心研训员）。

小组长：王刚（思坡中心校校长，讨论主持）。

小组成员：来自翠屏区、江安县、南溪区、筠连县。

对话内容：

主持人：特色学校建设的"特色"从何而来？其特色如何体现？

学员1：（来自筠连特殊学校）学校办学22年，2014年迁入新校。学校根据自身情况，以"爱"为办校理念，弥补孩子身边家庭爱的缺失。

其他学员："这个特色源于学校的特殊性。""学校许多课程没有教材。语文、数学源于生活，培养孩子融入社会，如《生活语文》《生活数学》。""融入爱的理念，打造爱的文化：传统节日的汲取；接受个别化辅导。学校有'超市''银行''医院'，让孩子们体验。"……

专家：学校围绕"爱"做文章，人与人、人与社会、人与国家；还有就是"成功感"，学校有特殊性，围绕这两个方面去打造，找到结合点和联系。

学员1：是的，我们这三年有收获，有的孩子学会叫爸妈弟弟等。

学员2：（来自筠连镇舟）我们感觉"特"上做很难，想先做好学校的基础工作，但入手很迷茫。我们理解"特色"不是简单地重复历史，而是整合，发挥师生优势。

学员：践行要有精气神，要坚持和传承，不能因为校长的流动让特色流失。

专家：我们是草根，没有条件高端打造；特色是在规范的基础上发展起来的。规范后要拔高，要改变自己的思想认识；教师也要提升，尤其通过"创示"来争取进步；要找到"载体"，特色课程不是搞"特长班"，要能普及、坚持、发展。

学员3：（江安底蓬）我对讨论问题的理解是：吸收和提炼。我们学校有"连枪"，还有县的传承人。可是，这与课堂教学怎么联系起来？如何更好地呈现出特色？

学员4：（翠屏区黄角庄）听了前面发言，我想说说翠屏区特色从何而来？我的理解：一是可挖掘诸如李庄、南广、李端、凉姜等地域特点；二是可挖掘学校自身的历史积淀；三是可从诸如中山街川剧等社会文化特色来考察；四是可从学校发展过程中取得的一些成就切入；五是可效仿外地名校特色。怎么来体现？我觉得可从物质着手，也可从文化着手，还可从课堂、课程等维度着力。

专家：只是特长，并不一定能形成课程。课程不在多，要精。课程建设不是一两天的事。课程理念要适合学校办学，要考虑目标是什么，怎么去评价。

学员5：（来自南溪）：我们的理念是"让山区孩子接受优质教育"。现在200多人住校，是全县留守儿童最多的。我们开展生活技能比赛，想从关爱入手打造特色，苦于找不到切入点。

学员6：（来自江安桐梓）我们想打造"桐梓文化"。我们基于学校老教师多这一实际，提出正直、朴实、奉献的文化内涵，并找到戏剧进校园这些载体，体现出江安的区域特色。

学员7：（来自筠连）我们学校特色来自"基于学生成长"的"行思"教育：敢、善、会。我们开展了"533"德育工作模式，开展养成教育，体现在"入校及入场"，充满灵动的"生命之场、成长之场"；我们追求"笃行创一流"的办学目标。

学员8：（来自南溪林丰乡）我们山区学校的特点是：留守儿童多，新教师多，流动性大。我们努力创设文化氛围，以活动为载体。

学员9：（来自筠连巡司）我们学校艺体成绩突出，但未能上升为校园特色文化：一个是"巡水杨帆"；一个是"水涵童心，山育师魂"。想征求大家的意见。我们选哪个为特色主题好？

学员10：（翠屏思坡）：我们打造的东坡文化，是历史传承，也是地域特色。而运动方面，思坡初中、小学的足球也不错。我们也在思考怎样将二者进行有效结合与联系，相互促进完善。

专家：学校的特色工作要紧紧围绕：课堂改革重在促进有效、高效学习；课程是丰富学校教育；课题是研究问题。这三者要相互促进。

大会发言（五组）：本组交流形成的共识：学校要规范，再拔高，找到特色；特色课程不宜多，宜精；课堂、课程和课题要三位一体，共同推进特色学校建设。

案例分析："视界融合"是伽达默尔（Hans-Georg Gadamer）诠释学中的重要概念之一，它指的是理解者在理解某个文本时，将自己的视界与文本视界相融合。从本次对话讨论来看，学员们大多能够围绕交流话题发言，结合实际，介绍各个学校的情况，交流特色学校工作的做法和感受。专家角色能够向学员准确传达自身经验和做法，交流一些问题的观点和看法。总的说来，这样的研讨活动紧扣主题，呈现观点，调动学员人人参与，及时跟进专家意见和建议，对学员理解"特色创建"是非常有帮助的。最后，有一些"共识"的形成。但我们还是希望，参与者能够围绕主题，有更充分地表达，特别是"激起观点碰撞"，目标是为更好地达到"视界融合"。

如果对话没有思维的"碰撞",参与者心中已然出现的"差异"就难以及时表达出来,就难以在"对话场"中显现并深入。其实,按照"视界融合"的语义和我们课题模式中的设想,参与者需要充分交流,以达到对"对方理解"的准确理解和对"自己理解"的准确传递。这样才有利于在双方、多方对话交流中,把观点表达清楚,把问题分析清楚,有利于对话向更深层次、更高的高度发展。

如何做到"观点碰撞"呢?从本案例来看,大家今后开展类似活动时需要注意以下几点:一是活动角色。活动的小组长、专家和所有参与者,其实都是参与者,都是围绕主题对话而来的。这样,不只是介绍我怎么做,就像有的学员,还想听听别人的意见;而其他人,不只是听众,还要结合自己的经验,针对自己理解的别人出现的问题,深入切磋。所有角色不能自说自话,要能"探讨""交流""切磋""交互"。二是活动议题。每个人要围绕事先拟定的活动议题,进行深入的探讨与思考。议题的深入,有赖在对话中生成更关注、更集中的话题,以便集思广益。从本组交流情况看,原始议题是有机会,也能够在对话中生成更深入的话题,这样就有助于充分探讨。三是活动调控。对话程序中时间和空间比较容易可控,现场交流的议题发展,以及参与者的参与视角和深度,还有待在对话中调控。这需要调控技巧,也需要参与者积极的"配合"。四是活动成效。通过对话,能否形成新的策略?这个环节的检视是比较难的。单从活动各小组的总结发言还不够,可能涉及更长时段的考查。

"观点碰撞,视界融合"也是现阶段我对"对话式研训"的一点思考。可以肯定的是,当大家在逐步适应了"对话"这样的交流方式和研训方式之后,完全能够发生主动碰撞,使对话走向更高层次的融合。

五、策略生成

模型中的"策略生成"特指在对话式研训活动中,对话参与者经历思想碰撞、视域融合后,针对自身的实践问题而产生的解决实践问题的一系列提升自身专业发展的策略。

"策略生成"环节要求参训教师在学科组和教研组成员共同参与、研究下进行教学案例实践，从而将教学理念、技能内化并付诸实践。这一环节，除了教师自己的体会外，可考虑通过网络进行更为广泛的交流与学习等。教学案例实践对于新教师而言，更多的是训练习得的教学技能；对于教学相对成熟的教师，可以是进一步的创新和完善，打造自己的教学特色，向更高的阶段发展。此外，教师还可借鉴课题研究方式，深入研究和解决教育教学中的问题，同时也拓展和丰富"研—训—教"中的"研"，它既有教研，又有科研，让教研、科研与培训和实践紧密结合，真正实现优质研修。

从某种程度来说，"策略生成"环节在整个培训中有升华主题、拨云见日之效，既帮助培训教师再次梳理培训主题，又做出有高度、有深度的总结。通过"思维碰撞"，大家积极互动进行初级的"经验概括"和高级的"理论概括"，起到引领、总结、归纳、画龙点睛的作用，由名师或专家现场及时对课堂教学行为和互动情况进行归纳、评价、提升，提出方向性的意见和看法，使受训教师进一步领会专家的教育理念，更有效地汲取课堂教学所提供的可资借鉴的好经验、好方法。

在"思维碰撞"和"视域融合"阶段，教师的观点各异。究竟孰是孰非，需要专家指明方向，更好地领会专业理论的精髓，更有效地汲取别人所提供的好经验、好做法，更深入地反思课堂教学中的问题。如此，培训者将把互动讨论当作一种享受，当作历练自己思想的武器，且辩且思，且辩且行。如此，受训老师则方向明，目标清，培训效益更大。

六、行为改善

模型中的"行为改善"特指在对话式研训活动中，对话参与者通过运用在研训话题的对话中习得的新认知而有意识地改善自己的教育教学行为，从而促使自身专业能力的提升。"教师成长=经验+反思。"美国心理学家波斯纳给出的这个教师成长公式，清楚地揭示了一个教师的成长过程离不开不断的反思。要想成为名师，扎实苦干的精神和态度是基础，而学会不断自我反思则是发展自我的必由之路。"策略生成"和"行为改善"环节包括撰写研修日志和受训后的微格演课两个内容。撰写研修日志是让教师思考"为什么"，如何才能做得更好；而微格演课则让教师践行"我是否可以"实现预期。研修日志的内容可以针对主题讲座、新秀授课、同行互辩、专家点评等任何一个环节，还可以是感悟，也可以是反思。微格演课将培训中获得的教育理念知识和教学技能与技巧应用到实际教学之中，从根本上提高总结的教学能力。

【案例】田云春：宜宾市人民路小学教师"语文教学目标的表述方法"对话式研训后的改变

巴赫金指出："对话既是目的，又是方式。没有使对话参与者产生变化的交谈不能称之为对话。"宜宾市人民路小学语文教师在以"语文教学目标的表述方法"——行为目标陈述法为主题的对话式研训中，让参与教师进行了多维度的对话：与同伴对话，与自我经验对话，与文本理论对话，与研训主持人对话……通过对话，他们发生了很大的变化。

（一）对话背景

1. 中小学教师不知如何进行学科对话式研训。2017年12月，中小学教师对话式研训总课题组对33个子课题的主研人员进行了两轮五班的培训，采用的研训方式即为对话式，研训的主题为"经历"对话。在研训过程中，参与教师全程体验了对话式研训，对话主要围绕对话式研训流程图中的主要要素进行。研训过后，老师们感觉这种对话式研训的内容似乎重在讨论研训的形式，在对话本身；而平时的研训活动更多是学科研训活动，该怎么运用对话式这种研训方式呢？其实，总课题组对子课题组主研人员的对话式研训主题就是"经历"对话，培训的目标就是要让参与教师了解对话式研训流程图，知道如何进行对话式研训并能主持对话式研训。但是，老师们没能充分领会本次培训主题，所以出现了误解。为了澄清老师们的误解，更好地让老师们明白，学科研训活动是有很多学科问题可以作为对话式研训主题的，于是我们就组织了这次语文学科的对话式研训活动，以期为子课题主研人员提供可资借鉴的学科对话式研训的案例。

2. 小学语文教师的教学目标表述方法存在较大的偏误。在教学视导或听课时，我们发现本区域的很多语文教师的教学目标确立不恰当，从而导致教学目标不能较好地指导教学活动的开展。而教学目标的确立是否恰当，主要涉及教学目标表述的方法（形式）是否恰当、教学目标内容的选择是否恰当两个方面。为了能在一次对话式研训活动中有效解决问题，我们就确立了"对话语文教学目标的表述方法"这个活动主题。由于目标表述的方法较多，我们进一步把研训话题聚焦在目前国内比较通行有效的教学目标表述方法——行为目标陈述法，希望通过此次对话式研训活动，让老师们能用恰当的方法对教学目标进行表述，进而有效指导教学活动的开展。

（二）对话方案：对话语文教学目标的表述方法方案设计

研训对象：人民路小学四个校区的优秀语文教师共计24名（教导主任、语文教研组长、骨干教师等）。

研训主题：语文教学目标的恰当表述。

研训话题：如何用"行为目标陈述法"陈述语文教学目标？

研训目标：（1）在研训结束后，教师能独立列举出用"行为目标陈述法"陈述语文教学目标时应具备的"四要素"。（2）教师能从"教学目标表述四要素"的角度，分析指出他人或自己的教学设计中的"教学目标"表述恰当与不恰当之处。（3）教师通过小组合作，能对原有教学设计中表述不恰当的"教学目标"用"教学目标表述四要素"的方式进行改进、优化。

研训方式：对话式研训。

研训时间：2018年5月30日上午8:30—10:00。

研训地点：宜宾市人民路小学A区。

课程评价：（1）研训目标的达成度。（2）是否体现了中小学教师对话式研训的一般流程与特点。

活动流程：（1）拟参加研训的教师每人上传两份自己的语文教学设

计于研训员,供研训员了解"学情",同时作为对话式研训的备选案例资源。(2)拟参训教师阅读研训员上传到QQ群里的阅读材料《教学目标的表述形式》,并思考:在教学目标表述的四要素中,你觉得最难表述好的是哪一要素?还有哪些要素也难以表述好?试着用"四要素表述"法对自己某一份教学设计的教学目标逐条进行分析具备哪些要素,不具备哪些要素。(3)每小组从本校上传的四份教学目标设计中(四个组分别为阅读教学、口语交际教学、习作教学、识字写字教学等四种教学板块的教学目标)无记名投票评出最优秀的一份,以此作为对话式研训时的研讨案例材料。

(三)对话式研训活动

1. 暖场开心,对话引入。

介绍"教学目标"的概念与作用,交流"行为目标陈述法"的四要素。

2. 三轮汇谈,对话展开。

活动任务:先通过在《教学目标四要素体现对照表》中分别列出组内所评优秀目标每条目标的四要素;然后,选择其中最好与最有待改进的两条目标(最有待改进的一条),用"四要素法"进行修改、优化;在用"行为目标陈述法"进行语文教学目标陈述时,有哪些好的经验?还有什么困惑?

第一轮:组内讨论,个人独立完成,再小组交流。

第二轮:外出交流。

第三轮:交流外出学习的成果,并制作海报(内容包括:教学目标四要素体现对照表、最难表述的要素统计、目标优化)。

3. 集体展示。

4. 观察员与专家点评。

5. 参与教师谈收获感受。

6. 课后运用。

每人用今天学习的教学目标四要素表述法对自己上传的一或两份教学设计的教学目标进行修改优化;研训活动后两天内,每人上传了一两份修改优化后的教学目标设计。

(四)对话实录(片段)

教师1：常见的外显性行为动词有哪些呢？

主持人：目标的不同达成程度，其外显行为有所不同，如对需要"了解"的，有辨别、判断、列举、说出等；对需要"理解"的，有解释、阐述、举例、说出、运用等；对需要"应用"的，如用于、用……说出（写出）、仿说、仿写等。

主持人：在"通过朗读书上范例，知道打电话的一般要领"这条教学目标中的"通过朗读书上范例"是教学目标中的C要素目标达成的行为条件、情境吗？

教师2：是的，因为学生可以通过朗读，知道打电话的要领。

主持人：这条目标中的"通过朗读书上范例"是教学过程或途径、方法，不是学习结果时检测目标达成的条件、情境。

教师3：(顿悟)老师，可不可以这样理解，这个行为条件就类似于我们要检测(考查或考试)时，设定的情境或条件。

主持人：可以这么理解。因为教学目标是学习结果的预期，而不是学习过程的预设……

(五)对话改变

通过对话式研训，参与研训教师发生了较大的改变，具体表现如下：

1. 知识的改变。

什么是教学目标？语文教学目标用什么方法进行表述？在此次对话式研训之前，参训教师普遍不太了解。他们都说，以前根本没有这样认真地思考过教学目标及其如何表述；日常备课时，教学目标的表述基本上都是照着教师参考书或网上照抄下来的。从这些老师研训前上传的教学设计也可看出，其教学目标的表述大多随意、不规范。研训结束后，老师们明白了什么是教学目标，知道了我国现阶段通行的较好的教学目标表述法是"行为目标陈述法"，知道了这种表述方法有"行为主体""行为动词""行为条件或情境""表现程度"四要素，还知道了这四要素分别如何表述。第一小组对话后的学习收获有：一是用上这ABCD四要素，表述的教学目标指向性更明确，范围更小。二是任何时候，教学目标设定的主体都是学生,在设立目标时应考虑学生学什么、怎么学、学到什么程度……三是行为条件/情景(C)在表述过程中落实、具体。四是程度(D)的设立应要结合班级情况、学生年龄特点、学段总目标等。

2. 认识的改变。

通过此次对话式研训,老师们认识到教学目标的恰当表述可以让教学目标更具体、清晰、明确,能更有效地指导教学活动的设计与实施,更有效地检测教学目标的达成度。所以,老师们都意识到了恰当地表述教学目标的重要性和必要性,意识到在今后的备课工作中,应该认真思考,恰当地表述好教学目标。

3. 行为的改变。

这批参与研训的老师,在对话式研训前,他们的教学目标大多随意、不规范、不恰当,不能有效地指导教学活动的设计与开展,也难以进行观察、检测。对话式研训后,每位教师都对原来设计的教学目标进行了分析、修改或优化。修改、优化后的教学目标表述更具体、清晰、明确了,更能有效指导教学实施与教学目标检测了。在参与对话式研训中,郭楷老师这样优化了教学目标:

教学课题	人教版三年级《丑小鸭》
原目标1	复习巩固本课生字,理解部分新词的意思
修改/优化	课堂上,能在没有注音的情况下,独立认读本课生字,能向老师、同学讲解新词意思或在情景中运用新词
原目标2	能正确、流利地朗读课文
修改/优化	能独立、正确、流利地朗读课文
原目标3	有感情地朗读课文,感受丑小鸭生活的艰辛;懂得要尊重他人,与人为善
修改/优化	能有条理地讲述丑小鸭生活的艰辛,能说出小鸡、公鸡等动物的不尊重他人的行为不对之处,并说说自己如何尊重他人的
原目标4	激起阅读经典,特别是安徒生童话的兴趣
修改/优化	能在课后主动了解安徒生,喜欢阅读安徒生的其他童话故事

由上表可以看出，郭楷老师对教学目标的"行为目标陈述法"中四要素的运用改变主要体现在"B""C"上：（1）"A"要素行为主体原本表述恰当而无改变。四条原目标的"A"要素行为主体都是学生（隐含的），所以未做修改。（2）"B"要素行为动词由不恰当变得恰当了：原目标1中的"B"要素行为动词"巩固""理解"不具体、不易观察与检测，修改后的"认读""讲解""运用"则具体化、能观察、能检测了；目标3与4的"B"要素行为动词也做了类似的修改与优化。（3）"C"要素行为条件/情境由无变有且恰当了。对于"C"要素行为条件/情境，在原目标1、3、4是没有的，修改后的目标1加上了"独立""面向老师、同学""在情景中"等条件；目标3、4也加上了类似的行为条件或情境；目标2则增加了"独立"的条件。（4）"D"要素行为水平或程度无改变。表中的四条原目标没有行为水平或程度的表述，修改、优化后仍然没有。总体上来看，郭楷老师对"行为目标陈述法"的"A""B""C"三个要素运用较好，而对"D"要素则不能运用。其中，对B、C两个要素由不恰当到恰当的表述是此次对话式研训带来的改变。

从其他教师上传的目标修改、优化情况来看，大家对"A"要素行为主体的表述都恰当了，其中有部分是由原来的"教师"变为现在的"学生"，其改变也源于此次对话式研训活动。对B、C、D的表述，经过"对话"，多数教师由原来的不恰当表述变为现在恰当的表述了。

（六）研究反思

对话式研训如何让教师生成的策略更有效，其行为改善更显著呢？而让研训活动的对话更多元则是有效的方法之一。

1. 参与教师与自我对话。

成人学习的特点之一是"经验性"，即成人的学习是一种基于经验的学习。让教师与自我对话，就是让教师充分反思自己的经验，并且把这种经验以写或说的方式外显出来，既整理自己的思维，也为与同伴对话做好准备。在本次对话式研训中，教师于活动前小组评选组内的优秀教学目标设计，并思考哪些地方优秀；想想自己的教学目标设计哪些比较好，哪些不够好。这就是教师基于自我经验与自我对话，当然也包括与同伴的经验对话。

2. 参与教师与同伴对话。

在本次对话式研训中，教师在第一、二、三轮集体展示中，与同伴对话，融合了来自不同校区、不同年级、不同教师间的经验。在对话中，同伴间相互交流、启发、吸纳彼此的经验与智慧，从而生成用比较恰当的方法表述教学目标的新策略。

3. 参与教师与文本对话。

参与教师与自我、与同伴对话是对话式研训的对象，但如果仅限于此，"对话"的结果就容易囿于他们原有的经验水平，生成的"新策略"解决问题的力度往往不是很大。所以，让参与教师与文本对话，与本次研训问题直接相关的理论对话，可以让教师基于经验又跳出经验思考解决问题的方法。在本次对话式研训活动中，参与教师通过与文本中的理论《教学目标行为陈述法》对话，了解了恰当表述教学目标的方法，知道了表述教学目标时应具备 ABCD 四要素。值得注意的是，教师与文本理论的对话要在合适的时机进行。孔子曰："不愤不启，不悱不发。"当教师通过与自我对话、与同伴对话都还不能较好地解决问题时，再让他们与文本理论对话，其主动性、积极性更强，对话的效果也更明显。与文本理论对话需在合适时机进行，这也体现了成人学习的"即用性"特点。

4. 参与教师与专家对话。

有了以上对话，若再加上参与教师与专家的对话，则能生成解决问题的更有效的策略。此处所说的"专家"，可以是主持人以外的对该研训话题有深入研究或独到见解的专家，也可以是本次对话式研训活动的主持人或教研员。而参与教师与活动主持人的对话更为常态化。这种对话可以以多种形式进行：引入对话时，对问题的分析；小组对话时，专家参与其中；集体展示时，专家点评、质疑等。本次对话式研训，设计了作为活动"观察员"的总课题组主研人员与教师的对话，也有主持人与教师的对话。主持人对集体展示成果的点评、质疑式对话，因场地和时间原因而调整到了研训活动后，紧接着在另一个场地进行。在此过程中，主持人着重就教学目标陈述的 B、C 要素与老师们进行对话，而对 D 要素则有所忽略，可能这也是导致老师们在修改、优化教学目标时 B、C 要素的改变显著，而 D 要素的改变不明显的原因之一。

总之，在对话式研训中，参与教师需进行多元对话。与自我及同伴对话，这是以经验为对话的起点。离开了这个起点，"对话"便无法产生；若只有与自我及同伴的对话，对话容易止于经验，对话的结果容易停留在参与者的原有水平上，所以需要通过与文本理论的对话，以让对话高于经验；要让经验与理论融会贯通，则需要有一条通道、一座桥梁，这就还得有参与教师与专家的对话。这种对话让理论变"浅"、变"活"、变"实"，把理论用于实践，用理论指导实践、解释实践的活的"转化器"。有了这些多元的对话，参与对话的教师视域更广、思维碰撞更深、生成的解决问题的策略更有效，自然导致的行为改善可能更显著。

第二节　对话式研训的行动策略

对话式研训的推进离不开适宜而科学的策略。从对话式研训的操作模式来看，每个环节有三条推进策略。

一、第一环节的推进策略

1. 需求评估

在对话式研训过程中，对话式研训组织者需要对教师个体中出现的"实践问题"加以筛选、甄别和分析，对问题进行梳理分类，准确把握教师实践问题中专业能力发展的需求点。

2. 话题萃取

对话式研训培训者在需求评估的基础上，需要详细解读"实践问题"，并选取适当的对话话题，以便将研训活动准确指向待解决问题。

3．对话设计

对话式研训培训者以对话式研训模型为基础，将对话研训过程进行流程化设计，并拟定可视化研训方案。

二、第二环节的推进策略

1．情境创设

对话式研训培训者以研训话题为指向，在活动中营造适合本次对话主题展开的客观空间环境和情感等主观心理环境。

2．对话展开

对话式研训培训者按照对话设计的流程、可视化研训方案，将参训者带入并参与对话主题研讨活动。

3．话题深化

对话式研训培训者引入适当的讨论技术与思维工具，将参训者的对话内容逐渐引向实践问题的核心。

三、第三环节的推进策略

1．对话维护

对话式研训组织者在研训活动过程中，根据各环节对话目标，运用适当的工具或技术，将对话的内容与思维的层次保持在一定的范围与高度。本环节特别强调将对话参与者的思维水平维持在高阶水平，以确保思维碰撞的有效发生。

2．经验重组

对话式研训组织者通过适当的途径与方法，促使对话参与者在对话过程中汲取他人经验，完成新认知与自身认知体系融合与重构，即认知的内化。

3．视域拓展

对话式研训组织者在对话参与者完成认知内化的基础上，在对话设计中引入适当的环节与工具，让参与者体验并确认自身视域的变化。

四、第四环节的推进策略

1．认知外显

对话式研训组织者在研训活动过程中，设计必要的环节并引入适当的工具，将参与者的新认知、新视域进行抽象并概念化展示出来，以巩固对话参与者的新知。

2．策略甄选

对话参与者在反思自身实践问题的基础上，对此次对话活动中产生的若干可行策略进行对比，甄选出更适合自身问题解决的策略。

3．策略内化

对话参与者将甄选出的适合自身问题解决的策略进行理性分析，在认知层面完成理论与实践操作的迁移内化。

五、第五环节的推进策略

1．方案再生

对话参与者在经历一系列研训活动过程后，在新视域下优选适当的策略，结合自身教育教学实践活动，序列化地完善原有的方案，使改进后的方案日趋完善。

2．策略实施

对话参与者按照事先拟定的方案，遵照已有的策略，进行深入实践操作的过程。

3．反馈修正

对话参与者在运用预定策略时进行行动反思，进而不断修正解决问题方案的过程。

六、第六环节的推进策略

1．行为评估

对话参与者或对话研训组织者在对话参与者运用新策略进行教育教学实践过程中，对新策略实施行为进行的有目的的记录与评估活动。

2．策略反思

对话参与者或对话研训组织者对新策略在新的教育教学环境中的可行性、优劣势进行客观的记录与思考。

3．问题重整

对话参与者或对话研训组织者对新策略实施过程中呈现的新问题进行梳理、记录以形成新的实践问题供下一轮对话研训参考使用。

【案例】翠屏区初中数学教师对话式研训的策略生成

（一）研训主题：初中数学定理教学有效性策略。

（二）研训目标：聚焦初中数学定理教学有效策略，分析学生学习数学定理过程中存在的问题与提出教师在具体实施过程中的困惑，探讨提高数学定理教学有效性具体途径、策略。

（三）研训对象：翠屏区24名、叙州区12名八年级数学教研组长、备课组长、骨干教师。

（四）研训时间：2018年11月16日 8:20—12:00。

（五）研训地点：翠屏区棠湖外国语学校。

（六）引入工具及材料准备：ORID焦点技术、读书摘录技术、世界咖啡、话语权杖、便利贴、分组活动技术；ORID焦点技术的课堂观察记录表（修改版）、大白纸、便利贴、马克笔、读书摘记卡、组牌等若干，宣传海报。

（七）研训流程。

1. 研训前置任务。

让参训教师结合日常教学，围绕以下问题查阅资料、思考并填好读书摘记卡然后带到研训活动现场：您的学生在数学定理学习过程中存在哪些突出问题？您在数学定理教学中存在哪些困惑？您认为定理教学的完整流程是什么？您认为数学定理教学的难点和重点分别是什么？您在数学定理教学突出重点，突破难点方面有哪些有效策略？

2. 研训活动过程。

（1）翠屏区棠湖外国语学校祝翠、叙州区育才中学任蓉蓉两位老师用同课异构的方式上了两节研讨课，课题分别为"直角三角形三边关系""勾股定理的应用"。（2）第一轮汇谈：研训对话，思维碰撞。教师结合日常教学经验及同课异构课例，围绕学生在定理学习中突出问题及教师在教学中疑惑提出自己的问题，在组内充分交流；组长组织总结梳理并推选代表展示。（3）第二轮汇谈：视域融合，策略生成。各组组员根据前两轮交流并结合4个问题再次发表自己观点；全组分工合作提取主要信息、摘要关键词、整理观点，并呈现在大白纸上，制作展示海报；整组上台展示，展示交流初中数学定理教学流程与有效策略。（4）活动观察员代表——区师培中心中学数学研训员张森林老师就此次对话式研训活动进行小结，肯定老师们在活动中的积极表现与讨论，提出了对话题维护、工具使用等方面的建议。（5）宜宾学院刘维鸿教授对此次活动进行点评：此次活动对话以学员为主，充分的预设带来丰盛的生成；培训者、被培训者角色转变，达到了认识数学定理教学的流程和有效策略的目的；结合学生的年龄特点，分析初中阶段学生在数学学习过程中由抽象思维向形象思维的转变。（6）翠屏区师培中心副主任徐斌对活动做总结，希望以问题为导向的对话式研训能够在以后的学校教研工作中得到广泛使用，翠屏教育借助对话式平台，在数学教研活动的道路上不断求索。

（八）研训成果。

1. 数学学科对话式研训开展应针对数学学科特点、数学老师实际情况，选择性、创造性地运用总课题对话模式，灵活地设计对话环节和使用工具；数学教师应在数学学科对话式研训活动中向参训教师呈现知识从发生到应用的完整过程，体现了教学中的整体化策略。

2. 教师备课应考虑每节课应承担的任务、目标从而选择内容与方法，教师须有整体知识框架，从整体去考虑每节课的具体实施，及整体化策略。

3. 教师应创设蕴含该定理本质问题的情景，从问题中抽出基本模型，引导学生猜想相关数量、位置等关系，精心设计活动让学生动手、动脑去验证结论，接着多角度证明结论，然后再对定理多角度分析与表达，最后以问题为载体应用定理。

4. 突破定理教学重难点策略。（1）情景化策略。通过创设有效的情景，找到课堂的知识入口，激发学生求知欲。（2）信息化融入课堂策略：在定理教学中引用优质的图片、微课视频、音频等可以让抽象的定理变得直观，教学过程更加有效，对于提高定理教学效率，突破定理教学难点和重点作用大。（3）整体化教学策略。定理教学应注重定理的整体过程，应在定理教学过程中统筹考虑每节课应完成的任务，界限明晰但联系紧密。（4）分层教学策略：定理教学重点对所用学生都是重点，但不同层次学生难点不同，所以在教学设计与实施过程中应设计不同问题包括应用问题，让不同学生有不同的学习收获。

（九）研训反思。

这次研训活动在借鉴其他学科对话式活动经验的基础上，针对数学学科特点、教师情况，活动前做了充分准备，但也存在一些问题，课题组下面就研训活动存在问题进行梳理：

1. 部分参训老师因工作繁忙，前置问题未思考或未充分思考和查阅资料，导致讨论过程中对问题认识不够深入。

2. 组长前期培训不够，导致组长对研训活动主题、程序、规则等了解不够深入，所以对话过程中出现跑题，组内任务不够明确等情况。

3. 对话活动中各种工具使用的意义未做说明，规则强调不够，导致部分教师对读书摘录卡、ORID焦点技术的课堂观察记表、话语权杖的使用不到位，少部分教师在活动中未使用工具。

（十）改进建议。

1. 活动前，组织者应在提前收集参训教师信息基础上，及时建立沟通联系机制，让教师充分认识到前置任务对活动的重要性，并建立活动评价规则等，促使教师保质保量完成前置任务。

2. 进一步重视组长前期培训。培训不仅仅要以说明方式，应从细节出发，用多种方式让组长明确活动主题、理解规则、理解工具的意义及掌握工具的使用方法，让组长进一步培训组员。

3. 在活动中应注意把控好时间与流程，把握好介入时机，明确每一个环节的任务，同时设置、限定并把握好最终的完成时间。

第三节　对话式研训的实用工具

对话式研训的深入推进，离不开恰当而有效的工具。所谓的"工具"，原指工作时所需用的器具，后引申为达到、完成或促进某一事物的手段。在对话式研训中，为建立、维护对话，推动参训教师更有效地研讨、决策并实践而选用的创设对话情景工具、维护对话思维工具和执行生成策略工具的合集，我们称之为"对话式研训工具箱"。对话让"默者"能言、"言者"能听、"听者"能思、"思者"能行，而对话研训中的工具，则让"默者"乐言、"言者"善听、"听者"深思、"思者"笃行。

一、工具在对话式研训中的价值

1. 工具介入，建立对话基础

在《被压迫者教育学》中，保罗·弗莱雷就对话开展的条件进行了论述：要实现对话，必须依赖于一定的先决条件，包括关爱、谦逊、信念和信任。信任是使对话者在关爱、谦逊、信念的基础上彼此之间形成一种密切的伙伴关系，使对话者开诚布公、坦诚相待、言行一致，彼此之间形成密切的伙伴关系，在对话式研训中体现的是平等、互助的关系。在培训的过程中，我们要尽可能地保持一种开放的状态、完全开放的气氛，创设一个没有权威、等级的开放空间。为达到彼此信任，实现对话的进行和拓展，我们需要借助工具，如团队建设工具、破冰工具等。

2．工具介入，维护对话思维

美国学者布伯里斯在相关著述中提道：对话的开展必须遵循三个基本原则，即参与性、承诺性和互惠性。参与性是指所有的对话者必须积极主动地参与到对话的过程之中，每个人都必须拥有发言、提问、质疑、尝试新想法、聆听各种观点的机会。真正的对话需要思维的碰撞、视域的融合，必然要维护对话思维。在对话式研训中，发言、倾听、思考、质疑的循环过程需要个体思维的高度跟进。这样一个思维高度参与的过程，更需要引入研讨工具、思维维护工具，保证参训者具备深度对话的可能，始终使对话者把注意力集中在一个共同的话题，认真倾听他人的发言，从而产生更高的对话凝聚力，让对话更具建设性、更高效。工具的介入可以避免对话偏离正常的轨道，避免对话中特权、霸权的出现，体现对话的参与、互动、认可、价值和承诺。

3．工具介入，实践生成策略

最好的学习是基于经验和实践的学习。基于成人学习的特点，要促成学习，需致力于练习和完成任务。在对话式研训活动中，对话参与者经历思想碰撞、视域融合后，针对自身的实践问题而产生了解决实践问题的一系列提升自身专业发展的策略。生成策略的执行过程，也是对话参与者行为改善的过程。研训中的对话参与者不但需要通过探索自身思维的局限，运用语言工具来建构知识，还需要利用一些工具来实践生成的策略，提高重组认知的执行力，改善自身行为。

二、对话式研训工具箱及操作应用指南

在长期的实践探索中,我们确定了多项用于开展对话式研训的工具箱及其操作应用指南(见图3.1)。

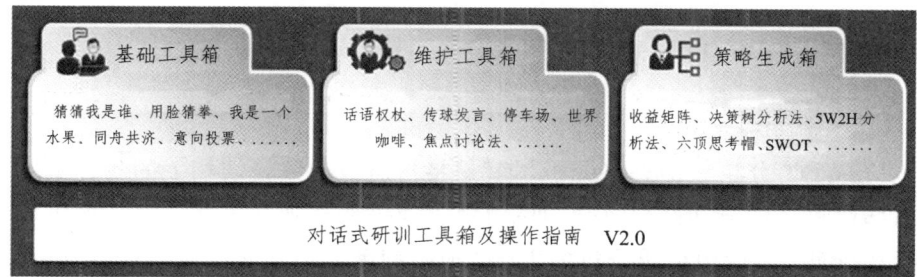

图 3.1 对话式研训工具箱及操作应用指南

(一)ORID

1. 焦点讨论法

ORID,即焦点讨论法,是一种能够帮助大家在会谈过程中快速聚焦到要讨论的问题上并制定行动方案的工具。ORID分别是四个英文字母的缩写:O代表客观性,就是看到什么,听到什么,指的都是客观存在的事实;R指的是反应性,简单来说,就是当你接触到一个客观事物之后,这个事物给你的直接感受是什么,一般我们会采用一些形容词来表达我们的感受,比如开心、难过、兴奋等;I指的是诠释性,其实就是解释"我为什么会有这种感受",通过解释让彼此了解为什么会有不同的感受,理解其中的原因后就比较容易理解与对方达成共识;D指的是决定性,也就是经过客观性、反应性、诠释性的铺垫,导出我们的决策,或者是行动目标与计划,这也是最关键的一步。

2. 应用场景说明

在对话式研训中,我们可将ORID技术运用在以下3种场景中:一是将ORID作为程序化思维工具引入课堂观察中,将观察点聚集,并按

O、R、I、D 顺序引导思维表达过程。二是将 ORID 作为研训活动框架引入到培训设计中，将研训问题聚集，并按 O、R、I、D 顺序流程化呈现并解决问题。三是将 ORID 技术与 NLP 技术结合使用，用于训练培训者或参培者对研训问题进行高阶、高质表述。

（二）SWOT

1．SWOT 分析法

SWOT 分析法即态势分析，就是将与研究对象密切相关的各种主要内部优势、劣势和外部机会和威胁等，通过调查列举出来，并依照矩阵形式排列，然后用系统分析的思想，把各种因素相互匹配起来加以分析，从中得出一系列相应的结论，而结论通常带有一定的决策性。运用这种方法，我们可以对研究对象所处的情景进行全面、系统、准确的研究，从而根据研究结果制定相应的发展战略、计划以及对策等。S（strengths）是优势、W（weaknesses）是劣势、O（opportunities）是机会、T（threats）是威胁。

2．应用场景说明

在对话式研训中，我们可将 SWOT 分析技术运用在以下场景中：一是在研训方案设计过程中，可运用 SWOT 分析技术进行整体方案设计与方案落地实施前的优化。二是作为研训活动中的反思工具植入研训环节之中。三是与思维导图结合使用，作为思维呈现工具可用于思路梳理与研训小结。

（三）NLP 教练技术

1．NLP 教练技术

这是两套课程的结合体，即 NLP 教练技术 = NLP + 教练技术（Coaching）。教练技术创始人蒂姆·高威的发现引起了美国一批研究心理学的学者的兴趣：心理学 NLP（神经语言程式学）流派的 Tim Hallbom、

Jan Elfline、Nick LeForce 等权威人士将心理学与教练技术结合，不断丰富教练技术，并通过十多年的发展，让 NLP 教练技术逐渐成为一个新的行业和专业。NLP 翻译成中文叫"神经语言程序学"，这三个英文字母的意思是：N-neuro（神经），L-linguistic（语言），P-programming（程式）。NLP 教练技术即将体育活动中的教练技术运用到神经语言程序学中，通过对人的语言组织、表达方式进行训练，从而改变个人思维、习惯的心理学技术。它除了应用于企业管理外，还广泛应用于心态、态度、人格、情绪、素质、技能、人际关系、亲子教育等个人成长及家庭、社会生活等诸多领域。

2．应用场景说明

NLP 教练技术本身是套完整的工具包，在对话式研训过程中可根据不同目的引入或移植相对应的小工具。例如，引入"话语权杖"小工具，就能有效改善研训活动中的聆听与表述。

（四）世界咖啡

1．世界咖啡

世界咖啡通过营造好友们聚在一起喝咖啡聊天的情境和氛围，让背景各异、观念不一，甚至素不相识的人能够围坐一起，在一种真诚互利和共同学习的精神下，进行心无障碍的轻松交流和畅谈，让深藏的思想碰撞出火花，形成集体的智慧，是一种有效的集体对话方式。

2．应用场景说明

在对话式研训中，我们可将世界咖啡技术运用在对教师团队开展对话式研训技术培训中，通过分享知识、激发创新思维以及针对具体教学中的各种问题展开深入的探索形成共识。这是对话式研训破冰的实用工具之一。

三、网络教研平台的选择与运用

1. CCtalk

CCtalk 是一种开放式教育平台，为各位网师提供完善的在线教育工具和平台能力，为求知者提供丰富的知识内容和一起学习的社群环境。CC 的含义是 Content（内容）和 Community（社区），横跨知识分享和在线教育两大领域。内容主要涵盖了语言类、职业教育、中小幼、艺术、美术、兴趣、公考、游学、IT 培训等十几个品类，汇聚了数万名网师，利用平台的在线教学课堂和世界各地的学生无界交流。学生不再是自己孤独地学习，而是逐步融入以兴趣为核心的学习性社区。CCtalk 以其便捷多样的授课方式、强大的教学功能与营销工具、精准及时的网师后台服务，吸引数万名网师入驻，进行互联网教学获取收益。

2. 天喻信息"慧教云系列"网络教研

网络教研依托天喻教育云平台，以区域教研员、骨干教师、学科带头人为引领，聚集学科教师搭建教研组，以课程为纲，组织教师参与备课授课、优质课资源共建等场景化的教研活动，打造跨学科、跨地区、系统化的协作教研平台和信息交流展示平台以及区域优质资源共享平台。其核心功能有教研组、集体备课、评课议课、专题研讨、互动问答等。该产品的优势主要为：一是有效降低教研组织成本；二是沉淀教研过程资源；三是有效帮助教师专业化发展。

3. 互动学习平台

UMU，是用技术赋能教学的一站式互联网教学平台：数十种教学和互动模块，从直播、微课到考试、作业，教学互动面面俱到，实现了课前、课中、课后全面升级，将课前预习、课中互动、课后巩固全面提升，全场景支持混合式教学。

四、对话式研训平台的整合优化

"工欲善其事,必先利其器。"为了更好地推动四级联动的"对话式研训"体系,我们构建了基于阿里云的"翠屏区研训云平台"。

1. 定制开发,统合线上线下研训全流程

我们先后走访了上海、广州、重庆等地,发现已有平台均不符合翠屏区教师研训实际。于是,我们联合第三方公司梳理、整合线下四级联动体系与对话式研训特征,形成线上线下研训全流程信息化管理云平台。

2. 快速迭代,强化教师研训自主选学

平台自 2018 年上线以来,系统先后进行了 20 多次功能升级迭代,实现了手机端、平板端、PC 端多端同步应用,从研训发起、研训审批、研训通知推送、教师自主选课、研训签到、选座、签退、研训评价到教师学分管理、统计,将教师发展的方式从外铄转入到内生。截至 2019 年 10 月 31 日,2019 学年发放学时 326 635,参培人员数量 8 315 人,周培训总数 11 950 人,周培训课程总数为 8 613 课。

3. 内优外联,整合多平台优质资源

平台在升级迭代过程中,不断整合第三方平台优质资源,优化、丰富平台功能,开放理念倒逼教师内生长。我们先后整合宜宾市教体局智慧教育云平台、四川省教育资源公共服务平台、学习强国平台、上海沪江网 CCtalk 直播平台,将教师进入以上平台学习和贡献资源积分核算成学时,纳入师训云平台管理,最大限度地调动教师培训的积极性与创造性。值得一提的是,我们充分利用 CCtalk 沪江资源,让村级校点师生享受到一线城市优秀教师优质资源,倒逼教师内生发展,补齐短板,解决农村校点师资艺术教育问题,同时也解决了学生发展问题。现在,全区每周沪江公益课堂共有 50 个农村校点开课,共计 330 课时,参与学生达 5 340 人。

第四节 对话式研训的操作模式

一、个体对话式研训模式

个体对话式研训模式主要分为研修（或培训）的目标、对象、指导教师、操作程序、学分认定和课程管理这几部分。

1．培训目标

发现和挖掘教师的教学潜能；发挥特级教师、名师、学科带头人、中学高级教师的专业引领作用；增长教师课堂教学智慧，提升教师的教学实践能力，从而提高全区基础教育的质量。

2．培训对象

翠屏区各中小幼教师。

3．培训导师

区教培中心各学科教研员，兼职教研员；各中小幼特级教师、名师、学科带头人、中学高级教师。

4．操作流程

（1）培训对象：设计一节课、说一节课、上一节课、反思一节课。（2）培训导师：阅一节课的教学设计、听一节课的说课、观一节课的实施、评一节课的得失。（3）中级职称及以下的教师在每年必须接受区教研员或特级教师、名师、学科带头人、中学高级教师以及学校领导对话式培训一次。对话式培训必须提前一周通知培训对象；培训对象必须提前将教学设计交给培训导师；导师对教学设计进行指导，并听其说课、观其上课，接受听课；课后，导师学校领导应共同与培训对象进行交流，并分别写出书面评课意见；培训对象根据评课意见写出书面反思和改进方法，进行行为跟进。

二、多维对话式研训模式

1. 多维对话研训的范围

一要与自我对话，即经常反省自己的行为，并不断提高自己反思的能力和水平，这是研修的核心内容；二要与同伴对话，即开放自己的心胸，经常与同伴切磋技艺，相互学习，互相借鉴，仔细推敲，共同提高；三要与专家和身边的权威对话，即以专家权威的理念和经验启发、引领、提升自己专业素养与水平；四要与理论对话，即要勤于学习理论，让理论指导实践，抓住实践中的问题，进行理论观照，掌握规律；五要与实践对话，即检视自己的教育教学效果。因此，区师培中心提出并构建了"自我反思、同伴互助、专家引领、理论观照、实践检视"五位一体的多维对话式校本研训模式（见图3.2）。

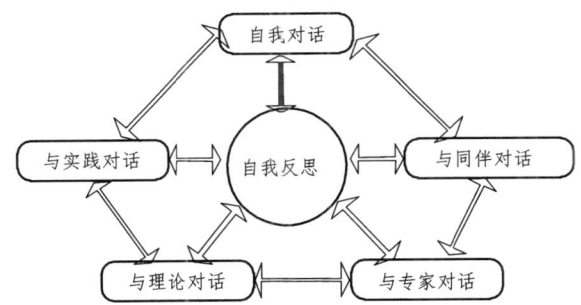

图 3.2 "五位一体"多维对话式校本研训模式

2. 多维对话式研训的路径

（1）强化自我反思，实现自我发展。

区师培中心和学校应鼓励教师勤于反思，在批判中完成自我调节，开展自我内心对话：一是关注常态课的教学质量，做好自己的课堂教学课录像，跳出自己看自己，换个角度更为客观地判断自己的教学过程和成效。二是关注自己日常的教学生活，经常自觉地通过自己在学生中的镜像审视自己的教学状况，让反思成为自己的日常教学行为。三是做好反思笔记，让反思的点点滴滴成为教学研究的第一手和真实的材料。四是做好教育叙事笔记。

（2）开展个案研究，实施自我对话。

区师培中心和学校鼓励教师以录像为手段开展课堂实录，让自己走进自己的课堂，以课例为载体开展自我对话。围绕自己的课例进行课堂教学的研究，进而产生深刻的感性体验，形成贴近自己教学常态的个案研究。

（3）开展经验交流，分享成功快乐。

区师培中心和学校鼓励教师开展同伴互助公开自我，向同伴敞开自己的思想，与同伴交流和分享；区师培中心动员大家研究"学习金字塔"的科学内涵；学校每年组织一次全校性的"大教研"活动，让优秀教师介绍自己的成功经验和教育理念，组织各教研组开展一次学科教学研讨会。这些活动既是集体备课专题化工作的示范和延伸，又是打造教研组团队文化的重要形式，同时也能形成学校教学研究工作的锦囊和智囊。

（4）开展小组合作，实现资源共享。

区师培中心和学校鼓励教师利用同伴互助与同伴建立专业支持关系，使自己的专业发展获得经常性的支持。学校学科集体备课应形成校本教学设计：备课组长分配任务—教师分别进行共案设计—备课组教师集体研讨—分别进行个案设计，在研究讨论中引起思想的碰撞；建立资料管理制度，指定专人保管工作室的纸质与电子资料；构建信息网络，搭建校内教学资源共享平台，内容包括教学设计（教案）的共享、媒体制作（课件）的共享，以及练习设计（习题）、历届测试（试卷）的共享……这种集体智慧在丰富多彩的校本化资源库中实现了共享。

（5）组织专题研讨，迸发思维火花。

区师培中心和学校鼓励教师通过同伴互助与同伴交流，使自己的专业发展获得技术性支持。学校备课组开展专题研讨活动，让每一位教师融入公开的交流与讨论中，在观摩中吸取同行的智慧，在分享中学会分担学科工作；注重"问题"向"课题"转化，立足校本，鼓励和引导教师把教学实践中遇到的问题在工作室中交流，通过分析、探讨，去粗存精，解决实际存在的问题；将不同理解的并具有深入研究价值的问题，作为学科工作室重点研究的课题，进行小课题、小专题、小项目的研究，形成"实践—问题—课题—研究—再实践—反思"的理性提升过程。

（6）搭建人才梯队，培植骨干力量。

区师培中心和学校通过专家引领年级组长、教研组长、备课组长在教研、教学工作的落实与推进。学校不断挖掘学科教师的专业潜能，提炼学科教师的教学特点，集全体组员智慧，有计划地培养魅力教师，积极鼓励青年教师业务冒尖，使学校能多出省市学科骨干教师、市区学科带头人、优秀青年教师。鼓励教师根据自己的需要设计自己的专业成长计划，结合自己的实际主动地探索适合自己的发展方向和发展机会。各学科工作室制定学科人才培养计划，由教师个人自报、教研组分梯队跟踪、备课组分重点培养、学校搭建平台，促进教师尤其是青年教师的快速成长。

（7）深入课堂调研，诊断指导提升。

区师培中心和学校充分发挥学科带头人、学科骨干教师的引领作用，通过听课、检查教案、调研作业布置及批改、调研检测的落实及反馈等方式，集中分别对每位专任教师进行指导，提出合理化建议和整改意见，促进教师进行教学反思，帮助教师总结、提炼具有个性化的教学风格；加大对薄弱学科教师的持续帮助和跟踪指导，加大对形成薄弱学科和薄弱教师的归因分析和研究，加大对薄弱学科的研究力度，强化对薄弱学科的管理。

（8）聘请专家指导，促进专业提升。

区师培中心鼓励学校请专家学者和特级教师到校开设有主题的系列讲座，提升教师的师德境界，指导教师的实践修为，提高教师的科学和人文素养；结合区教育局课改行动计划，关注每位教师的发展、关注每节课的效益，充分利用教育专家、特级教师来校听课的机会，促进教师快速提高；建立长效机制，聘请专家、特级教师当导师，指导和培养骨干教师，使其成长为学校各自专业的领军人物；同专家对话，把自己的教学实践及体会与专家的理论和经验做对接和剖析，实现从行为到理念、实践到理论的提升。

（9）读书更新观念，考察开阔视野。

区师培中心和学校倡导教师开展读书活动，重点是与学者应然的理论建构和教育实践家实然的理论之间的对话。学校建立支持教师学习的五部曲：赠书（或推荐书目）—读书—讲书—写书—出书，建立教师读书沙龙，开展"大家来读书"活动，鼓励老师撰写读书心得。同时，学校还为教师提供外出听课、考察学习的机会，开拓教师视野。

（10）关注学情变化，提高实践能力。

区师培中心和学校鼓励教师以文本为材料展开师生的对话，及时发现学生及学生学习情况的变化，发现学生的差异，发现教育教学新的增长点，并以此为基础，结合理论开展实践，既不盲从理论，也不盲目实践，避免随意性，通过教育教学内容和方式的调整，找到教育教学符合学生发展实际的新的切入点，把教学落在学生的最近发展区，实施因材施教；在"评教评学"活动中去检视自己的观察、反思和实践成果，在实践中检视改进效果，实现从实践中来、到实践中去的循环往复提升，不断促进学生的发展，提高教育教学质量，增强教育教学效果。

三、专题对话式研训模式

1. 专题对话式研训的内在要义

专题式对话研训活动是指基层学校教师在备课、上课、课后反思等教学以及科研课题各环节中，教研组长引导教师发现问题、提出问题并形成一个研究专题后，区师培中心通过组织学科教研员与学校教研组共同开展专题对话式研讨，经过与组内教师集体和个人的对话的思维碰撞后，提炼出解决问题的有效策略，使研修活动"专题化"，进而唤醒教师的教研主体意识，促使教师在教研组内形成"发现问题—提出问题—探究问题"的良好教研氛围。专题对话式校本教研是源于学校课程和整体规划的需要，旨在满足个体教师的工作与发展需求的研修活动；以一定的专题为指向，扎根于教师在教育教学中遇到的困惑和问题；整合区内教师资源建立研究团队，注重校际的交流与合作的对话形式，旨在促进教师教育教学实践性智慧的生成过程中形成的一种内容与形式相统一的研训模式。

2．专题对话式研训的操作路线

确立专题—专题设计—专题实践—专题反思。（1）确立专题：区师培中心对学校面临的教学问题和教师在实际教学中遇到的共同困惑，采取"自下而上"的方式，确定一个或数个专题对话式研修课题，并分解为若干子进行攻关。（2）专题设计：首先，组建研究团队，分学科建立联动式教研组。其次，进行合作设计：一种是"自主设计—合作交流—个性综合"式。自主设计强调的是对个人经验的自我反思，合作交流强调的是对他人经验的借鉴，个性综合强调的是新设计的诞生。另一种是"点缀式设计"，即由一位教师担任主备，其余教师担任副备。主备教师的任务是架构课堂整体框架，副备的任务是就某个具体细节进行处理设计，然后进行综合。（3）专题实践。专题对话式研训是建立在多种形式的联动教研基础之上的。从形式上看，这种范式主要有以下几种类型：一是对比对话式研修，即通过课堂教学的对比来研究，通过对话探寻解决课题的合适的教学策略和方法。二是沙龙对话式研修，即以一个课例或一个问题为载体，让参与沙龙的各校教师自由发言，展开充分的讨论，畅所欲言，展示才智，相互启迪，引发思考，加深对问题的认识。（4）专题反思。一是从内容上看，这种范式主要分以下几种：对个人行为整个流程的反思，从教材分析、设计意图、课堂效果等方面进行反思；与他人行为的对照反思，别人的设计与自己设计的不同之处，别人的课堂效果与自身课堂效果的不同之处，存在效果差异的原因。二是从形式上来看，这种范式主要可从以下方面操作：对话反思法，通过与同伴交流研讨来检讨自己的教学行为，理解隐藏在教学行为背后的教学理念；教后反思法，把教学中感受深刻的细节记录下来；课后备课法，上完课后，根据教学中所获得的反馈信息进一步修改和完善教案，明确课堂教学改进的方向和措施。

四、双向对话式研训模式

1. 双向对话式研训的内在要义

在以往的中小学教师培训中,教师是被培训的对象,一直是在"等待大学教授、专家学者和教师培训机构的学术帮助",而双向对话式研修恰恰使培训者和中小学教师结成了一个"共同体",并进行一种平等和互动的研修"对话"。中小学教师在培训过程中,主体作用的发挥将促使传统培训的"独白"走向民主平等的"对话"。中小学教师丰富的教育教学经验是培训有待开发的、宝贵的资源,也是对培训者有促进和启示意义的,是一种双向的对话式互动,是理性的纯真和经验的共同作用下推进对话式研训走向共赢、互赢,并在成就教师的同时也成就了培训者自己。

2. 双向对话式研训的操作路线

(1)培训者和教师共同制定个人发展规划和实施路线图。(2)培训者与教师通过开展具体的教研教改活动并进行互动对话式研修。(3)培训者与教师在互动中分享成功与经验得失。(4)培训者与教师进行反思后修订和完善个人发展规划和实施路线图。(5)再次开展具体的教研教改活动并进行互动对话式研修。(6)教师进行个人发展规划的经验提炼和总结。(7)培训者与教师通过双向对话式研训形成相关研修成果。(8)区师培中心对培训者与教师双向对话式研训活动进行评价和鉴定。

五、案例对话式研训模式

1. 案例对话式研训的内在要义

在"以学定教"的思想逐步深入到中小学教学实践的新时期,中小学教师的研训也必然要转向从教师教育教学水平与能力等方面的现状调研开始,关注教师教育教学的缺失,努力使培训做到量身定制。教师培训机构应根据广大教师在真实情境下的教育教学过程中存在的案例或个案,有针对性地组织开展符合教师真实情况的对话式研修,从而真正体现"以缺定训",积极发挥教师培训在促进教师专业发展方面的补偿性作用。这样可以有效改变过去单纯以"上级部门的行政推动"或"教师培训部门的工作推动"为中心的"自上而下"教师培训驱动模式,进而实现基于教师教育教学现状调研的方案设计和内容组织的"自下而上"的量身定制模式。这不仅仅是一种培训模式的转型,背后反映的是一种培训观念的进步。

2. 案例对话式研训的操作路线

(1)培训者发现或根据教师提供的案例进行对话式研讨。(2)通过对话式研训形成新的解决问题的策略或方法。(3)根据新的解决问题的策略或方法,再次进行教学实践和同课异构活动。(4)组织学科教师共同研讨、比较并形成可操作性策略和途径。

【案例】让说明文更生动——《中国石拱桥》对话式研训之案例研训

时间:2019年12月10。

地点:金中小会议室。

主持人:邹克玉。

研修过程:

邹克玉:按照我们语文教研组的开学初的要求,今天由李勇老师执教了一节语文公开课《中国石拱桥》。这篇课文是一篇讲读课文,在语文教学中是说明文种的代表。它几乎涵盖了说明文的相关知识,非常有代表性。现在请李老师介绍一下你的教学设计,然后各位老师提出你的意见和建议,只说不足,不说优点。

李勇:《中国石拱桥》是一篇很有代表性的事物说明文,因为这篇文章在整个说明文中有比较重的分量,所以我把文章的教学目标确定为:抓事物特征;理说明顺序;明说明方法。为此,我们可先介绍说明文的文体知识,然后围绕教学目标进行教学,最后因时间关系,说明方法介绍部分没有完成。在调动学生的学习积极性上也做得不够。

周俊英：李老师给学生自由阅读和思考的时间少了一些，可以大胆让学生自己去阅读和体会，让学生去找相关的词语和句子。可能怕在教学中冷场，因此老师一直在不断地提醒学生和提示学生。

刘金敏：在教学的前半部分花的时间比较多，后半部分显得有一些仓促，内容设计有一点多。

邹克玉：李老师讲得太细了，都是老师引导学生走，这样会十分累。应大胆让学生去找，去研读文本，这样既给予学生学习的自由和空间，也给学生思考的时间和余地。同时，在说明方法的答题模式上，李老师也可以再给学生讲一下，如果没有答题的模式学生是会很茫然。教师的肢体语言和表情可以再丰富一些，上课时走在学生中间去效果可能会更好。这样，拉近学生与老师之间的距离，老师更有亲和力。

李勇：今天老师们给我的意见和建议都很中肯，指出了我教学上应该改进的地方，会后我把这些意见和建议梳理一下，在以后的工作中改进，说明文也可以上得很生动。

第四章

实践应用：对话式研训的行动范式

【导语】

　　对话式研训的推进并不能盲目地照搬，而要在"创新、协调、绿色、开放、共享"的发展理念引领下，遵照对话式研训的基本操作模式，进行灵活运用和适时变通，形成不同的行动范式："培训者的培训"通过"区域主题引领、片区横向协同、学校自主探究、专家适时介入"的四级联动体系，逐步建立起"区为中心、片区补充、基地延伸、导师负责、乡镇联动、校本落实、个体自炼"有序的运行机制，建立起了"合—分—合、学—研—培、知—行—悟、手—习—用"的操作路径；"新教师的培训"由对话式研训的基本模型出发，针对研训活动的实际进行了改进，形成了"三环、九步、三策略、多工具"的操作模式，构建起了"学校、家庭、社会、心灵"四位一体的对话体系；"骨干教师培训"针对培训活动氛围不浓、培训活动后续乏力、培训活动方式单一等问题，构建起了"话题萃取—任务前置—范例展示—团队建设—对话研讨—策略生成—集体展示—实践运用"的骨干教师对话式研训的一般操作模式，让骨干教师从被动接受到自主建构；"学科教学研训"则从对话模式的运用、对话工具的选用、对话策略的运用三条路径入手，结合学科教学研训的内容、学科、学段等因素，在课堂教学、课程建设、课题研究中进行应用；"学科网络研训"的推进，需要良好的网络环境和工具、需要遵循"民主、平等、互动、生成"原则，同时还需要掌握"对话条件的确定与维护、对话推进维度与层次、对话互动时间与空间、对话角色个体与团队、线上线下对话定位"的行动路径；而"家校协同研训"针对开展时间、活动主题、组织形式单一的问题，围绕对话式研训的基本要素，以班风建设与家风建设为着力点，不断拓展家校协同研训的广度与深度。

第一节 培训者的培训

促进教师专业发展、全面提升中小学教师素质是当今教育培训所面临的艰巨任务。从区（县）域在我国行政管理中所处的位置来看，它面临着更加直接、大量的师训重任，而提升培训者的专业水平和健全有效的中小幼教师全员培训运行机制是实现区（县）域师训高质量的关键所在。翠屏区通过多年不懈的实践与探索，不断创新培训模式，完善师训管理体系，共创培训服务范式，逐步构建了有序高效的区域师训运行机制，也逐步打造了具有翠屏特色的教师培训品牌。

一、培训者的专业发展概况

（一）培训者的发展定位

作为教师培训的培训者是各地区学科教师队伍的带头人和学科教学的研究者、指导者、服务者。在不同的历史发展阶段，各省市培训者与学校教师合作，凭着过硬的综合素质和整体实力，为教育决策服务，为学科教师服务，为全面贯穿教育方针、全面提高中小学教学质量做出了重要贡献。"整个教育系统有本事把原来一般的老师，变成非常有工作效率的老师，再把最好的老师派到最具挑战性的课堂上去。"正如《纽约时报》记者托马斯·弗里德曼对中国培训者的评价，教研是一种中国特色，在提高教师的专业素养方面起到了很大的作用。例如，上海的PISA测试成绩之所以独占鳌头，在很大程度上归功于上海基础教育的教研体制。

2019年11月，教育部印发了《教育部关于加强和改进新时代基础教育教研工作的意见》，充分体现了国家对新时代教研工作的高度重视，也对新时代研训员的使命、任务与专业素养提出了新的更高的要求。在此背景下，培训者的专业角色需要重新定位，并重构其专业发展的路径，以满足新时代基础教育改革和发展的需要。这也让我们重新去审视培训者的专业素养和角色定位。

重庆市北碚区教师进修学院是这样对培训者进行价值定位的：研训员是教师教学专业指导者、区域教学研究的组织者、教师专业发展的促进者、教师改革政策的转化者、课程改革的实践者。北京市海淀区教师进修学院从专业精神、专业能力、专业知识三个方面和专业意识、专业情怀、学科知识、学科教学知识、教师教育知识、课程知识、课程建设与资源开发能力、教学研究与指导改进能力、质量评价与分析反馈能力、教师教育与教育科研能力十个维度来架构该地区教研员的专业素养。

（二）培训者的培训模式

如何帮助教师培养学生的核心素养？如何支持学校课程供给的转型升级？如何支持学生学习方式的转变丰富？如何帮助教师基于评价来改进教学？如何创新教研模式服务于不同发展阶段教师的专业需求？这些都需要研训员培训者具有更强大的专业批判性和反思精神，更优秀的实践研究能力，更精深的课程领导力。当下，培训者的培训得到前所未有的重视。各研训机构改革研培机制，创新培训方法，促进研训员快速地成长。而集中培训、线上+线下培训、读书活动等常态性培训在研训机构广泛地使用。北碚区教师进修学院的 C-R 教师教育模式则是"以部带院、以院带区、以校带校、以人带人"的立体型教师发展网络，推动全球高端教师、骨干教师、一般教师的共同发展。

（三）培训者的素养提升

成立于 2008 年年初的宜宾市翠屏区教师培训与教育研究中心将自身的功能定位为指挥所、智囊团、服务站。2018 年，我们开始了对话研修。在对话理念的指引下，我们根据教育改革发展的需要、区域实际情况和我们课题的需求，对区域的培训、工作任务等进行了调整和创新，明确了发展目标和发展战略，开始研制对话背景下培训者的专业素养，以推进我们的"对话"研训。

结合"对话式研训"的理论框架，经历汇总提炼、文献梳理、教师对话等多轮讨论，我们最终确定了"对话背景下研训员的专业素养框架（1.0版）"。其中，专业精神是培训者开展"对话式"研训的内驱力，专业知识是质量的基础，专业能力是对话研训品质提升的保障。

（四）培训者的培训课程

对话式研训是研训工作的转型，是研训理念、形式的创新。这样的转型首先是培训者队伍的转型升级。对话式研训背景下的培训者需对应专业素养框架进行丰富完善，对自己的专业技能实现升级，以顺应研训改革发展的需求。为此，课题组成立了核心团队，开发、设计培训者培训课程，为培训者的成长助力。为比，我们开发的课程以"源于实践，服务于研训员成长"为理念，以"对话式研训背景下研训员素养1.0版"作为课程内容选择的基点，不断建构丰富的培训体系，针对不同的群体设置了形式多样、内容丰富的培训课程。

在课程体系的指引下，各培训者结合实际，针对培训对象，设计出一系列的培训课程，如工作坊——对话式研训背景下研训员素养的解读、新晋研训员职业规划、经历"对话"等培训课程。

【案例】经历"对话"

课程目标：在体验活动中经历对话过程，体验"对话式研训"流程，能对研训活动的环节做出解释；在亲身参与活动的过程中感受至少三种对话工具应用的意义；能尝试应用对话式研训流程图和对话工具设计研训活动方案。

课程实施对象："中小学教师对话式研训的理论与实践研究"的子课题主研人员。

课程实施时间：一天。

课程评价：自我评价，即培训团队在课程实施后及时反思，对课程设计方案与实施过程、效果进行质性评价；形成性评价，即观察参与者在活动中的行为表现（表达与倾听、规则意识等），搜集参与者的典型表现，对参与者做出整体的评价，并及时反馈；作品评价，即要求参与者设计研训活动方案，对方案进行评价。

引入工具：世界咖啡、读书摘录记录表、话语权杖、便利贴、分组与破冰活动技术。

材料准备：大白纸、便利贴、马克笔等若干；世界咖啡海报；资料包（对话式研训流程图及相关阅读材料、工具说明）。

活动流程与内容：

时间	活动内容	投放材料与植入工具	设计意图
8:30—8:40	流程说明	一天课程安排表	
8:40—8:50	团队建设：分组		
8:50—9:10	破冰活动：组员相互介绍，引入话语权杖	话语权杖	营造对话氛围
9:10—11:40	"对话"咖啡，即开展对话式研训的问题与对策；参与者完成三轮对话；参与者发表感受；观察员发表感受；主持人做总结	世界咖啡流程图、礼仪、操作原则，制作海报	
9:10—9:20	主持人引出主题；出示流程图；要求参与者将理解用关键词写在流程图相应环节的大白纸空白处，并写下自己的问题	对话式研训流程图	整体感知流程图；从参与者的问题中生成对话主题
9:20—9:50	第一轮会谈：使用话语权杖，发表观点	话语权杖	
9:50—10:10	第二轮会谈：每桌的组长不动，其他成员流动到另外组参与会谈		

续表

时间	活动内容	投放材料与植入工具	设计意图
10:10—10:30	第三轮会谈：第二次流动		
10:30—10:50	各流动参与者回到原来的小组，整理汇报		整体感知流程图；从参与者的问题中生成对话主题
10:50—11:20	集体会谈：各组汇报观点，提出问题		
11:20—11:50	总结：参与者表达自己感受；观察员陈述自己看到的现象与行为；主持人总结		
11:50—14:00	中午休息；培训团队反思上午的研训活动情况，将问题进行梳理，整理归类后写在大白纸上，供下午使用；针对问题提供相应的阅读材料		培训团队整理问题，并将生成的对话主题写在黑板上
14:00—14:10	热身活动：各小组将上午的收获编写成歌词，并演唱出来		
14:10—14:40	呈现写有问题的大白纸，提示参与者回顾问题，并阅读提供的材料；阅读根据生成的对话主题提供的材料，并将自己理解的内容以关键词记录在记录表上，将自己尚不能理解的内容以问题的形式写在便利贴上并粘贴在大白纸上	阅读材料：对话、对话教学、对话式培训的观点；流程图各环节的学术名词解释；记录表；便利贴	与文本对话；提供理论视角，帮助参与者加深对对话相关概念的理解
14:40—15:10	组内交流：学员选择自己理解的材料轮流说说自己的认识，然后呈现自己的问题		提供理解的多个视角

续表

时间	活动内容	投放材料与植入工具	设计意图
15:10—15:50	根据学习内容,对活动每个环节做评价:活动流程与对话式研训流程图的对应关系;今天经历的哪些环节最有价值,为什么?哪些环节最没有价值,为什么?		
15:50—16:00	问题整理:对已解决的问题进行策略归纳提炼;对没有解决的问题,留作下一轮研训着手解决的问题		经验重组、策略生成
16:00—16:20	小结:主持人总结活动情况		
16:20—16:50	课程反思:3名参与者发表全天参与后的个人感受;主持人总结反思全天的课程		
研训后两周内	参与者制定一份对话式研训活动方案;培训团队整理研训活动中生成的集体智慧,汇总提炼后以成果的形式发放给参与者		实践操作,能力提升;解决问题

二、培训者的实践运行机制

(一)对话式研训的联动体系

为了在全区中小学校、幼儿园推广对话式研训,我们把教师发展与区域教育改革战略结合,把对学校的管理与专业引领相结合,把问题解决与实践过程相结合,进而打造"区域主题引领、片区横向协同、学校自主探究、专家适时介入"的四级联动体系。

1. 区域主题引领

全区以对话式研训的理念与模式设计并实施各类区级研训活动,举办中学、小学、幼儿园对话式校本研修现场研讨会，为各校提供可资借鉴的行动范例。

2．片区横向协同

全区通过片区内的学校、教研组共同研究问题，构建专业发展共同体，在共同体内形成对话研训的话题、行为和问题解决的成果，达到片区内协同创新的效益。

3．学校自主探究

学校通过各教研组小课题的研究，促进教师通过与自己的反思性对话、与同事的分享式对话、与专家的建构式对话，促进教师专业素养的内生性发展。

4．专家适时介入

专家的职责主要有五个：一是把理论运用到实践中，建构起一个工作框架；二是梳理实践经验，将经验上升为学理、概括为理论；三是培养骨干，撒播研修的火种；四是帮助发现问题，以问题为引领；五是在关键地、要害处进行指点。

（二）对话式研训的运行机制

在总结多年培训管理经验的基础上，翠屏区紧扣区情师情，不断完善以区域培训机构为龙头、片区研修联组共同体为补充、学科教学基地为延伸、校（园）本培训学校为主阵地的四级师训管理体系，逐步建立起"区为中心、片区补充、基地延伸、导师负责、乡镇联动、校本落实、个体自炼"的有序高效的运行机制。

1．区为中心，统筹管理

区教师培训机构是全区师训工作的中心，担负着区域内师训的统筹规划、指导管理、组织实施及监督监测的职能，需要抓好两方面的工作：一是制订整体培训计划，并对全区中小学的片区研修联组共同体、校本研修工作进行指导监督，突出培训的方向性、协调性、指导性和监督性。二是承担区本级指定项目和自选项目的培训任务，包括教师素质优化"2+1"工程、新教师素质过关"123"工程、新教师培养"苗子工程"和"一专多能型"教师培养工程等指定项目，以及学科教师的短时培训项目、通识培训项目等自选项目。

2．片区补充，规范运行

片区研修联旨在更好地解决工学矛盾和使理论与课堂紧密结合，以不断提高一线教师课堂教学能力为主要目标的一种师训形式，为区级集中培训的有益补充。经过广泛深入的调研，区教育局于2008年8月做出建立片区研修联组共同体的决定，由相邻3~5个乡镇的中小幼学校为单位组成一个共同体，任命共同体负责人，设立专项活动经费，精选区域学科研训大组长，以学科为单位组班培训，区域内每一位学科专任教师每学年须参加区域活动至少2天以上。

3．基地延伸，协同运作

为了更好地解决理论与实践的结合问题，以提高培训的针对性和实效性，我们将区级培训基地延伸到优秀基层学校。培训中心与基地学校共创条件、协同管理、双向互动，使学科参训教师走进优质学校，走进优秀课堂。从2011年开始的中小学教师专业发展培训，不论90学时集中培训项目，还是短期自选项目和新教师培养"苗子"工程等，我们均将培训基地延伸到有关优秀学校。经考核被区教育局批准挂牌的中小学、幼儿园培训基地学校19所。实践证明，1个区级基地+19个下设基地的良性互动，优势互补，很好地解决了当前培训的量和质的问题。

4．导师负责，增强实效

要想高质量地完成学科全员培训任务并使理论培训与实践培训紧密结合，仅凭培训机构的力量和临时外聘高校专家、部分名师是远远不能满足广大中小幼教师的培训需求，我们必须有一支稳定的兼职队伍。翠屏区早在2008年实施"领雁工程——学科骨干培训"时，就创立了"导师+基地"的首席导师负责制的培训模式。该模式是每个学科骨干培训班精选一名省特级或市区名优教师作为首席导师和3~5名县内学科名师骨干组成导师团,在师训中心的统一安排下,首席导师及成员根据要求认真完成调查研究、制订计划、组织实施及训后评价等一系列工作。培训管理过程由首席导师全面负责,师训中心管理联络员与基地学校的有关领导全程协同管理与服务,培训课程的设置坚持理论与实践统一的原则,有机整合了职业素养、学科知识与课堂实践,其中实践培训不少于1/2。

5．乡镇联动,上承下达

22个乡镇、街道的师训站是翠屏区四级师训管理体系中的重要一环,它上承区师训中心和片区研修联组共同体,下联本乡镇中小幼校(园)本培训学校,肩负着师训调研决策和统筹管理辖区内中小幼教师全员培训等任务:组织落实中高级教师素质优化"2+1"工程、新教师素质过关"123"工程和新教师培养"苗子"工程、"一专多能型"教师培养工程等县级指定性项目,指导监督本乡镇各校制定落实教师教育年度计划、中小幼教师继续教育近远期规划、各项师资培训制度,积极引导乡镇各中小幼学校大力开展校(园)本培训,组织中小幼教师及教育干部参加各级各类培训,不断加大对乡镇各校的指导与督促力度,努力提高教师队伍整体素质,为乡镇教育教学中心工作和实施素质教育保驾护航。

6．校本落实,惠及全员

校(园)本研训是全员培训的主阵地,它根据本校师情和师资建设需求,开发校本资源,开展适合学校与教师发展的各项培训。校本培训主要分两大类:一是完成县指定项目的培训任务;二是研发和实施体现本校特色的自主项目。翠屏区至今共有56所被区教育局批准公布的中小幼校(园)本培训学校。每一所培训学校均按要求设立师训领导小组、工作小组和考核小组,校长为师训第一责任人,工作小组具体负责组织实施,考核小组注重结果的总结评价,并接受区师训中心、片区研修联组共同体双重管理与指导。

7．个体自炼，巩固成效

教师培训工作的最终落脚点是促进每一位教师的专业发展。一个质量好的培训项目如果少了教师的自修自炼环节，是难以达到最佳效果的。为了使每一位参加校（园）本研训和外出培训的教师能认识到位，学有所获，学以致用，我们在每一个培训项目结束后都要求学员撰写培训心得体会，并对其后续的自修自炼进行定期跟踪指导。教师通过自修自炼，将培训所学运用到教育教学实践中，使自身的观念不断更新、教育教学行为不断改进，从而提高自身的教育教学水平和科研能力。这不仅让教师看到自己的进步，也让管理者和指导者发现其进步的轨迹。

三、培训者的行动推进路径

对话式研训必须着力于机制的变革与创新，使之逐步成为某种"导向特定结果的一步步程序"。培训者在进行教师对话式研训的实践中，建立和完善起了四个方面的操作路径：

（一）合—分—合，螺旋上升

教师专业发展不是一蹴而就的。鉴于教师成长的渐进性和积累性、教育情境的复杂性和不确定性，教师继续教育的理论强调应采用"多次回归"的培训模式，以及理论与实践相结合的"夹心课程"，倡导在学与用之间"穿梭"往复，这与心理学情境学习理论主张的"随机通达"和"多次访问"同一学习内容以适应教育这种"结构不良领域"的建议，可说是异曲同工。但在具体的运行中，要重点设计以下三个环节：

1．针对需求，确定模块

我们组织每轮培训时往往要先"合"，即集中学习。集中学习的内容要通过"需求分析"来确定，这往往要经过"公开、集中、筛选的流程"，把"自下而上"的调查与"自上而下"的归纳提炼结合起来，然后再把从"需求分析"中精选出的具有共性的内容，划分为"模块"与"专题"，使重点内容和关键经验以信息传输的方式让学员"接受"。第一次"合"的培训基本方式有"观念引领式"讲座和"经验印证式"发言，同时穿插"现场观摩式"讨论。这样做不仅凸显了培训的主旨及内容的要义，为整个培训设计的结构化奠定基础，同时也节省了精力和时间。

2．融入情境，注重体察

把教师集中起来培训的时间毕竟是有限的，而且在内容和方法上免不了带有大量灌输"公共知识"的痕迹。因此，教师要有一定的时间和条件去理解、消化和印证。我们在整体设计研训全程时，也留出了"分"的时段，即经过几天的集中学习后，让学员带着新的认识和问题回到自己的教育岗位，在一种更具"在场性"和"个性化"特点的环境中琢磨、体验、践行和重建自身的认识与经验，反思自身的教育行为，同时要求学员将自身的体察在下一次集中学习时与大家分享。

3．交流互动，促进重构

每轮研训的最后环节还有一次"合"的活动，即让学员再次集中，通过交流对话、合作研议、点评辨析，升华已有的认识成果和实践经验。这种交流互动体现了一种"主体间性"。培训者与学习者群体在与对方"精神相遇"和沟通的过程中，双方就某一课程主题达成共识，每一个对话者在倾听他人以及向他人诉说时，既要审视他人的见解和观点，又要检验和反观自己的观点和经验。个体在与他人的比较中，不断认识到自己的合理性和不足，并在积极吸纳他人的合理性和不断自我修正中实现自我发展。这一过程实际上就是教学主体在对话中不断实现的自我理解过程。

（二）学—研—培，结为一体

自 20 世纪 80 年代中期以来，西方研究者开始将目光转向教师学习领域，研究的重心开始从"如何教"转向"如何学"。这样，教师学习的机制、特点、有效学习的条件和方式等逐渐成为研究的基本主题。

1．学习工作的知识

教师学习的重点应当是一种"实践性知识",这是与实践结合起来的、与行动密切结合的、用一定案例与个人经验充实起来的、富有适应性和综合性的知识。在研训中,我们根据教师的专业特点,把它具体定为"工作知识",不仅包含工作过程知识,还包含经验性知识和理论性知识。但这里的经验性知识和理论性知识必须是以工作过程逻辑组织起来的知识。它是在一个工作程序中为实现工作成果所需的各种知识的综合,是工作过程中直接需要的,常常是在工作过程中获得或者整合的。工作知识是与工作情景直接相关的,是以工作实践为导向的。工作知识既可以是显性知识,也可以是缄默知识;既不是纯客观的,也不是纯主观的,而是主观与客观相结合的,在主体的工作活动中体现出来,在工作活动所产生的服务或产品中体现出来。工作知识的学习,必然导致"学习"这一概念的变化,即学习是对不断变化的实践的理解和参与。

2．研究真实的问题

在研训中,我们十分注重把教师在教育教学中碰到的真实问题作为"课题"和"主题",组织尝试探究、专项研讨、合作攻关等相应的活动。这种研训的特殊性集中反映在它是一种"走向生活体验的教育研究"。其具体表现为:研训的基本对象是"教育活动";研训的性质是一种"事理研究";研训的目的是"实践改进与应用";研训的主体是学校中从事教育工作的领导者和教师;研训的方式是"反思与重建";研训的话语有"具体针对性"。

3．培养发展的能力

从"培训"活动自身的特点看,其"干预"与"外铄"的意味是比较明显的。研训者根据自己对受培对象的了解,从客观的需要出发来设计应给予的内容和采用的方式;受培对象处于被动接受的地位,他们如何建构自身经验的意义,如何将别人讲述的东西转化为自己的行为,如何形成自主发展的能力,并没有受到特别的关注并纳入研训运作的框架。所以,许多研训者提出了应由"培训"转入"研修"。为此,我们在研训中确立了五个方面的操作取向:聚焦学习与研究;重视参与和实践;关注开发与生成;走向开放和多元;讲求质量和效益。我们相信:"未来的在职培训,将不被看作是'造就'教师,而是帮助、支持和鼓励每个教师发展他自己所看重、所希望增加的教学能力。占指导地位的、被普遍认可的精神,将是把学习本身放在最重要的地位。"

(三)知—行—悟,有机结合

认知、行动与感悟是教师个体在研训中的心理运作机制。认知,泛指在意识水平上对思想和表象的加工,其基本含义是"知";行动,则是运用知晓的道理自觉地践履,关键在"行";感悟,则是在知与行的结合中产生带有个性化色彩的体验和领会,表现为"悟"。在研训中,我们采取"知—行—悟"的逻辑主线,将知、行、悟有机结合。

1. 关注知识的内化

联合国教科文组织编定的"国际教育标准分类"对"知识"的表述如下:知识是指人的行为、见闻、学识、理解力和态度、技能及能力中任何一种可以长久保持的东西。据此,研训涉及的知识范围也就不仅仅是一些完全客体化理论的授予,而是在论题的统领下,让知识嵌入实际情境,采用经验性叙事的方法,即"尊重每个个体的生活意义,主要通过有关经验的故事、现场观察、日记、访谈、自传或传记甚至书信及文献分析等,来贴近经验和实践本身"。正是由于理论命题是同学习者身边的事件、案例以及自身的际遇联系在一起的,这些知识就不仅是埃德蒙所言的"做教师的知识"或奥斯特曼称的"倡导的理论",而是由"公共知识"转化为教师的"个人知识"。

2. 重视问题的解决

研训中的"行",最需要的是提供解决教育教学实际问题的情境,包括设计性作业、专业工作坊、课堂教学展示、专门问题研习等,使教师投身于运用知识的"问题解决"活动。美国心理学家加涅曾说过:"问题解决并不简单地就是对先前习得的规则的运用,而是一个产生新的学习的过程……从问题解决中产生的是高级规则,这成为个体全部技能中的一部分。"加涅又明确地指出,一项伟大的科学发现或一件伟大的艺术作品当然是问题解决活动的结果。所以,在解决问题的过程中,知识才能被激活和内化,变为一种智慧或能力。

3. 启发切己的感悟

教师参加研训并非来领受一批"知识货品",也不能让头脑成为别人思想的"跑马场"。著名英国哲学家罗素曾指出:"整个社会的知识和单独个人的知识比起来,一方面可以说多,另一方面也可以说少:就整个社会所搜集的知识总量来说,社会的知识包括百科全书的全部内容和学术团体的全部文献,但关于构成个人生活的特殊色调和纹理的那些温暖而亲切的事物,它却一无所知。"所以,研训一定要增强"切己性",使教师产生真正属于自身的感悟。为了使知识成为教师个人的"心灵力量",成为与自身"存在"相结合的精神财富,每次研训甚至每个专题都要安排受训者畅谈学习心得、反思教学行为、进行对话切磋等环节,用以启发和唤起教师切己的感悟。

(四)导一习一用,有序展开

为了使研训活动有效和有序地推进,需要形成一种展开的逻辑,即运行机制,但通常来说,还需以"操作模式"来体现"运行机制"。在科学研究中,人们常常将"模式"看成是对某一过程或某一系统的简化与微缩式表征,以帮助人们形象地把握某些难以直接观察或过于抽象的事物。我们认为,静态地看,模式是一种多因素组成的结构;动态地看,模式是一系列链接起来的活动。模式与策略并不在一个平面上,策略是对模式的具体化,模式包含着策略。教学模式是用于构成课程和课业、选择教学、提示教师在课堂或其他场合教学的一种计划或范型。它具有简约性、概括性、理论性和相对稳定性的特点。我们建立的研训模式在一般情况下包含导、习、用三个要素。

1. 研训重在指导

教师研训要打破那种单向灌注的格局，要为教师提供适切的帮助和支持，就应当更多地采用诱导、引导和指导的方式。杜威在谈到"指导"时说过："指导是一种比较中性的词，表明把被指导人的主动趋势引导到某一连续的道路，而不是无目的地分散注意力；指导表达一种基本的功能，这一功能的一个极端变为一个方向性的帮助，另一个极端表现为调节和支配。"从研训的实施来看，"导"主要靠创设问题情境和揭示学习意义来"诱导"，靠介绍认识成果和提供实践经验来"引导"，靠总结操作要领和点明适用条件来"指导"。在操作上，"导"的要求重点放在"理念引领"（专题讲座）、"经验印证"（定向发言）和"互动研讨"（交流议论）环节中。

2. 研训定位在习得

"习"是中国传统教学论的精华之一。我们提出的"习"，指"习得"。孔子说的"学而时习之，不亦乐乎"，含有在温习中逐步领悟和体会之意。因此，习得就是在资源环境的浸润中自己去逐步获取的意思，不是靠"讲"和"灌"，而是潜心于研训内容的意义理解和自主建构。在研训实际运作中，我们常设置"观课启发"环节。这是让教师又回到自己最熟悉的课堂教学情境，在由人及己的比对中重温和反观自身的教学行为并充实"案例性知识"，启发教师主动地审视已有的经验。在经过案例的启发后，研训还安排了"探究行动"的环节，这实际上是杜威倡导的"主动性作业"，即心智与活动、经验与思维统一的活动，如教学设计作业、微型课堂教学、片断经验展示、课堂分析摘要等。通过这些"刻意训练"的形式，教师的主体作用就很容易发挥出来。

3. 研训体现为应用

检验教师研训的成效不能靠"考分"测定，而只能依据应用中产生的效益。从研训本身来说,重点并不在"利益相关方"如何判定其质量满足需要的程度,而在于创造教育能达到"应用"水平的条件。因此,在研训中我们又设定了"反思重构"和"拓展延伸"两个环节。"反思重构"是应用的内在前提。反思的本质是一种理解与实践之间的对话,是两者之间相互沟通的桥梁,又是理想自我与现实自我在心灵上的沟通。为此,我们要在研训中启发教师进行自我审视的方法主要包括:用"经历回顾"和"意象重现"的方法寻找"遗憾"与"不满意"之处;梳理成、败、得、失的经验与教训,推究其原因;同心目中"优秀教师的教学"或"好课"进行比较,找差距;以学生、同行或相关人员的反应为"镜子",对照自己;把教学的"预期"与实践的"结果"做比对,看哪些方面"事与愿违";在读书学习中联系实践操作做出"理论分析";为自己列出"问题单",通过自我诘难,在理性思维引导下追索问题,而"拓展延伸"则侧重于学习的"高位迁移",让研训成效体现在回校后的教学改进和创新探索实践中。

【案例】对话式研训在"国培"送教下乡中的应用——以翠屏区"国培(2015)"幼师送教下乡培训项目为例

送教下乡培训是"国培"项目县与高校协同实施的重要项目之一,其主要任务是切实"提升乡村教师课堂教学能力"。翠屏区作为四川省首批"国培"项目县,在研制"国培"项目规划方案时,认真梳理了过去开展教师研训工作的经验与问题。我们通过广泛调研与深入分析,发现还存在以下问题:一是研训主题不够集中、鲜明,"一批专家、几个专题"就构成一次培训;二是研训主体失落、研训方式比较单一,参训教师主要是"听中学",被动接受多、主动建构少;三是研训效益不高,先进的教学理念往往不能有效地转化为实践行为,"听的时候激动,回家路上摇动,回校后一动不动"是较为普遍的现象。如何在实施"国培"项目县的培训项目中破解这些难题?这就成为我们思考的重要问题。

(一)理性思考:基于经验,源于问题

美国著名教育心理学家马尔科姆·诺尔斯在《被忽略的群落:成人

学习者》一书中提出了成人学习的三大特征：一是强调实用性。成人的学习愿望取决于学习内容对自己的职业是否具有实用性；二是基于经验的学习。成人学习常常依赖于用自我的经验来判断或评价新经验和新知识。三是以问题为中心的学习，成人学习是以解决现实问题为中心。美国著名成人教育专家简·韦拉在《对话培训法——理论与实务》一书中详细介绍了问题呈现式对话培训法的基本原理与实践操作模式，并佐之以具体的操作范例。建构主义学习理论认为"意义建构"是整个学习过程的最终目标。综合上述理论，我们认为，有效的教师培训应该是以真实的教学问题为基础，为教师学习提供真实的教学情境，采取多维度的对话方式，给教师提供更多参与、自主学习的机会，并提供理论支持、课例支持、方法支持等，进而实现经验重组、自主建构解决问题的策略和方法。为此，我们借助于中心承担的全国"十三五"教育规划课题"中小学教师对话式研训的理论与实践研究"，在"幼师国培"送教下乡培训项目中尝试引入"对话培训法"，将250名主要来自乡镇幼儿园、民办幼儿园的教师按五大领域分为五个班，聚焦"幼儿园教育活动的设计与组织"主题，以两年时间实施持续的、递进式的送教下乡培训。

（二）研训前的对话：需求评估、生成主题

应与学员对话，开展需求评估：一是问卷调查，把握学员的实际需求；二是设置问题墙，让每个学员将自己的问题写在卡片上、粘贴在问题墙，相互解答，不能解答的问题保留在问题墙上；三是提前一周发布预习公告，让学员对研训目标、研训内容进行阅读并提出自己的看法。

学员提出的需求和对研训目标、研训内容的评议并不能决定培训专家团队设计的培训课程全部，但培训专家团队在设计培训课程时必须回应学员的实际需求，更重要的是让参训教师感受到自己拥有对课程的决策权与发言权。"学习者即决策者"。如健康领域班，培训专家团队围绕"健康领域教学活动的设计与组织"这一主题，综合《3—6岁儿童学习与发展指南》精神与学员的需求与期待，选择了比较典型的健康领域培训内容：生活习惯与能力教育、安全与自我保护教育、情绪情感教育、幼儿体育基本动作教学、体育游戏教学、低结构材料的一物多玩、幼儿园早操的编排与组织，形成了8次送教下乡培训的系列化主题。

（三）研训中的对话：多维对话、自主建构、策略生成

每次送教下乡培训，我们将2天的时间按这样的流程设计：专家示范（上课、说课）—分组研讨—生成策略—现场设计—分组打磨—成果展示（说课、上课）—总结提升。在这个过程中，指导专家团队、培训专家团队全程参与，学员们与《指南》对话、与同伴对话、与专家对话、与自我对话，在多维对话中不知不觉地完成了经验的自我重构，自主建构了新的更为有效的教学策略。在研训中，我们引入焦点讨论法、世界咖啡研讨法、对抗式辩论赛等工具，引导参训教师围绕课例开展深度对话。在科学领域班，培训导师在学员学会围绕审视目标定位、环节设计、材料的提供、教师行为、目标达成几个板块进行评课的基础上，带领学员进一步学习了另一种客观的评课方法——焦点讨论法（ORID），学会时间切片、客观记录、反映性记录、诠释性记录、决定性记录等几个要领，初步学习使用焦点讨论法的听课记录方法。渐渐地，老师们在笼统评课的基础上学会了用时间切片的方式看活动的每一个片段，有深度地思考每个环节设计背后的意义，映射出自己的思考与行动。通过多维对话，学员们自主建构了不同类型的教学活动的基本框架，如将数学活动总结为"兴趣导入（紧扣课程内容）—新知学习（达成活动目标）—操作巩固（关注不同层次）—练习提升（体现逐步发展）"四个层次清楚的教学设计思路；将科学探究活动总结为"设疑、预测—实践探究—记录交流—总结分享"四环节基本构架。

（四）研训后的对话：实践反思、自主发展

每一轮送教下乡培训后，参训教师都要带着一份自己设计并经小组研讨、导师点评、重新修改后的教学活动设计方案返回学校进行实践验证，并要进行反思（自我对话），反思的成果将在下一轮培训时与同伴分享。同时，参训教师还要在园内分享来自不同班级培训的收获，一些有用的工具在研训后的对话中得到广泛的应用，如科学领域班使用科学实验"三折板"，将"问题与假设""材料与步骤""记录与结论"等科学实

验的要素清晰直观地呈现在三折板上。这种简便好用的工具被老师们迅速学会并自觉运用。

（五）"对话的体验让我敢想敢说敢问"

在多维对话中，参训教师开始有了自己独立的思考，敢于表达自己的观点，不再惧怕权威……对话，让老师们从被动接受开始走向主动建构、自主发展。2016年4月1日，科学领域班在"第五届全国教师培训机构发展研讨会"上展示了真实的培训现场。我们的培训团队走进珠海、重庆北碚区、凉山雷波等地的教师培训舞台，奉献了一个个精彩的现场活动，组织了一场场高质量的对话式研训活动。

"对话式研训"模式有两个关键词：一是"六环"，二是"互动"。"六环"中各环节紧紧相扣，培训主题贯穿始终，参与教师共同合作完成培训任务。"互动"就是理论与实践的互动，培训者和教师、教师和教师之间的互动。在内容上，"对话式研训"既有理论的冲击，也有实践的观照，还有教师个人的研究反思；在形式上，让全部参与者都动起来，在多个环节增加了专家与教师、授课者与教师、教师与教师之间的互动，真正实现了从教育理念到教育行为的转换和内化。总体来说，整个培训过程是参与式学习，也是观察学习的过程。参训者通过观察、参与、模仿和反思，与培训导师、参训同伴积极互动，实现知识的自我建构和社会建构，将理论转化为实践，实践又上升到理论，从根本上使教育理念转化为教育行为，提高参训教师的教育教学能力。

第二节　新教师的培训

新教师在外部受到的所有帮助只是一种形的塑造和引领，更多的成长空间应该转入内驱。为此，唤醒新教师个体和群体自发成长的内需力，是自我对话的最高境界和最高追求。我们应在新教师的培训中引入对话式研训，切实唤醒新教师的发展内力。

一、建构"四位一体"的新教师对话体系

在新教师的培训中,我们搭建对话的平台,营造良好的学习氛围,构建起"学校、家庭、社会、心灵"四位一体的对话体系:加强与家庭对话,形成家校共荣共育,让新教师被尊师重教的环境滋润,提高教师自身价值的存在感,形成和谐的家校教育共同体;加强与社区、社会对话,辐射外围空间,扩大教育场域;充分发挥"学校家庭体验式健康中心",利用学校的心理健康团队优势,开展与学生对话、与教师对话、与自我对话活动,激发教师的自信心,实现精神愉悦,让教师获得职业幸福感。这样,新教师通过与学校、家庭、社会和自我心灵的对话交流,开展多种形式的对话活动,形成教育合力,以丰富职业的进取情怀,勇于面对自我专业成长中的困难与障碍,感悟教师职业的真谛与工作的乐趣,焕发为教育事业、为学生成长而奉献的伟大情怀。

二、形成助推新教师专业成长的有效路径

我们利用培训来帮助并推动新教师的发展,通过激励、团队合作以及教师的自我反思等手段来引领新教师专业成长,并为他们的成长"搭台",为他们的成功"助力"。

1.培训与规划——专业成长"积极正餐"

我们主要从职业道德、新课程改革、课堂教学、听课评课、教育科研、教师专业发展的方方面面,通过与专家名师对话、互动交流研修的方式,要求新教师参加理论培训后,结合个人实际,撰写培训感悟,明确目标,自觉定位,拟定好个人专业成长规划;依托校级沟通,邀请校外优秀教师进校开展专题讲座,组织新教师进行观摩学习;邀请校内外专家名师,对新教师进行座谈、辅导;组织教师以教研组为单位,定期学习校外名师的教学观念;鼓励新教师通过微信、微博等途径,持续学习国内最新理论知识,不断反思个人教学……这样,学校为新教师提供更多的专业学习机会,使他们能够在对外沟通交流中拓宽视野、持续更

新自我教育理念。学校从人性化的角度出发，在尊重肯定新教师的前提下，让每一位新教师能准确定位，引领帮助新教师们完成不同阶段的成长目标，进而推动新教师的快速发展。

2．自主与合作——构建"教育共同体"阵营

我们引入"行动学习"理念，要求新教师根据自我规划，自主学习专业知识，启迪教育智慧，自主进行网络培训，通过线上线下的充电学习。同时，我们还基于小组合作的基础上，不仅让学生小组合作、交流分享，还重视新教师的思想分享，以自我研修为导向、合作学习为环境、问题解决为中心、经验反思和探究为方式，实现对新教师的引领、合作，从而构建起"教育共同体"全员发展的教育阵营。

3．评价与发展——满足"自我成长"需求

我们结合新教师专业成长的实际需求，制定导向科学、考核指标合理的考核评价机制。比如，在年度考核方面，对于面临升学压力的新教师，坚持以升学率和考试成绩为主，兼顾新教师的专业成长需求；对于升学压力相对较小新教师，需要根据学科间、岗位间的实际情况，制定过程与结果兼顾、平时考核与年度考核相统一的评价制度，公开、公平、公正地开展评价活动。当然，我们还从新教师的物质待遇着手，以发展为前提，根据新教师的工作量合理确定薪酬，强化薪酬待遇对于教师自主专业成长的激励作用。

4．反思与成长——铸就"自我发展"高地

教师的专业发展过程也就是一个新手型教师走向胜任型教师，再从胜任型教师走向智慧型教师的过程。在这个过程中，离不开深刻反思。我们在研究中积极倡导新教师自主发展，破除对专家的依赖和迷信，将教师专业发展的重点聚焦到"专业自主"和提高"教师反思水平"，鼓励教师"反思"并公开地"讲述"自己的教育经验和教育理想，开发了"反思与成长"：反思学生与教学；反思自身的有效教学；反思与名师的距离。其实，反思就是自我对话。对于新教师来说，反思是形成自己的成果的

重要渠道,是教师运用专业知识和专业素养解决问题的重要形式。对新教师而言,反思行为不是一朝一夕的事情,要持之以恒,贯穿教学活动始终。教学过程中的丝毫火花、点滴感受,都是反思的结果,也是进一步反思的基础。只有这样才能铸就"自我发展"的高地。

【案例】翠屏区初中语文新教师对话式研训活动计划方案

(一)主题:初中生语文自主阅读能力培养。

(二)内容及方式:聚焦初中生语文自主阅读能力培养,探讨自主阅读能力培养的具体途径、策略,提出具体实施过程中的困惑;参与过程中运用"世界咖啡"等对话方式。

(三)参训对象:翠屏区初中语文新教师。

(四)培训时间:2018年5月15日下午14:00—18:00。

(五)过程评价:(1)自我评价。初中语文自主阅读能力培养中自己采用了哪些途径和策略?对自主阅读教学设计方案与教学过程、效果进行评价。(2)他人评价。安排观察者对参与者在活动中的行为表现(表达与倾听、规则意识等),搜集典型表现,对参与者做出整体的评价,并及时反馈。

(六)引入工具:世界咖啡、话语权杖、便利贴、分组活动技术、组牌。

(七)材料准备:大白纸、便利贴、马克笔、组牌等若干,宣传海报。

(八)活动流程与内容:

活动流程	活动内容	时间	投放材料与植入工具	设计意图
实践问题	七年级自主阅读教学《一棵小桃树》,执教:金世琼	14:00—14:40		提供范例引发思考
	七年级自主阅读教学《一棵小桃树》,执教:涂万敏	14:50—15:30		
研训话题	聚焦主题:初中语文自主阅读能力培养	15:30—15:40	组牌	组建小组聚焦对话问题

续表

活动流程	活动内容	时间	投放材料与植入工具	设计意图
研训对话	第一轮汇谈：使用话语权杖，在组内发表自己的观点，组长将本组的理解、主要观点等内容记录在记录表上	15:51—16:20	便利贴、世界咖啡、话语权杖、记录表	深入感悟初中生语文自主阅读能力培养具体途径或策略以及实施中的经验或困惑等方面
思维碰撞	第二轮汇谈：组长不动，其他成员流动到另外组参与会谈，进行取经之路	16:21—16:40		
视域融合	第三轮汇谈：流动参与者回到原来的小组，提取主要信息，摘要关键词，整理观点 汇报展示：各组汇报展示，提出本组观点与问题	16:41—17:00 17:01—17:30	大白纸、马克笔、话语权杖	
策略生成	主持人小结；活动负责人总结；观察员点评此次活动中的现象与行为；专家点评；领导讲话	17:31—17:58		增强自主阅读能力培养意识，反思自主阅读教学设计，完善自主阅读教学策略、途径
行为改善	带着收获，进行自读；自选一篇自读课，撰写教学设计，传给片区教研组长、研训员	17:59—18:00		

附件1：翠屏区初中语文对话式研训对话记录

主题：初中生语文自主阅读能力培养

对话内容	对话摘要	对话关键词
自主阅读能力培养途径或策略		
自主阅读教学中的经验或困惑		

附件 2：翠屏区初中语文对话式研训参训教师预习思考题
主题：初中生语文自主阅读能力培养

1. 在两节"同课异构"初中语文自主阅读课例（《一棵小桃树》）中，你在学生自主阅读能力培养方面分别采用了哪些途径或策略？这些途径或策略的教学效果怎样？

2. 你觉得对初中生语文自主阅读能力培养还有哪些途径或策略？不同文体、不同类型的文章在自主阅读能力培养的途径或策略侧重点是否一样？

3. 在对初中生语文自主阅读能力培养过程中，你有哪些经验或困惑？

附件 3：翠屏区初中新语文对话式研训活动筹备方案

活动时间：2018 年 5 月 15 日 14：00—18：00。

活动地点：宜宾市四中学术厅（红坝路校区）。

活动流程：

活动时间	活动内容		
14:00—14:40	同课异构自主阅读课例《一棵小桃树》	执教：四中金世琼	班级：七年级 16 班
14:50—15:30	同课异构自主阅读课例《一棵小桃树》	执教：六中涂万敏	班级：七年级 5 班
15:50—16:10	第一轮汇谈		
16:11—16:30	第二轮汇谈		
16:31—17:00	第三轮汇谈		
17:01—17:30	集体展示		
17:31—17:40	主持人小结、活动负责人总结、观察员点评		
17:41—17:50	专家点评		
17:51—18:00	领导讲话		

前期准备：（1）党政办：学术厅会标、教学楼门厅 LED 滚动标语、开水、茶叶、纸杯、学术厅卫生。（2）总务处：签到处摆放、15 张海报

纸（4开）、30支马克笔（黑、蓝、紫、红、绿各6支）、6卷双面胶、6个文件袋、6本便利贴。（3）教务处：手摇铃、4支传递话筒、组牌（第一到第六组）6个、展板3个、移动白板、多媒体技术服务。（4）语文组：6支"话语权杖"、活动材料分组打包。

活动当天保障：（1）教务处：话筒、音响、多媒体设备。（2）党政办：收集活动影像资料。（3）德育处：环境卫生、学生常规管理。（4）年级组：学生与教师常规管理、环境卫生、上课班级组织。（5）保卫处：外来人员引导、车辆管理。（6）语文组：签到处、上课学生有序候场、第二节课后组织学生将课桌分6组摆放。

三、将对话式研训运用到新教师培训之中

在新教师培训进程中，我们可参照对话式研训的基本模式，针对新教师的特点，着力通过开展对话式研训活动，形成了新教师培训活动的基本模式（见表4.1），做到了环环相扣：一是研训前的对话，参培教师提出的需求和对研训目标、研训内容的评议并不能决定课题组设计的培训课程全部，但课题组在设计培训课程时必须回应一线教师的实际需求，更重要的是让参培教师感受到自己拥有对课程的决策权与发言权，"学习者即决策者"。二是实践问题来源于教师教学中遇到的疑难，能有效引起参培者的共鸣。三是研训话题的拟定在一定程度上决定着研训活动的成败，接地气的话题才有生命力，才能让参培者想说、能说；思维的碰撞、视界的融合，让参培者既能各抒己见，又能集众家所长；在与同伴对话、专家对话、自我对话的多维对话中不知不觉地完成了经验的自我重构，自主建构了新的更为有效的教学策略。策略生成来源于参培者自身，易于被接纳；行为改善体现了"学而时习之"。

表 4.1 新教师培训活动流程与内容

活动流程	活动内容及注意事项	时间	投放材料与植入工具	设计意图
实践问题	聚焦主题：新教师向骨干名师成长的积极因素研究；新教师专业成长的途径及应对策略		世界咖啡话语权杖	抛砖引玉
研训话题	组内汇谈：请组员结合自己日常教学或情景剧在组内发表观点，组长将主要观点记录在记录表上，其他组员记录在便利贴上（发言时请使用话语权杖）		组牌	他山之石
	组间交流：每桌派一名代表进行问题收集和提炼、展示观点			
思维碰撞	组内再次汇谈：各组组员结合问题发表观点，组长记录，然后全组共同提取主要信息，整理观点，并呈现在大白纸上		便利贴、世界咖啡、话语权杖、记录表	百家争鸣
视域融合	班级展示：各组汇报展示本组观点，并提出新教师成长的有效策略和路径（解决新教师在成长中的困惑，提出有效策略）		大白纸、马克笔	珠联璧合
	活动负责人总结			
策略生成	领导点评		话语权杖、海报	
行为改善	结合组内、班级及领导建议，完善成果			春华秋实
评价反思	针对今天的收获，发布活动整体评价			

【案例】小学美术新教师对话式研训的推进模式

在运用对话式研训的模块时，我们根据小学美术新教师的实际，进行了调整与丰富，形成小学美术新教师对话式研训的变式：

1. 对教学行为改善领域的对话式研训模式的变式。在对话式研训模式的基础上，我们根据美术学科的特点以及培训主题、目标的不同，探索出了针对教学行为改善领域的对话式研训模式的变式。首先由课堂观察生成参培者亟待解决的研训话题，经过思维碰撞、视界融合、策略生成后，再进行微型专题的引领，帮助参培教师更快地将生成的策略与专家的建议相融合，最终通过教学行为进行检验。

2. 针对教学设计能力改善领域的对话式研训模式的变式。在对话式研训模式基础之上，我们针对美术学科学生核心素养培养的时代大背景，需要教师提高教学资源开发、教学设计的能力，于是就探索出了改善参培者教学设计能力的对话式研训模式的变式。通过对培训前期教学资源开发、教学设计竞赛中收集到的案例进行分析，发现亟待解决的问题，由培训者提出研训话题，再经过现场的思维碰撞、视界融合后，进行小组设计重构，并结合微型专题，帮助教师解决教学设计中的疑难点，最后进行重设展示。例如，我们充分利用省市级美术优质课展评活动平台提供的献课案例，组织参加听课的美术教师进行针对优质课各个献课教师的教学设计展开"基于有效教学设计"的对话研讨微专题活动。研训者在参训者学会围绕审视目标定位、环节设计、材料的提供、教师行为、目标达成几个板块进行评课的基础上，带领参训者进一步学习客观的分析方法——焦点讨论法（ORID），学会时间切片、客观记录、反映性记录、诠释性记录、决定性记录等几个要领，使用焦点讨论法的听课记录方法。老师们在笼统评课的基础上学会了用时间切片的方式看活动的每一个片段，有深度地思考每个环节设计背后的意义，映射出自己的思考与行动。通过多维对话，参培者自主建构了不同类型的教学活动的基本框架。由于听课完毕，即刻组织"微专题对话"问题指向性强，教师感悟深刻，阐述清晰，对话生成的结论更科学，更客观。

在小学美术研训活动中，我们还进行了如下调整：一是将对话式研训与微专题有机结合。对话能集众家之所长，但应考虑到因前期资料收集、经验限制等因素，会导致对话的肤浅化，将对话式研训与微专题相结合，让培训者前期进行深入的准备，在策略生成后，根据参培者研讨情况，开展20分钟左右的微专题，引导参培者更深入、全面地了解研讨主题，更利于参培者的行为改善。二是确定对话主题的主体具有灵活性及对话内容具有层次性。针对不同阶段、不同区域的教师群体，在研训话题的选择上应有所区别。实践问题产生研训话题，参培者因实践不同、需求不同，所以研训话题也应该有层次分别。三是研训中主持人、观察员角色的多元性转变。主持人、观察员并不仅仅承担着一个固有角色，在微专题与对话式研训相结合的培训模式下，主持人、观察员还应承担起授课教师的角色，起到一个在专业上、理论上引领的作用，适时将参培者的对话结果进行总结，使其上升到一个学科通释的高度。

小学美术教师对话式研训案例分析表

分析人：　　刘艳艳

对话时间	2017年11月10日下午	对话地点	师培中心多功能室
对话主题	基于有效美术课堂教学的观察	对话人员	刘艳艳、唐煌、刘川、中小学美术新教师
对话背景	本次是2017年中小学美术新教师的第一次学科培训。本阶段培训目标为：新教师破冰，让新教师形成一个团队，奠定良好的团队研训氛围；让新教师习惯对话式研训的方式，为后期的培训打下基础；通过培训，让新教师初步掌握《基于ORID焦点技术的课堂观察记录表》的运用，掌握科学的课堂观察方法；通过培训，让新教师学会倾听、交流；对课堂教学的有效性有一个初步了解		
对话人员	本次对话人员主要由三类人员构成：刘艳艳（翠屏区美术研训员，活动组织者、主持人）；唐煌（区师培中心信息技术部部长，特邀导师）；2017年中小学美术新教师		

续表

对　话 对话片段一	肖玉兰（新教师小组组长）：我们选择的再教设计是教师示范的环节。我们的设计方案是：教师用一到两种颜色，最多不超过四种颜色，以春夏秋冬为主题，给学生示范，如何用颜色表示；然后让学生练习的内容是用色彩表示喜怒哀乐。这样更能体现本节课的重点，使我们的教学更加有效。 刘艳艳（主持人）：刚才组长汇报再教设计方案，你们都同意吗？ 杨小桐（新教师）：我有不同意见，主要是示范这个板块。我认为不应该以春夏秋冬为主题。教师应以自己的现在的心情为主题进行示范，然后让学生根据画面的色彩来猜测教师的情绪状态。这样的示范更切合本课教学目标，才能让教学更加有效。 陈瑞（新教师）：我比较赞同杨老师的意见。 刘艳艳（主持人）：本组组员还有其他意见需要阐述吗？ 刘艳艳（主持人）：我们这一组在最需要修改环节这一问题上是统一了看法的，只是在如何修改才能让课堂教学设计更加有效这个方面存在不同的看法
研训片段二	刘艳艳：我们今天下午的交流即将结束了，现在请大家用三个词概括你的收获，好吗？ （新教师们思考，并在纸上写出。） 邓玉娟（新教师）：我写的是"有趣、不错、学习"，我是第一次参加这样的活动，我喜欢这种头脑风暴的感觉。 陈瑞（新教师）：我感觉是"娇羞、豪迈、自信"。今天的培训，一开始我是有点放不开的，但是随着活动的开展，我觉得自己慢慢放开了，并对自己充满了信心。 肖玉兰（新教师）：我一开始觉得很紧张，害怕自己说得不好，后来在唐老师的鼓励下，我觉得自己越来越放松了。在最后一个环节，听了同伴意见，我觉得自己对教学内容的思考更加发散了
反思或收获	这是一种很好的"偷懒"方式。作为有着多年培训体验的培训者和主持人，我深深地体会到对话式研训真是对培训者的一种保护。我们不再需要做一堆课件，准备几十页的讲稿，然后声嘶力竭地唱独角戏了，因为讲的主角不是培训者，而是参训者了。参训者受到任务的驱动，整个研训过程必须全身心投入。培训者需要做好的就是培训前目标、流程的预设，培训过程中环节的安排、气氛的调动。可以说，这样的研训极大地改变了"培训者讲得累，参训者听得困"的情况。 新教师也是能量满满。本次参训人员都是新教师，情况各不相同，有的是刚从学校毕业的，有的是具备了几年校外教学或工作经验的。从整个对话的过程来看，虽然一开始大家有一点矜持，但随着活动的深入，我们发现每一位新教师其实都有自己独到的见解和想法，他们敢于挑战示范课，敢于表达自己的想法，这种特质是成为一名优秀教师所必须具备的。正如我们常说"要放手，让学生去做，去体验，去参与，他们会带给我们惊喜"，其实在教师研训中也是一样

续表

评价	从本次培训来看，参培者的倾听是需要训练的：一是倾听的习惯。对话的前提是倾听，只有认真倾听他人的表述，才能抓住重点，才能使得对话延续下去。通过本次培训中"自我介绍，认识他人"这一环节中的提问，我们让参培教师意识到了，原来倾听也很重要。这一环节的设计，为后面的对话研训打下了基础，调动了参培教师的思维，使得他们必须积极参与培训。所以，我认为，在开展对话式研训的开始阶段，必须要培养对话者倾听的习惯和技巧。二是倾听的技巧。在"我的观察，我的视角"这一研训环节，我们要求参培教师必须选择他人交流的一个片段进行记录。通过观察，我们发现，有一部分教师不能很好地完成这一任务。原因是，别人在表述时，他无法较快、较准确地提炼出别人想要表述的重点。这就是倾听技巧的问题。要保证对话式研训的顺利开展，培养参培教师的倾听技巧尤为重要

四、探寻新教师对话式研训学科培训模式

在新教师的培训中，我们由对话式研训的基本模型"实践问题—研训话题—思想碰撞—视界融合—策略生成—行为改善"出发，针对研训活动的实际进行了改进，形成了"三环、九步、三策略、多工具"的操作模式（见图4.1）：

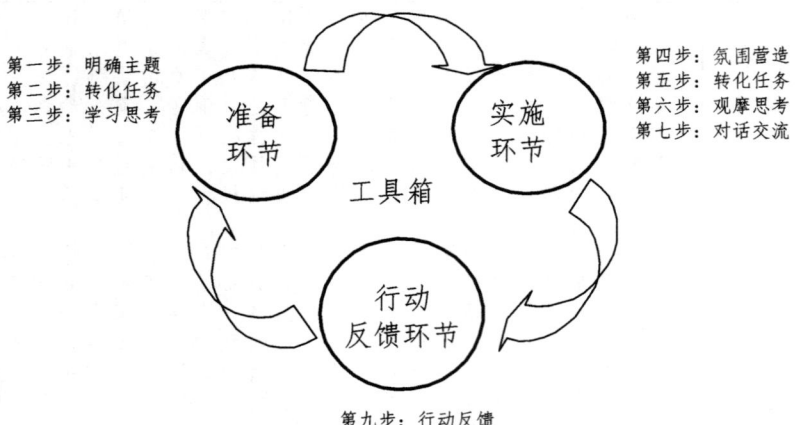

图4.1 对话式研训学科"三环九步"培训模式

1. 建构新教师对话式研训活动的"三环九步"

在这里,"三环九步"分为活动准备环节、活动实施环节和行动反馈环节。活动准备环节主要包括明确研训活动主题、主题转化为任务、学习与思考三步,其目的是让研训者提前进入对话状态,为深入参与对话活动做情感、思维、行动三方面的铺垫。活动实施环节包括氛围营造、观摩与思考、对话交流、策略生成、达成共识五步,其目的是通过营造积极的氛围,让教师与上课教师(专题讲座或公开课)对话,与自己对话,与其他研训者对话,与专家对话,生成策略达成共识,体现对话式研训的自主性、平等性、互动性、生成性等特点。行动反馈环节包括实践与反思并反馈,解决传统研训活动后续乏力、教师专业难发展的问题,为研训者提供可操作的路径。

环节一:活动准备环节。(1)明确研训活动主题,即对活动组织者设置调查问卷、交流访谈,发起主题网络研讨,收集教师在学科教学中遇到的问题或关注的问题,收集并归纳整理,明确对话活动开展的主题。(2)主题转化为任务,即要求组织者及其团队把提炼归纳的主题分解成参与教师需要完成的具体任务,并以文档的形式提前发到参与者手中。(3)学习与思考,即参与教师根据接到任务,提前学习或思考相关内容。

环节二:活动实施环节。(1)氛围营造,即组织者提前选好利于对话氛围营造的场地(学校专用教研室、书吧、对话式研室等),摆好座椅(小组合作式),做好活动主题、参与方式与规则等说明,准备好所需工具,做好破冰活动。(2)观摩与思考,即参与教师观摩或聆听专家讲座、展示课例或同伴发言,结合先前任务进行深入思考,运用组织者给予的引导和思考工具,助其思考更聚焦,更有逻辑。(3)对话交流,即参与者根据所分小组在对话交流环节规则(比如世界咖啡、六项思考帽等)展开充分对话。(4)策略生成,即参与者结合活动任务,根据所学、所思、所听,团队分工记录、归纳总结并达成共识或生成解决问题的策略,并通过展示规则和工具向全体展示。(5)达成共识,即组织者或邀请相关学科专家、一线优秀教师等对参与教师所展示的对话成果进行点评,深化主题,形成更广泛的认识或更具体的解决问题的操作策略。

环节三：行动与反馈环节。参与教师回到教学岗位实践，并通过系统的、信息化工具的多种途径反馈实施情况。

2．探索出新教师对话式研训活动的"三个策略"

（1）氛围营造策略。组织者通过准备阶段问题的讨论与收集，让参与教师感受问题来源于身边，增强活动的初步了解，加深活动主题的认同感；通过主体与任务分解并提前发到参与者手中，让参与者提前学习与思考解决认知障碍；组织者场地选择和对环境的精心布置让活动更有仪式感，对活动规则的建立与明晰避免对话过程中的随意性。（2）任务驱动策略。通过研训主题的问题化、任务化，让参与者始终带着任务参与活动，让对话者知道对话内容、自我角色、主要任务，进而增强目的性。（3）工具辅助策略。参与者用科学的工具让参与者如何学、如何思、如何表达等方面，让学习更有效，让思维更清晰，让表达更有逻辑，让成果更丰富，让活动更精彩，让参与者更有收获。

3．开发或合理选取"多种工具"

一是适合活动准备阶段的工具，即读书摘录卡、QQ、微信、UMU、问卷星、任务单等；二是适合活动实施阶段的工具，即小组合作技术、世界咖啡、六顶思考帽、ORID焦点观察记录表、不同课型观察记录表、话语权杖、便利贴、大白纸、马克笔等；三是适合行动与反馈环节的工具，即QQ、微信、UMU、问卷星、反馈表等。

"三环、九步、三策略、多工具"模式是通过案例分析和活动反思总结归纳出的具有一般性的模式；各级教研组在实际操作过程中需根据不同主题内容，不同参培对象及其规模，依据"三个要素"，合理使用"三个策略"，对"三环九步"进行灵活选择的使用，以活动有效开展、教师有专业收获和有积极情感体验为活动最终目的。

【案例】初中数学联合对话式研训研讨活动方案

主题：初中数学定理教学有效性策略。

内容及方式：聚焦初中数学定理教学有效策略，分析学生学习数学定理过程中存在的问题与提出教师在具体实施过程中的困惑，探讨提高数学定理教学有效性具体途径、策略；参与过程中运用"世界咖啡"等对话方式。

参训对象：初中数学新教师。

培训时间：2018年11月16日上午8:20—12:00。

过程评价：（1）自我评价。基于ORID焦点技术的课堂观察记录，思考学生学习数学定理存在的问题与教师具体教学中存在哪些困惑？对初中定理教学过程中设计方案与教学过程、效果进行评价。（2）他人评价。安排观察者对参与者在活动中的行为表现（表达与倾听、规则意识等），搜集典型表现，对参与者做出整体的评价，并及时反馈。

引入工具：ORID焦点技术、世界咖啡、话语权杖、便利贴、分组活动技术、组牌。

材料准备：ORID焦点技术的课堂观察记表（修改版）、大白纸、便利贴、马克笔、组牌等若干，宣传海报。

活动前置任务：

1. 请参与教师结合日常教学围绕以下问题查阅资料、思考：你的学生在数学定理学习过程中存在哪些突出问题？你在数学定理教学中存在哪些困惑？你认为定理教学的完整流程是什么？你认为数学定理教学的难点和重点分别是什么？你在数学定理教学突出重点、突破难点方面有哪些有效策略？

2. 请参与教师围绕4个问题，通过查阅资料并填好读书摘录记录卡带到活动现场。

活动流程与内容：

活动流程	活动内容	时间	投放材料与植入工具	设计意图
活动介绍	明确主题、参与注意事项	8:20—8:30		

续表

活动流程	活动内容	时　间	投放材料与植入工具	设计意图
实践问题	观摩八年级几何教学《直角三角形三边关系》，执教：祝翠	8:30—9:10	基于ORID焦点技术的课堂记录	提供范例引发思考
	观摩八年级几何教学《勾股定理的应用》，执教：任蓉蓉	9:20—10:00		
研训话题	聚焦主题：初中数学定理教学有效策略	10:01—10:10	组牌	组建小组聚焦对话问题
研训对话	组内汇谈：请组员结合日常教学或前两节课例，围绕活动前提出的前2个问题发表观点，组长将本组的理解、观点等内容记录在记录表上，其他组员记录在便利贴上（发言时请使用话语权杖）	10:11—10:30	便利贴、世界咖啡、话语权杖、记录表	深入分析初中生数学定理学习过程存在的问题，提出教学中的困惑，思考提高数学定理教学中有效性具体途径或策略、实施中的经验等方面
思维碰撞	班级交流：每桌派一名代表把本组针对前2个问题收集并提炼后的观点在全班展示，其他组成员可针对提出的问题或疑惑给予解答	10:31—10:45		
视域融合	组内再次汇谈：组员根据前两轮交流并结合4个问题再次发表自己观点，组长记录，然后全组分工合作提取主要信息，摘要关键词，整理观点，并呈现在大白纸上	10:46—11:05	大白纸、马克笔	
策略生成	集体展示：各组汇报展示本组的最终观点，提出初中数学定理教学有效策略	11:06—11:20	话语权杖	解决学生定理学习问题，解答教师的困惑，提出定理教学的策略、途径
行为改善	主持人小结：活动负责人总结；观察员点评此次活动中的现象与行为	11:21—11:30		
策略反思	专家点评	11:31—12:00		
	领导讲话			

第三节 骨干教师培训

　　县级骨干教师培养为教育教学注入了新的力量,为教师有效发挥中坚力量提供了新的平台。为了更好地让有潜力的普通教师成长为具有带头作用、引领区域学科发展的区域骨干教师,我们除了让骨干教师自身加强学习、积极实践外,还对骨干教师进行系统培训。翠屏区教师培训与教育研究中心从 2010 年至今已开展三届骨干教师培训项目,覆盖学前教育、小学、初中、高中四个学段,为翠屏区教师队伍建设贡献了新生力量,为提升区域教育质量、保持全市领先地位提供了有力保障,为建设"智慧、开放、活力"的翠屏教育体系提供了人才保障。

一、区域骨干教师培训存在的问题

　　为了全面了解翠屏区中、小、幼骨干教师培训现状和找出培训活动中存在的问题,我们对翠屏区前两届区级骨干参培教师进行了无记名的问卷调查和个别谈话结果,并进行了综合分析,发现当前中、小、幼骨干教师培训培训现状的存在的问题的主要表现在:

　　1.培训活动方式单一、培训主体意识薄弱

　　传统中、小、幼骨干教师培训活动中往往是以区域内培训员、学科专家、各级培训组长、备课组长专题讲座、省市级骨干教师上课评课的方式为主,很少用到现代技术,学员教师很难真正参与其中,致使学员教师主体意识缺失。

　　2.培训活动内容单一、缺乏针对性

　　传统中、小、幼骨干教师培训活动以教师职业道德、专业能力、省市级骨干教师分享先进教育教学经验、岗位自学研修为主要内容,是培训组织者、学科专家的事。对学员教师而言,准备什么、学习什么、如何学习无发言权,培训主题往往是老生常谈,很少考虑到面临的学员教师的个体差异需求。

3. 培训活动氛围不浓,教师缺乏参与的积极性

传统的中、小、幼骨干教师培训活动从组织到结束,看不到学员教师的身影。学员教师往往一支笔、一个听课笔记本,从头到尾地听、记。更有甚者,在有的骨干教师培训活动中,一些学员教师聊天、玩手机、睡觉等,常常以局外人的身份浅层次地参与活动。整个活动鲜有深刻体会,缺乏参与感,影响学员教师参与活动的积极性。

4. 培训活动后续乏力,教师专业难发展

"听时激动,归途中摇动,工作中不动",这是传统中、小、幼骨干教师培训培训活动效果的真实写照。传统中、小、幼骨干教师培训培训活动中不乏先进教学理念,好的教学方法传播与分享,但教师缺乏参与感,没有深入对话的机会与平台,再好的理念和方法在活动之后被束之高阁,很难落实到学员教师的教学工作中。学员教师难以找到自身专业发展的有效路径。

基于以上分析,翠屏区师培中心骨干教师项目组认真学习了对话式培训的相关理论,通过实践反思,创造性地利用相关成果,形成了骨干教师培训的相关操作模式和方法。

二、骨干教师对话式研训的操作模式

在总课题组对话式研修基本模型的基础上,骨干教师培训结合对对话式培训的目标及目标实现的两条路线的认识,构建起了"话题萃取—任务前置—范例展示—团队建设—对话研讨—策略生成—集体展示—实践运用"骨干教师对话式培训的一般操作模式(见图4.2),实现了教师的角色转变,让骨干教师从被动接受到自主建构。

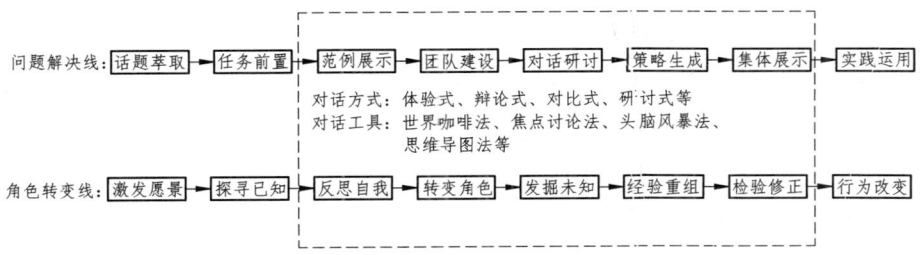

图 4.2　骨干教师对话式培训一般操作模式

骨干教师对话式培训的一般操作模式包含许多对话方式和对话工具。不同的对话方式及对话工具有自己的操作步骤、适用情况和使用说明。不同的对话方式及对话工具与骨干教师对话式培训的一般操作模式相结合就会产生许多的变式（见图 4.3）。例如，我们根据世界咖啡法、焦点讨论法等不同方法，针对不同的对话式培训的内容和目标，形成了清晰的操作流程及典型案例。同时，在研究中，我们也创新出了基于辩论、体验等形式的对话式培训的变式及一般流程，形成了典型案例。

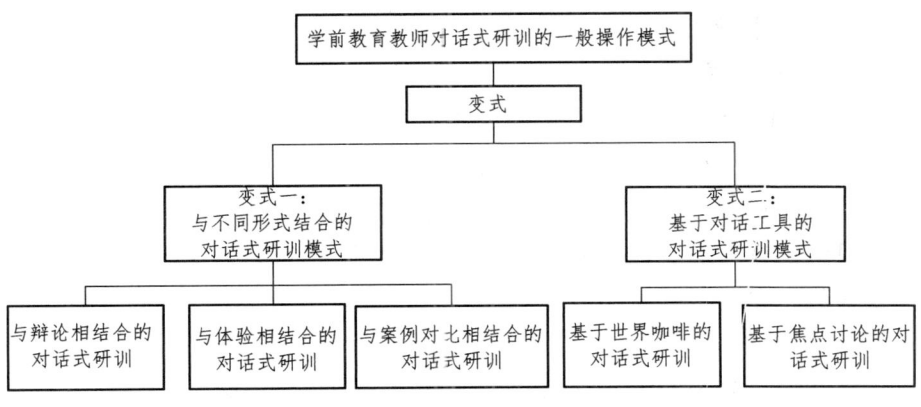

图 4.3　学前教育教师对话式研训一般操作模式

（一）变式一：与不同形式结合的对话式培训模式

对话包含着诸如交流、沟通、研究、讨论、辩论、体验等形式，并形成了基于辩论和体验两种对话式方式的培训流程和典型案例。

1. 与辩论相结合的对话式培训

辩论是一种彼此用一定的理由来说明自己对事物或问题的见解，揭露对方矛盾，以便最后得到共同的认识和意见的交流与对话方式。在辩论式对话式培训中，针对同一问题的不同看法，参训者与自己对话、与书本对话，形成自己的教育观点并进行全方位论证；与同伴对话，将自己的观点与他人的观点进行辩证，最后形成稳定的看法和观点，诠释教育价值和意义。在骨干教师培训中，与辩论相结合的对话式培训适用于教育观点看法辩驳类，以及教育新观点类的培训。例如，幼儿园该不该发奖状？图书区可不可以玩搭建？与辩论相结合的对话式培训的一般流程为：话题萃取—任务前置—团队建设—组内汇谈—自由辩论—观点重组—结辩陈词—实践运用。

【案例】

（一）培训主题和目标

1. 培训主题：幼儿园该不该发奖状？
2. 培训目标：通过案例分析，形成有效策略，在辩论中形成自己的教育观点和看法，学会辩证看待问题。

（二）内容及方式

聚焦幼儿园"发奖状"的热点问题，通过辩论会的形式，激发教师参与讨论的积极性，探讨幼儿园该不该发奖状的问题，形成教育教学的有效策略。

（三）参训对象和培训时间

1. 参训对象：学前教育骨干教师幼儿园24名青年骨干教师。
2. 培训时间：2018年12月5日下午14：00—16：30。

（四）过程评价

1. 自我评价。教师根据辩题"幼儿园该不该发奖状"，自由选择正、反方观点，从政策依据、理论依据、现实依据等方面开展讨论，充分表述自己的观点，并通过读书摘记环节整理正反双方观点，辩证看待幼儿园发奖状的问题，形成教育教学的策略。

2. 他人评价。安排观察者对参与者在活动中的行为表现（表达与倾听、规则意识等），搜集典型表现，对参与者做出整体的评价，并及时反馈。

（五）引入工具和材料准备

1. 引入工具：小组合作、话语权杖、便利贴、读书摘记卡、组牌。

2. 材料准备：读书摘记卡、话筒、大白纸、便利贴、马克笔、组牌等若干，宣传海报。

（六）活动前置任务

1. 请全体参与教师结合幼儿园发奖状的问题，查阅相关的资料，思考：您觉得幼儿园该不该给小朋友发奖状，为什么？

2. 请参与教师围绕讨论问题从理论依据、政策依据、事实依据、数据、名家名言、典型案例等多个角度搜集、整理、精选材料，做好记录。

（七）活动流程与内容

活动流程	活动内容	时间	投放材料与植入工具	设计意图
活动介绍	明确主题、参与注意事项			
实践问题	情境表演：幼儿园该不该发奖状	14:00—14:05		提供范例引发思考
培训话题	聚焦主题：参训教师根据实践问题选择自己的观点，分为正方、反方两个小组，推选小组长，商量确定中心发言人及总结陈词人	14:05—14:10	组牌	组建小组聚焦对话问题
组内汇谈	组内汇谈：请组员结合辩题，组内分享观点，组长记录本组主要观点，其他组员记录在便利贴上	14:10—14:30	便利贴、话语权杖、记录表	分析幼儿园该不该发奖状，提出教学困惑，思考幼儿园发奖状的利弊及如何有效发奖状
自由辩论	辩论：立论，即由双方中心发言人阐明观点，立论陈述；自由辩论，即由正反双方交替发言、人人发言	14:30—15:10		

续表

活动流程	活动内容	时 间	投放材料与植入工具	设计意图
观点重组	组内再次交流，重新整理观点，形成辩证看待问题的思维，并提出有效策略，记录在大白纸上	15:10—15:30	大白纸、马克笔	解决教师困惑，形成辩证思维，提出幼儿园发奖状的有效策略
结辩陈词	结辩陈词：双方结辩陈词人进行发言	15:30—15:50	话语权杖	
专家点评	活动负责人总结；观察员点评此次活动中的现象与行为；专家点评	15:50—16:10		

（八）参训感想

此次对话式培训活动采用了基于辩论的对话式培训方式，让每一位教师都真正参与到培训中，人人有观点，个个有话说。参训教师通过辩论对话，学会确立自己的教育观点，学会在聆听别人的观点的同时，积极捍卫自己的观点，同时学习用辩证的眼光来看待问题。通过组内分享、自由辩论、读书摘记等环节，积极贡献自己的观点和智慧，在自我对话、同伴对话、书本对话中提升对话能力，形成有效策略，提升教师教育教学水平，改善教学行为。对对话式研训，陈彬园长感叹道："对话式培训，让培训不再是专家课堂讲授为主，而是还原真实的课堂环境，通过构建学习共同体、同伴交流互动，引导教师发现问题、反思疑难、解决问题，提高教研能力，改进教师的教育教学行为。而创新对话的形式，能够更好地激发教师的学习积极性，提升培训的实效，让教师通过'对话式培训'得到切实的成长。"而参培教师感悟良深："利用辩论的形式来开展对话培训，颠覆了我对培训的认识。以前参加培训，我不敢在集体讨论的时候发言，总是害怕自己说错，害怕别人笑话，这次的辩论赛，鼓励大家发表自己的观点，没有对错之分，让我感觉比较放松，我在小组内积极表达自己观点，在自由辩论时寻找论据来击破对方的观点，在读书摘记中形成正确的观点。""这样的培训给了我发言的机会和勇气，让我学到的不仅是教育教学策略和方法，更多的是带给我一种思维方式的转变，让我受益匪浅。"……

2. 与体验相结合的对话培训

体验式培训是一种让参训者亲身参与到学习之中，从学习者的角度反思和思考来理解学习者的学习内容和经验需要，从而掌握教学的关键、重点和内容的对话式培训的方式。在体验式的对话式培训中，参训者体验完整的学科领域教学过程，亲身体验教学活动的关键经验点及学科性质。参训者与自身对话，主动建构学习，同时与同伴对话，共同建构知识体系，加深对学习者学习方式和行为方式的理解。在学前教育骨干教师培训中，与体验相结合的对话式研训方法，适用于学科领域的基本性质和关键经验类的培训，如早操编排的步骤和环节、音乐欣赏活动的组织要点、幼儿游戏的设计与组织关注要点等。与体验相结合的对话式研训的一般流程：话题萃取—任务前置—团队建设—教学体验—对话研讨—策略生成—集体展示—实践运用。

【案例】

（一）培训名称：从"五禽戏"到早操创编。

（二）培训目标

1. 体验"五禽戏"的创编过程，"对话"早操创编的方法和步骤。
2. 能发现生活中有趣的事例，借鉴和运用到自己的实践工作中。
3. 感受游戏创编的快乐，激发创编兴趣。

（三）培训对象：骨干班幼儿园岷江分园教师。

（四）培训时间：2018年11月8日。

（五）材料及工具准备

虎、鹿、熊、猿、鸟五种动物头饰；音乐；大白纸、便利贴、话语权杖等。

（六）活动流程与内容

活动流程	活动内容	时间	投放材料与植入工具	设计意图
活动介绍	明确主题、参与注意事项	9:00—9:10		
团队建设	破冰活动：选择动物头饰分组	9:10—9:20	虎、鹿、熊、猿、鸟五种动物头饰	
教学体验	组内交流，创编本组动物的代表性动作；本小组表演，讨论交流动作的发展价值；跟着音乐，各小组依次串联表演	9:20—10:00	组牌、音乐、头饰	早操创编流程、动作要点难点和关键经验等
对话交流	组内汇谈，即组内交流五禽戏创编游戏过程对早操创编的启发；组长记录本组观点，其他组员记录在便利贴上	10:00—10:30	便利贴、话语权杖、记录表	深入分析幼儿园早操创编的步骤和流程，及来源等
策略生成	组内交流，整理观点，提出游戏对幼儿园早操编排的启示，及幼儿园早操编排的流程、措施、来源等，记录在大白纸上，并制作海报	10:30—10:50		
集体展示	组间交流展示，进一步进行思维碰撞	10:50—11:10	大白纸、马克笔	
专家点评	专家点评及总结	11:10—11:20	话语权杖	
实践运用	以年级为单位，根据幼儿特点创编早操，录制视频上传	一周内		

（七）活动小结

早操的编排，如果能来源于生活，是孩子们熟悉的，并且一同参与编排的才是孩子们喜欢的。我们要遵循从上到下、从头到脚的原则编排早操，肢体的动作要大，尽量使身体的各个部位都得到锻炼。各年龄段的孩子早操时间长短不一样，希望老师们回去以后能从生活中找到更多的可利用资源，运用到实际工作中，为孩子们创编更多好玩的体育游戏，或者早操。

（八）培训感想

本次培训以体验作为一种方式，在体验的基础上进行对话，让老师们的感想更加深刻，讨论也更加积极和热烈。很多老师这样表达自己的感想："这是真正的理论结合实际的培训，既掌握了操作的方法，也了解了背后的理论，我很喜欢。""我太喜欢这样的培训方式了，真正的是玩中学，做中学，充分调动了我的热情，也觉得收获很大。""在体验的基础上进行对话，最后有所收获，我从来不知道我自己也能有这么深刻的见解和思考，很感谢这样用心的培训。"

（二）变式二：基于对话工具的对话式培训模式

对话式研训中包含不同的引导技术和工具，如世界咖啡法、焦点讨论法、头脑风暴法、思维导图法等。基于世界咖啡、焦点讨论两种对话式培训工具，我们初步形成了基于世界咖啡和焦点讨论的对话工具的对话式培训的流程和典型案例。

1. 基于世界咖啡的对话培训

世界咖啡法是一种适用于十人乃至数百人聚集在一起就某一主题进行深入探讨的工具。在世界咖啡式的对话培训中，参训者平等、开放、智慧、包容，在对话中畅所欲言，碰撞出思维的火花，博采众长，凝聚智慧。在骨干教师培训中，基于世界咖啡法的对话式研训适用于经验分享类、问题解决类的培训。如班级管理的方法与技巧、与家长沟通的方法和技巧、主题环境创设的方法和技巧等。基于世界咖啡的对话式培训的一般流程为：话题萃取—任务前置—团队建设—组内交流、思维碰撞—组间交流、视域融合—策略生成—集体展示—实践运用。

2. 基于焦点讨论的对话培训

焦点讨论法是一种引导讨论者在谈论过程中快速聚焦到要讨论的问

题上并制定行动方案的思维工具。焦点讨论式的对话式培训中，参训者与案例对话，与已有经验对话，与同伴对话，从客观性、反映性、诠释性及决定性四个层面进行高阶思维和表达，发现问题，描述感受，寻找理论意义，并提出解决方法，促使教育问题的改进。在骨干教师培训中，该种对话式培训适用于诊断、评估类的研讨与培训活动。例如，教学活动实施与评价、儿童观察与评价、教育案例撰写与分析、冲突事件解决等。基于焦点讨论的对话式培训的一般流程：话题萃取—任务前置—焦点观察—团队建设—焦点讨论—策略生成—集体展示—实践运用。

【案例】

（一）培训主题：幼儿园情绪教学活动设计的内容要素。

（二）培训目标

1. 通过观摩示范教学活动，生成情绪教学活动设计的内容要素。

2. 丰富教师对幼儿情绪教育的认识，加深教师对《3—6岁儿童学习与发展指南》健康领域的"情绪安定愉快"子目标的理解，提升教师情绪教育能力。

（三）培训对象

骨干班幼儿园 24 名教师，33 个子课题主研代表及全区各幼儿园代表共 100 余名教师。

（四）培训时间及地点

2018 年 10 月 25 日，宜宾市鲁家园幼儿园岷江分园。

（五）引入工具及材料准备

1. 项式引入工具：ORID 焦点技术、读书摘录技术、话语权杖技术、分组活动技术。

2. 材料准备：参会手册、基于 ORID 焦点讨论法的课堂观察记录表、读书摘录卡、便利贴、大白纸、马克笔、组牌、郁金香 4 支等。

（六）过程评价

1. 自我评价。基于 ORID 焦点技术的课堂观察记录和读书摘记，教师思考情绪教育集中性教学活动的教学内容要素及情绪教育活动的措施，反思自己在情绪教育实践中的做法。

2. 他人评价。安排观察者对参与者在活动中的行为表现（表达与倾听、规则意识等），搜集典型表现，对参与者做出整体的评价，并及时反馈。

（七）培训流程

本次研讨由三个环节构成，分别是课例观摩、对话研讨及专家点评。

1. 课例观摩，聚焦观察

骨干班幼儿园的24位教师首先观摩由骨干班幼儿园教师凌芝带来的示范课：大班健康教学活动"消气好办法"。24位教师在观摩的同时利用基于ORID焦点技术的课堂观察记录表进行观察记录。观察记录的主题是幼儿园情绪教学活动设计的内容要素。记录的方面主要包括观察的时间点、客观性记录（记录捕捉到的课堂中某个具体讯息，即看到的、听到的客观事件）、反映性记录（与过去经验的联想，对事件的主观情绪、感受）、诠释性记录（事件的意义、目的、价值等）及决定性记录（事件对自己的启示、更好的技术介入方法或行动方案等）。

2. 对话研讨，高阶表达

课例观摩后，骨干班幼儿园24位教师通过分组技术分为4组。教师要结合研讨主题，对幼儿情绪教学活动设计的内容要点及流程，并根据自己记录的基于ORID焦点记录法的课程观察记录表，就同样的切片内容进行研讨。研讨从客观性层面、反映性层面、诠释性层面及决定性层面依次进行高阶思维和表述。通过组内的研讨，各组集中性情绪教学活动的内容要点有了初步的认识，在组内发表自己的观点，并整理本组观点，将重要观点、关键词等记录在大白纸上，制作展示海报。

3. 读书摘记，深入思考

根据提供的阅读材料，小组成员将自己理解、思考、尝试等内容记录在记录表上，并在小组内选择记录表中的一项内容交流自己的认识，最后各组整理汇报自己的观点并进行现场展示。

4. 精彩点评，肯定成果。宜宾学院刘维鸿教授进行了大会点评，并强调了焦点讨论法作为教师培训工具的价值和意义，并就焦点讨论法的使用给出了建议，对翠屏区采用焦点讨论法作为教师培训工具进行了肯定。而原翠屏区师培中心主任唐元毅指出，对话式培训是校本研修最好的方式之一，它符合成人学习的特点；有效的对话中没有绝对的权威。对话式研训是一部协奏曲、合唱曲，不是独唱，也不是齐唱，而是合唱；对话式研训活动的组织者是领唱，是指挥，我们要"先之劳之"，自己先做起来，然后让更多的人知道。

（八）培训感想

本次对话式研训活动将所有参训教师全卷入到研讨中，使用焦点讨论技术，引导参训教师深度思考和有序表达，通过小组研讨，发挥集体的优势，让参与的教师收获颇丰。在参训感想中，老师们这样写道："此次学习收获满满，让我学习到了 ORID 的记录方法；同时观摩了一堂设计丰富、准备充分、以幼儿为主体的课；最后观看了老师们分组进行对话式培训，觉得这种教研方式非常值得回去分享给我园的老师们。""本次活动，再一次体会到了对话式培训研讨交流的意义，认真学习了 ORID 焦点讨论法工具性说明等。学习能指引方向，也引发出新的思考和拓展。""从观摩中感受情绪教育，在讨论中梳理情绪教育的要素和流程，在书籍中学习情绪教育的理念和理论，交流融合成自己的收获。这样的对话式培训必能带给心灵的触动！"

第四节　学科教学研训

一、对话式研训在学科教学中的应用路径

（一）对话模式的运用

教师对话式研训的基本模式"实践问题—研训话题—思维碰撞—视域融合—策略生成—行为改善"在学科教学中具有普遍的适用性，同时还可根据活动主题内容等情况的不同而在部分环节增加一些小环节，在基本模式的基础上产生一些变式，让模式变得更丰富、更灵活。一是对

学科技能性主题研训活动，可增加活动体验环节。在活动体验中，教师切实体会到学生在活动中的技能掌握难点、关键点等，再指导学生掌握技能的教学策略。二是对上课、说课等学科教学的研训活动，可增加观摩课堂或观摩教学视频的小环节。在观摩时，教师能很快地进入真实的教学情境中，能更快地提出解决问题的多种策略。

教师对话式研训模式中每个环节的实施都有需要注意的地方，以及灵活多样的操作方法。例如，"实践问题"必须是教师在学科教育中遇到的真实问题，而搜集"实践问题"的方法可以有很多种：一是观察法，如研训活动组织者平时的观察积累；二是反思法，即参培教师平时反思积累的问题；三是聊天法，即参培教师间或参培教师与活动组织者间，或活动组织者与其他同行间聊天时搜集到的问题；四是任务布置法，如活动开展前一段时间让参培教师每个提出一至三个学科教学中亟待解决的问题；五是问题头脑风暴法，让参培教师每人在一定的时间内快速写出若干个问题，再进行梳理。"研训话题"要尽量聚集，同时具有开放性、可议性；"思维碰撞"要真正产生，对话中有互动，生成的策略才更丰富更精练；"视域融合"要尽量有多视域的融合，对于课程开发、课题研究等学科通识性内容的研训可以是不同年级甚至不同学科的人员参与；"策略生成"通过提炼，力求让策略凝练更具可操作性；活动后策略的运用任务并对此进行评价，"行为改善"才会真的发生。

（二）对话工具的选用

在教师对话式研训活动中，组织者可根据研训主题和参与教师对对话式研训的熟悉程度，以及对话的不同活动环节，灵活选用不同的对话工具：在破冰环节，对互不相识的组员，可使用"NLP"相互认识；对相互熟悉的组员，则可进行一些具有肢体接触的游戏活动，采用课堂教学研训对话式研训活动，在教学现场或视频观摩环节，可用表格进行焦点观察；在组内对话时，可使用"话语权杖"，保证人人都能发言和认真倾听；在组内或组间质疑的环节，可用"质疑风暴法"；在参培教师对对话工具比较陌生或不熟练时，在对话式研训的活动过程中要渗透对"工具"使用的指导。

（三）对话策略的运用

在教师对话式研训中，有一些策略是贯穿在对话的多个环节中的，比如对话的维护、情境的创设等就是如此。对话研训每一个环节向前推进都有很多策略和具体的方法。有些策略需要特别注意，应用得好，活动开展就顺利；否则，就可能出现很多种不可控的因素，导致对话效果不佳。

"情境创设"有物理的环境创设，如研训场地的精心布置、对话材料的充分准备；有心理的情境创设，如研训开始前的破冰活动，研训过程中的音乐引入、语言引导、评价激励等。活动的组织者要在物理和心理两方面进行环境创设，对话才具有"温度"和"热度"。

"对话维护"做得好，对话内容就集中；对话维护做得不好，对话就容易"跑题""偏题"。主持人和小组长在对话维护的过程中发挥着重要的作用，组员、观察员也可进行对话维护。当发言者东拉西扯时，主持人要及时提醒；当发言的内容范围宽泛化或窄化时，主持人要及时引导；当发言者"开不了口"时，主持人可进行引导和示范；当发言有一定亮点时，主持人可进行表扬……

"思维外显"是实现思维碰撞与视域融合的必要条件。思维碰撞不是一个具体的活动环节，而是思维的活动状态。它是内隐的，是看不见的，但可以通过不同的活动让思维可视化，即思维外显。例如，独立思考时的记录，小组制作思维导图式的海报，组内交流、组间交流、全班交流时的表达与点评、质疑、答疑等都让思维外显了。在专家点评、材料阅读的活动中，融汇着思维的外显、汇聚、重组，从而实现思维碰撞与视域融合，让对话具有广度和深度、高度。

"方案再生"的落实才能让对话的成果发挥作用，让对话的效果真正显现出来。有了再生的方案，还得要在教育教学实践中实施，并在实施后进行反思评价，才能实现教育教学行为一次又一次循环往复的改善。

"实践反思"的应用。对话式研训需要组织者对教师对话模型进行深入的理解、内化，理解、用好对话的模式，能用、活用对话的工具，用好对话的策略，才能让"对话"在真正的民主平等下进行，实现对话中的互动与生成。为此，组织者要加强模型本身的理论学习，加深理解；加强对话的实践应用，并在实践后紧密结合模型进行反思，反思后再进行新的实践。这样，如此循环往复，方能切实做到理论与实践结合，使研究不断深化。

二、对话式研训在学科教学中的应用情境

教师对话式研训不仅适用于区级教师培训活动，在学科教学研训活动中也得到了普遍应用。具体而言，教师对话式研训在学科教学研训的哪些情境进行了实践应用呢？下面将从学科教学研训的内容、学科、学段、学校、人数等方面进行介绍。

（一）应用的研训活动内容

教师对话式研训可在课堂教学、课程建设、课题研究中都进行应用。

1. 对话式研训在课堂教学中的应用

有的用于上课研训，如鲁家园幼儿园教务处开展的《"幼儿园体育基本动作教学活动组织——支持幼儿掌握动作重难点的有效教学策略"对话式研训》；有的用于说课研训，如人民路小学语文组开展的《"小学语文'说课策略'"对话式研训》；有的用于备课研训，如宜宾市八中开展的《"初中政治集体备课"对话式研训》。

【案例】"初中数学作业分层布置"对话式研训案例分析

（一）研训主题：初中数学作业分层布置。

（二）研训目标：聚焦初中数学课后作业量，确定学生作业负担的量化指标，并根据不同年龄阶段的身心发展水平和学生的个别差异，提出不同要求的学习负担量；对不同层次的学生提出不同的作业要求，把课外学习时间降到一个合理的水平。

（三）参训人员：初中七、八、九年级全体数学教师20人。

（四）活动时间：2019年3月28日14:30—16:30。

（五）活动地点：李庄中学梦想教室。

（六）引入工具：世界咖啡、话语权杖。

（七）材料准备：大白纸、便利贴、马克笔、水彩笔、组牌等若干。

（八）活动组织：主持人，邹昌平；观察员，刘凡春。

（九）前置任务：组长将任务单提前打印发给组内老师。全体参与教师结合日常教学，围绕以下问题查阅资料、思考并填写：（1）你的学生在课后喜欢做数学作业吗？一般都是什么时候做？做多长时间？你认为造成这些问题的原因是什么？（2）你认为初中数学作业分层应从哪些方面入手？（如分层标准、分层类别等）

（十）活动流程与内容

1. 破冰行动（5分钟）。主持人介绍活动主题及注意事项（特别介绍话语权杖的使用），随机把参与老师分成3个小组，在每个组再随机产生一位组长。（确保每个组都有七、八、九三个年级的老师。）

2. 思维碰撞（20分钟）。组长组织组员结合自己日常教学，围绕活动前提出的问题在组内发表自己的观点，组长将本组的理解、主要观点等内容记录在记录表上，并组织初步梳理出本组观点。其他组员记录在便利贴上。（人人发言，发言时请使用话语权杖，每人限时3分钟。）

3. 视域融合（10分钟）。组长留守在本组内，组员到其他组走访交流（必须坐下），重点关注所到小组的亮点。

4. 策略生成（20分钟）。组长组织大家进行第二次交流，结合外出组员的意见对原定书目和推荐理由进行修改，并制作思维导图（利用画纸、格式、布局、美化自行设计）。

5. 分享成果（15分钟）。结合思维导图，所有组员上台，分工展示初中数学作业层次以及学生层次的设置措施。

6. 行为改善（5分钟）。主持人对本次活动进行总结，并布置后续任务（各组长将本组研讨成果形成电子文档，交教研组长赵俐，形成统一、规范的研讨成果。）

（十一）研训成果

教师在布置作业时，可以采用弹性作业，有针对全体学生的最低要求，也有适合中等水平和优秀学生的不同要求，以便在减轻学习负担的问题上，能面向全体学生，又照顾到学生的个别差异，从而达到既减轻了负担，又提高了素质的目的。

学生分层原则：根据学生的成绩、理解能力、学习习惯进行分层。

作业分层原则：A组学生学有余力完成书本和练习册的习题外，可单独进行小灶，拓展能力；B组学生掌握知识点，能运用知识点完成有一定延伸的题目；C组学生掌握知识点，能运用知识点处理基础题型；D组学生熟记知识点，尽量完成一般基础题型。（A、B组同学学有余力的情况下帮扶C组同学。）

（十二）研训反思

这次研训活动在借鉴区级对话式活动经验的基础上，针对数学学科特点、教师情况，活动前做了充分准备，但也存在一些问题：一是研训主题太浅显，不便于具体的研讨。二是主持课件为设置背景音乐，开始和结束略显枯燥。三是由于时间紧迫，后面在制作海报时有赶时间的现象。四是因教师个体差异的原因，有个别小组讨论时出现冷场的现象。

（十三）改进建议

1. 优选研训主题。每一次研训主题一定要适合讨论，要有讨论的价值，切记不能选定不用讨论就可以得到结论的主题。

2. 应进一步重视前期培训，培训中不仅仅是以说明方式，应从细节出发，用多种方式让组长和参与人员明确活动主题，理解规则、理解工具的意义及掌握工具的使用方法，让组长进一步培训组员。

2．对话式研训在课程建设中的应用

有的用于校本课程开发研训，如宜宾市八中在集体开发实践中进行的

"关于'电脑艺术创作趣味入门'课程的核心素养"的对话式研训;有的用于校本课程实施的研训中,如宜宾市二中开展的以"在特色校本课程的开发与实施中激发学生的课程兴趣"为主题的对话式研训;有的用于校本课程开发与实施研训,如宜宾市五中开展的"初中数学分层校本课程有效实施"的对话式研训。

【案例】"初中数学分层校本课程有效实施"的对话式研训案例

（一）对话背景

我校省级课题"初中'走班制'课程构建研究"已于2017年7月顺利结题,并于2018年4月获得了宜宾市第四届普教教学成果二等奖。但课题组成员编写的数学分层课程却没有在分层课堂上有效运用,课题成果的推广和转化成为难题。为化解这一难题,改变依靠行政命令强行推行的做法,2018年11月29日,我校开展了一场以"初中数学分层校本课程的有效实施"为主题的对话式研训活动。该活动旨在营造平等和谐的对话氛围,找出阻碍数学分层课程有效实施的原因并尝试提出解决策略。

（二）研训对象:宜宾市五中数学骨干教师、中层管理人员和片区学校部分数学教师共25人。

（三）研训主题:阻碍初中数学分层校本课程有效实施的原因及解决策略。

（四）研训目标:

1. 找出阻碍初中数学分层校本课程实施的主要原因。
2. 初步形成初中数学分层校本课程有效实施的策略。
3. 体验对话式研训活动方式,了解部分对话工具。

（五）研训方式:对话式研训。

（六）研训时间:2018年11月29日 14:30—17:30。

（七）研训地点:宜宾市第五初级中学校。

（八）课程评价

1. 自我评价:对初中数学分层校本课程的设计方案与有效实施方案

进行评估、评价。

2. 他人评价。观察者对参与者在活动中的行为表现（表达与倾听、规则意识等），搜集典型表现，对参与者做出整体的评价，并及时反馈。

（九）活动流程

1. 对话式研训活动前。学校根据现在教学改革中存在的亟待解决的问题——初中数学分层校本课程未有得到有效实施，确定了本次对话的主题为"阻碍初中数学分层交本课程有效实施的原因及解决策略"；随后，区师训中心对话式研训总课题组成员到校对如何实施这一活动进行多次对话，确定了本次对话活动流程及注意事项，对话中主要采用排序发言、5W2H分析法、质疑头脑风暴法。在活动前一周，组织召开了拟参训教师工作会，说明对话式活动基本流程及采用对话工具进行说明，并要求拟参训教师对自身教学或管理存在"阻碍初中数学分层校本课程有效实施的原因及解决策略"提前进行思考，以便在进行自我对话时能更加深入全面地思考。

2. 对话式研训活动。

（1）观摩分层课堂，产生研训话题。观摩老师们利用UMU互动学习平台，在观摩过程中探究数学分层教学的得与失，分析课程实施中存在的问题，并及时将自己的所思、所惑进行线上交流。

（2）开展破冰游戏，营造对话氛围。活动分为五个小组，各组在主持人的口令下开展"解手套"破冰游戏，营造轻松和谐的对话氛围。

（3）实施五轮对话，逐步生成策略。第一轮，自我对话，即独自完成"5W2H"分析表。第二轮，组内对话，即每组完成组内梳理、汇总。第三轮，组间对话，即参与研训教师生成共同观点。第四轮，组内质疑，即小组内就其他组观点进行讨论、质疑并提出解决方案。第五轮，组间质疑，即组间利用"质疑头脑风暴"法进行障碍评估，并优化有效实施分层校本课程的解决方案。

（4）参与教师谈收获感受。

（5）观察员与专家点评。

（6）活动后运用：参训教师反思分层校本课程编写，进一步思考有效实施数学分层课程的运用策略；对话式研训活动结束一周内，参训老师上传1节九年级初中数学分层校本课，并在实践中应用完善。

3. 对话实录（片段）。

主持人：让心灵在对话中融洽，让教师在对话中成长。大家好！我是本次活动的主持人×××。本次活动线上与线下同时进行。线下的老师是宜宾市五中数学骨干教师、中层管理人员和片区学校部分数学教师共25人；线上的老师是翠屏区对话式研训子课题组的代表和第二届生态课程中被评为"精品课程"的教师代表。请大家看这两张幻灯片，一张是学校数学分层校本教材，另一张是学校数学分层校本教材获得翠屏区第二届生态课程"优质课程"。再比较今天下午第一节课学校分层教师上课的学教案，老师们执教的题目与分层数学校本教材编写是一致的，但各个层次执教的内容与分层数学校本教材相差较大。从学习目标与自主学习内容不难看出，两者有较大差异。这说明，执教教师并不是按照分层数学校本教材编写来开展日常教学，而是做了较大调整。我们从中可知，分层数学校本教材没有得到充分应用。所谓问题即话题，今天就以"初中数学分层校本课程有效实施"开展对话式研训。活动主要采用排序发言、5W2H分析法、质疑头脑风暴法。下面，首先进入自我对话环节。（由问题产生话题，说明采用对话工具，引入对话。）

主持人：请各组根据"质疑头脑风暴法"就其他组其中的一个或几个原因和对策进行讨论、质疑。注意：各组推荐发言人需按照"质疑头脑风暴法"方式质疑，如"××设想是不可行的，因为……如要使其可行，必须……"

第一组发言人对第四组提出的"分层可以分得更细"进行质疑：我们组认为第四组提出的"分层可以分得更细"是不可行的，因为如果"分层可以分得更细"就会导致学校师资不足，教师工作量加大。如要使其可行，必须保证分层分为三个层次，同时学校适当多储备1~2名数学老师。

……

第五组发言人对第二组提出的"专人编写校本教材"进行质疑。我们组认为第二组提出的"专人编写校本教材"是不可行的，因为"专人编写校本教材"没有可操作性，编写人员对学校学情、校情不了解，编出的校本教材不一定适用。如要使其可行，必须保证做到以学校任课教师为主，充分分析学情，发挥好集体备课功能，并且定期进行调整。所谓"高手在民间"，校本教材编写人员也应是一线教师。（通过质疑，进一步完善、修正生成的策略……）

4. 对话成果。

本次活动成功地运用了"5W2H分析法"，引导参与者从"what""why""when""where""who""how""how much"七个维度进行定性分析，明确了问题的指向性，增强了分析的针对性，确保了自我对话的切实有效。这种基于自我经验的对话，不游离于问题之外，紧接着进行的同伴对话，让小组内的每个人都能平等交流。同伴间相互交流、启发，吸纳彼此的经验与智慧，让思维在碰撞中得以升华，最终各组提炼出了富有本组特色的阻碍课程实施的原因和解决策略。第三、第四环节分别是小组展示和组间质疑。这种面向全体参训者的对话方式，既再次梳理了各小组提出的原因和策略的异同，又升华了各小组提出的改进策略。

翠屏区"初中数学分层校本课程有效实施"集体分享汇总表

问 题	内 在	外 在
为什么教师不愿或不能有效利用初中数学分层校本课程进行教学？	及时更新未跟上；教师对校本课程的长远意义理解不够；对分层班级的考核阻碍教师的积极性；上级行政部门对学校工作开展的限制；编写者融合度不够	教师工作量大；经费问题；学生成长是动态的；使用效果短期不明显；教考分离
怎样解决"教师不愿或不能有效利用初中数学分层校本课程进行教学"的问题？	分层可以分得更细（不能分得过早过细，师资不够，工作量加大）；每年对校本教材及时更新；组织学习提高认识；增强集体备课意识，深度融合；加强研究学生；对学生进行奖励（如奖状，以精神鼓励为主）	经费投入加大（来源多样化渠道）；加强团体建设；细化对教师和班级的考核制度；完善过程性考核；专人编写教材（专家指导，一线教师完成，更有针对性）

5. 对话分析。

（1）对话本身的分析。本次对话前，让所有观摩教师观课一节，为对话实施奠定了基础；在对话研训活动中，包括破冰活动，融洽氛围；五轮对话，由浅入深；教师感受，分享认识；专家点评，总结提升；课后实践，改变行为。活动组织紧凑流畅，参与教师积极主动，体现了"民主、平等"的思想，改变了传统研训方式——培训者"一言堂"，被培训者无所事事的状态。培训者变成了"主人"，事事有人做，人人有事做，改变了被培训者的状态，培训效果更加有效。

（2）观察员和专家的分析："五名观察员对五个小组对话研训活动进行全程观察，并适时给予指导。整个活动组织好，对话中应用5W2H分析法和质疑头脑风暴法等新的工具，教师参与度高，对话目标达成度高。"师训中心副主任徐斌在肯定的基础上，提出了很好的建议：对话问题如果更聚焦，也许效果会更好。例如，针对教师提出的"阻碍初中数学分层校本课程有效实施的原因"中，整理出1~3条主要原因，然后针对主要原因聚焦对话讨论有效实施的主要策略。而宜宾学院何奎莲教授进行了如是总结：一是对话有特点。几个小组在进行集体展示时，只用了不到2分钟就把问题清晰明了地表述清楚，充分体现了数学教师的水平。二是对话有收获。大家围绕两个维度、十个要素展开对话。外在维度涉及管理、机制、评价、激励；内在维度涉及教材、教法、学生、教师、课堂与课程。三是对话有玄机。主持人在请参与者谈感受时，说到"请那个戴帽子的美女老师来谈谈"是不够妥帖的，应注意。

（3）对生成成果的分析。生成成果来自线上与线下两个方面，其中线下又经过自我对话、同伴对话、组间对话、质疑成果、成果优化等环节，是一次较全面的问题聚焦、思维碰撞和成果生成的对话研训活动。但由于时间较短，对话还不够深入，对"阻碍初中数学分层校本课程有效实施的原因及解决策略"虽然形成了"翠屏区'初中数学分层校本课程有效实施'集体分享汇总"，但内容较杂，不易于操作。现结合上表再次进行整理：一是为什么教师不愿或不能有效利用初中数学分层校本课程进行教学。其内在因素有：教师对有效应用分层校本课程的意义认识不够；编写分层校本课程教师对整个教材理解有差异，融合度不够；分层校本课程未做到根据学情及时更新。外在因素主要有：教师工作量大；学校缺少对参与分层教学的长效激励机制；学生成长是动态的，没有及时更新校本教材；教师使用效果短期不明显，且教考分离，影响教师积极性。二是怎样解决"教师不愿或不能有效利用初中数学分层校本课程进行教学"的问题。其内在因素有：加强教师培养学习，提高教师应用分层校本教材的认识；每年组织老师对分层校本教材进行及时更新，提高分层校本教材的针对性和操作性；加强教师集体备课，鼓励开展二次备课，做到学情、校本教材的有机融合。外在因素有：加大对分层教师的经费投入，完善对教师和班级的考核制度；加强对校本教材更新的管理与激励。

（十）案例评析

1. 此次研训活动充分运用了教师对话式研训"实践问题—研训话题—思维碰撞—视域整合—策略生成—行为改善"的基本模式。（1）"实践问题"到"研训话题"的提炼都在活动前完成。"实践问题"源于该学校的课题研究成果的推广和转化成为难题这一真实情境，即在"初中'走班制'课程构建研究"课题研究过程中研究开发的校本课程"数学分层课程"没有在分层课堂上有效运用。由这个"实践问题"提炼出了对话式研训的"活动主题"——初中数学分层校本课程的有效实施，再由"主题"提炼出对话的"研训话题"——阻碍初中数学分层校本课程有效实施的原因及解决策略。"实践问题—活动主题—研训话题"，其范围一次比一次缩小，内容一次比一次具体，指向一次比一次明确。（2）"思维碰撞""视域整合"在活动过程中得以实现。在活动推进过程中，"思维碰撞"通过"自我对话、组内对话、组间对话、组内质疑、组间质疑"五轮对话得到充分的体现。除了教师同伴间不同形式的对话，加上材料阅读中的理论学习，还有观察员与专家的点评，从而达到了不同角色、不同角度的"视域融合"。（3）"策略生成"在活动中初步生成，在活动后进一步梳理提炼。对话生成的"策略"即案例中的"对话成果"《翠屏区"初中数学分层校本课程有效实施"集体分享汇总》比较丰富，活动后梳理出的成果具有更强的实用性。(4)"行为改善"则在活动后体现,"在活动后运用——参训老师反思分层校本课程编写,进一步思考有效实施数学分层课程的运用策略,在研训活动结束一周内参训老师上传 1 节九年级初中数学分层校本课程,并在实践中应用完善",这是对话生成的"策略"在教学实践中的运用,是用于解决开展本次研训活动之初遇到的教育教学现实问题,即不忘"初心",回到"初心",从而实现教师的"行为改善"。

2. 本次活动选用了丰富而适合的对话工具,从而保证了对话的互动性、生成性、有效性。对话除运用了"世界咖啡""话语权杖"等常见工具外,还选用了"5W2H 分析法""质疑头脑风暴法"等新的工具。"世界咖啡""话语权杖"让参与者人人有机会表达和倾听;"5W2H 分析法"让参与者有了思考的言语凭借,也就有了思考的内容导向,从而使思考不断深入,使对话有了真正的观点可以分享;"质疑头脑风暴法"则促进了对话的互动性,使观点策略在多次的交锋中渐趋完善。

3. 此次对话式研训活动运用了多种活动推进的策略,从而保证了"对话"的顺利实施。(1)"设计对话"做得好。由活动前的任务布置,到活动中的研训话题、对话环节、时间分配,再到活动后的成果整理与策略运用都做了精心、细致的设计。(2)"情境创设"做得好。分层教学的课堂观摩让"对话"有了具体的教学场景,让老师们真正心有所思;破冰活动,为老师们创设了心理安全的氛围,让大家能敞开心扉畅所欲言。(3)"话题深化"在五轮对话中逐步体现。(4)"视域扩展"做得好。在自我、组内、组间、班级对话的基础上,还有材料阅读和专家点评,这样的视域扩展,让对话的观点在同伴对话的基础了有了较大的提升。(5)"思维外显"促进了对话的顺利进行。自我对话时独自完成"5W2H 分析表",组内对话时记录与梳理观点、制作成果海报,组间质疑时观点分享、质疑答疑的简捷有效表达,这些方式使思维外显,使对话顺利进行。(6)"方案再生"运用得当。活动后的任务布置,使对话生成的成果用于课程实施过程中,并用以改进校本课程的开发,从多个维度解决开展此活动想解决的现实问题。

此次活动教师的参与度高，对话的互动性、生成性强，较好地达到了预期的效果。

3. 对话式研训在课题研究中的应用

在课题研究中，也可通过对话式研训澄清大家心中的困惑与迷茫，交流课题的推进策略与行进路线。例如，宜宾市五中地理学科以区级科研课题"地理学习型游戏的研发与实践研究"为载体，开展了以"地理学习型游戏研发"为主题的对话式研训活动。

【案例】中国地理版图游戏设计中的对话式研训

（一）对话背景

宜宾市第五初级中学校（以下简称"宜宾五中"）为了更好地推动各学科教师的教育教研能力，申报课题"基于对话式研训的初中教师教育科研能力提升的实践"。在该课题的引领之下，学校各学科都积极开展了教育教研活动，有效提升了教师的教研能力。2018年12月，学校地理学科申报的区级课题"地理学习型游戏的研发与实践研究"被批准立项，成为全区第一个地理学科教研课题，填补了学科教研的空白。2019年11月30日，课题组成员在学校开展了一场以"地理学习型游戏研发"的对话式研训。该活动的目的是在和谐的对话氛围内，构建出一套以初中中国地理知识为载体的教学游戏。

（二）对话方案与过程

1. 研训对象：课题组全体成员。
2. 研训主题：中国地理版图游戏的研发。
3. 研训目标：制定中国地理版图游戏的规则；初步设计出中国地理版图游戏底盘；体验对话式研训活动，了解部分对话工具。
4. 研训方式：对话式研训。
5. 研训时间：2019年12月22日上午8:00—12:30。
6. 研训地点：宜宾市第五初级中学创客教室。
7. 课程评价：（1）自我评价。对中国地理版图游戏的设计方案与有效实施方案进行评估、评价。(2)他人评价。观察者对参与者在活动中的表现及时评价与反馈。

8. 对话流程：课题组负责人担任本次活动的主持人，首先确定本次对话研训的主题，即完善中国地理版图游戏的规则，在对话中主要采用"排序发言"、"5So"思考法、"质疑头脑风暴法"。(1)自我对话，即按照"5So"思考法，独自完成对于学习型游戏设计的思考。(2)组内对话，即按照排序法将每名组员提出自己对于游戏设计的建议。(3)组内质疑，即小组内利用"头脑风暴"就各自的观点进行讨论、质疑，并提出解决的方案。(4)组内总结，即共同确定最后的设计方案，并汇总整理。(5)活动后运用，即参研教师在一周内完成中国地理版图游戏各个环节的设计，并提交物化成果后，在教学中予以实践。

（三）对话实录片段

主持人：请×××谈一下你为什么建议在游戏中添入"民宿格"。

×××：("5So"思考法）添入以各地风土人情为载体的民宿格，如西藏的碉房、内蒙古的蒙古包等，会产生怎样的效果呢？学生游戏时行至此就会产生游戏里的住宿情节，即暂停游戏，降低该玩家的游戏速度。游戏速度暂停又会怎样？游戏速度的暂停会降低该玩家胜利的概率。游戏胜利概率降低又会怎样？增加了游戏的偶然性。游戏偶然性增加了又会怎样？增加了游戏的趣味性，使学生对当地这一"民宿格"所表示的地理事物印象更加深刻。

（四）对话效果

本次活动成功运用了"5So"思考法。"So"的意思是"所以呢""那又怎么样""会产生什么影响呢"。"5So"思考法是指对一个现象连续追问其产生的结果，以探求它对未来可能造成的深远影响。对学习型地理游戏的研发是该课题一个重点，如何构建游戏规则？如何承载学习元素？如何让学生在游戏环境下体验地理学习？这就需要组员在相互对话探讨中得出结论。

（五）对话成果

在对话式研训中，我们总结出了中国地理版图游戏规则，并在后期课堂教学中进行了实践与完善：一是游戏胜负。在多人游戏中，初始积分 100 分，积分率先减为零的玩家为失败者，淘汰出局；或玩家积分率先达到 200 分，即为游戏获胜者。二是游戏起点（6 格）。线路中设有 6 个起点，分别用 1~6 数字标出。游戏开始时由玩家掷骰，根据骰子点数确定起始点。若两位及以上玩家掷出同一点数，后掷的玩家则顺延至较大的数字作为起点。当玩家再经过原出发点，每次获赠 20 积分。三是游戏行进。初始棋子对应掷骰点数，以逆时针方向行进（遇"运气格"中的"转向"除外）。四是地理事物格。当某一"地理事物格"首次有玩家行停时，该玩家便获得了此"地理事物格"所有权，并得到该"地理事物格"的所有权卡片。此后，除拥有所有权的玩家以外，其余玩家行停至此，需缴付 10 个积分值给该"地理事物格"所有权玩家。五是"运气格"（12 格），即行停至"运气格"时，该玩家抽运气卡片，并按卡片所示内容执行。六是"问答格"（12 格），即行停至"问答格"时，该玩家抽取问答卡片，将其交给其他玩家依卡片内容提问，回答正确加 10 分，回答错误扣 10 分。七是"民宿格"（4 格）。即行停至"民宿格"时，玩家需再掷一次，骰子所显示的数字为玩家在此停留的回合数。八是"行政中心格"（34 格），即行停至行政中心时，玩家自动跳跃至此后的第二个行政中心（即跨越一个行政中心）。九是玩家被淘汰后，之前所拥有的"地理事物格"自动变为无人所有状态，被淘汰玩家随即交出"地理事物格"卡片。后期，我们还研发了中国地理版图游戏棋盘，并已开始申报国家发明专利。

（六）活动反思

1. 参与对话的人员较少。只有课题组成员，无法开展多组对话，教师的对话还只是停留在感性的认识上，缺乏深入，理论性不强。

2. 对话式研训活动方式方法还有待改进。初次尝试 5So 思考法进行对话，缺乏系统性的分析工具。

3. 对如何建立一套利于教师教研能力提升的对话式研训缺少理论依据，针对教研能力提升的对话式研究还要继续深化。

（七）案例评析

1. 此活动应用了教师对话式研训的一般模式，活动得以顺利开展。

2. 此活动应用了"头脑风暴质疑法"和"5So"思考法等对话中的思考工具,使对话有一定的深度,从而生成了较丰富的成果。

3. 此活动对"世界咖啡"这一对话工具进行了灵活运用。因为人数较少,只有一个小组的成员,所以就没有组间对话的环节。

4. 此活动在后期对"对话成果"进行了充分运用,以对话中生成的策略研发中国地理版图游戏棋盘,并开始申报国家发明专利,其"行为改善"做得很好。

5. 此活动中的"视域扩展"策略可进行改进。由于活动中的对话者人数少,且课题组内成员专业水平层次差不多,所以,对话中可增加专家点评或材料阅读以扩展视域,从而提炼出更高层次的策略。

(二)应用的研训活动学科

教师对话式研训在语文、数学、政治、生物、地理、信息技术、综合实践活动、幼儿游戏活动等多门学科教学研训中都进行了应用(见表4.2)。

表4.2 教师对话式研训应用活动学科

学科	研训活动名称	学校名称	类别	学段
语文	"小学语文'习作说课策略'"对话式研训	人民路小学	一类	小学
数学	"以复习课为例,探讨复习的有效策略"对话式研训	三江学校	二类	小学
政治	"初中政治集体备课"对话式研训	宜宾市八中	一类	中学
生物	初中生物教师实践操作技能提升对话式研训	李庄中学	三类	中学
地理	中国地理版图游戏设计对话式研训	五中	二类	中学

续表

学科	研训活动名称	学校名称	类别	学段
音乐	"小学音乐教育常规课堂教学实践操作"对话式研训	武庙街小学	一类	小学
美术	艺体组聊天式对话式研训	金坪中心校	三类	小学
体育	体育新教师"体育优质课案例分析"对话式研训	体育课题组	一类	小学
信息技术	基于网络社区小学教师对话式研训	忠孝街小学	一类	小学
综合	多维对话促进教师区域游戏力发展	宜宾市教工幼儿园	一类	幼儿园
游戏活动	支持幼儿掌握动作重难点的有效策略对话式研训	宜宾市鲁家园幼儿园	一类	幼儿园
环境创设	"幼儿园区域材料投放的实践探索"对话研修	市教工幼儿园	一类	幼儿园

（三）应用的研训活动学段

教师对话式研训可应用于幼儿园、小学、初中、高中各学段的学科教学研训之中。

（四）应用的研训活动学校

教师对话式研训在我区一类学校（城区学校）、二类学校（城乡接合部学校）、三类学校（农村学校）等各种类别的学校学科教学研训中都进行了应用。

（五）应用的研训活动人数

教师对话式研训在各校学科教学研训中进行应用时，参加研训活动的人数多少不一，有的少则为一个课题组的几人，如宜宾五中地理学科所开展的"地理学习型游戏研发"对话式研训活动,参与者就是课题组的全体成员;有的多则为一个学科组的几十人,如人民路小学语文组开展的"小学语文'习作说课策略'对话式研训"。由此可见,教师对话式研训应用于学科教学研训活动中,人数可多可少。当然,对一门学科的教师人数就特别多的,则可变通设计对话式研训活动,比如分班分组同时进行。

综上所述,教师对话式研训在学科教学研训中得到了普遍、广泛的应用,可以在学科教学研训的不同研训主题、研训学科、研训学校、研训学段、研训人数上进行应用。

第五节 学科网络研训

随着计算机网络应用兴起、信息技术与教育教学的融合发展,网络教研在教师群体应用网络交流中应运而生。教师群体依托各种网络工具交流教学、探讨教育的基本工作形态,让专业研究者们逐渐从对"虚拟教研"形态、"网络环境下的教研团队"的关注,发展到对"网络教研"方式、价值的深入研究。

一、网络教研形成与发展综述

2005年,教育部提出:"不断提高教师在网络条件下信息收集、分析、整合、应用的能力,开展校本培训与教研活动,促进教师素质的提高,推进信息技术与学科课程整合。"2012年9月,全国教育信息化工作电视电话会议召开。会议认为,教育信息化是教育理念和教学模式的深刻变革,是促进教育公平、提高教育质量的有效手段,是实现终身教育、构建学习型社会的必由之路。这次会议进一步推动了网络教研在全国各层级主管部门指导下的实践。

2013年,教育部在《关于深化中小学教师培训模式改革全面提升培训质量的指导意见》中明确提出，要"营造网络学习环境，推动教师终身学习。各地要积极推进教师网络研训社区建设，推动教师网上和网下研训结合、虚拟学习和教学实践结合的混合学习；开展区域间教师网上协同研训，促进教师同行交流"。2019 年，《教育部关于加强和改进新时代基础教育教研工作的意见》再次肯定了"网络教研"方式的积极作用，指出"要根据不同学科、不同学段、不同教师的实际情况，因地制宜采用区域教研、网络教研、综合教研、主题教研以及教学展示、现场指导、项目研究等多种方式，提升教研工作的针对性、有效性和吸引力、创造力"。

网络教研的根本目的是发挥网络优势，促进共享发展。2020 年，教育部在关于加强"三个课堂"应用的指导意见中专门就"名师课堂"强调共享性，主要针对教师教学能力不强、专业发展水平不高的问题，通过组建网络研修共同体等方式，发挥名师名课示范效应，探索网络环境下教研活动的新形态，以优秀教师带动普通教师水平提升，使名师资源得到更大范围共享，促进教师专业发展；同时，强调要"强化教师研训和教研支撑，增强应用能力"，重点解决在线授课、网络教研、操作实践等过程中遇到的问题，增强教师"三个课堂"应用的基础能力。

网络教研在新教师入职培训、青年教师助力培训、骨干教师提升培训、教师培训者团队研修等教师专业发展培养过程中，发挥着不可或缺的作用。教育部在"国培计划"有关项目实施指南中，要求把"工作坊研修贯穿培训全程"，要"灵活运用网络平台，建立网上学习共同体，开展网络研修；参训学员在返岗实践阶段，以工作坊为平台展示研究，与团队成员分享经验与困惑""导师带教贯穿培训全程：导师利用工作坊，引领坊员开展合作学习；线上答疑解惑，线下现场问诊，指导教学改进"。

二、区域开展网络教研的探索

和全国其他地区一样，翠屏区网络教研最初萌生于教师自发的教学交流。学科教研员为方便与教师的沟通联系，从建立 QQ 群，到以后的微信群、钉钉群等,为学科教师间沟通交流搭建了网络渠道。学校内教研组、教师群体之间网络教研活动也非常活跃。如新浪网"翠屏历史教研"博客、微博等应用网络工具展现区域研训动态和成果,也是我们网络教研的初始形式。

2014年,在翠屏区教育局的领导下,翠屏区广泛宣传,开展网络教研。当时,中央电化教育馆按照《教育部办公厅关于开展2013年度优质数字教育资源征集活动通知》要求,面向全社会公开征集专题教育社区建设方案,并组织专家遴选了120个优秀专题教育社区建设方案。翠屏区教师培训与教育研究中心成功申请了四个社区建设。四个社区分别以专题形式,集结翠屏区各校(园)长、教师,围绕社区主题开展一系列社区活动。他们在社区内建立社区活动,成立社区小组,同时也吸纳全国各地教师参与社区交流。

翠屏区在国家教育资源公共服务平台建立的四个社区各有特色:(1)平安校园文化专题社区。一是核心目标:发展实践性知识,创建特色平安校园,改进工作行为,提炼理论成果。二是核心价值观:发挥团队精神;实现平等,资源共享,共同提高;促进专业发展,创特色平安校园。三是行动方向:构建平安校园社区特色管理文化;打造人文儒雅的特色环境文化;构建文明高洁的特色社区文化;探索有效的学校安全网络文化社区建设的有效途径。(2)区域特色学校建设社区。一是核心目标:提升校长特色学校建设理论,实现"一校一品"的区域教育战略规划。二是核心价值观:提升校长特色学校建设理论、学校战略规划与领导力的知识,促使校长在区域教育顶层设计"生态教育,特色翠屏"的框架下,实现"一校一品"的区域教育战略规划。(3)E时代教师信息素养专题教育社区。一是核心目标:参与式培训实践研修,多元评价量规,能力与知识的习得。二是核心价值观:专业发展,团队互助,知识共享,学习共同体。(4)史苑探索历史教学社区。一是核心目标:探讨历史教学问题,交流教学心得,挖掘学习资源,追求学科精神。二是核心价值观:社区将立足于中学历史教育教学现实,面向中学历史教师群体,吸纳具有共同兴趣的历史教师,探讨历史教学问题;围绕中学历史教学中的学科意识、学科思维、科学素质和人文素养核心价值的培养，交流心得，共享资源；丰富历史教师学习生活，打造共同的精神家园。

在平台社区开展教研活动，与传统教研活动比较，具有鲜明的特点：打破了地域，活动的时间、地点、内容以及参与人员，都具有开放性、灵活性，与传统教研活动的城乡之间、学校之间、教师之间和师生之间的相对资源信息隔离不同，在网络社区，资源积淀、信息共享、互动时间与空间具有自由度，让教师学习、研修和交流变得更加自主、公平。

开放、共享和自主的专题教育社区建设经历，是开展区域网络教研经验的积累和资源的积淀过程，是翠屏区区域性网络教研比较成熟的探索。2017年，翠屏区创建的"平安校园文化专题社区""区域特色学校建设社区""E时代教师信息素养专题教育社区"和"史苑探索历史教学社区"四个网络社区，均被中央电化教育馆授予"优秀精品社区"。其中，"平安校园文化专题社区""E时代教师信息素养专题教育社区"和"史苑探索历史教学社区"建设经验形成经典案例，被收录在《国家精品专题教育社区案例与评析》一书中。

三、对话式网络教研内在要求

在网络环境下开展对话式研训，是将网络问卷工具、网络对话工具、研训管理工具融入对话式研训流程，使得对话式研训能及时有效地收集一线教师实际研训需求，提升研训针对性，提升对话式研训的对话广度和深度，促进教师研训规范化、网络化。对话式网络教研是把网络作为对话中介。网络工具的不同，对话场景也会随之发生变化，具备网络工具自身的一些功能和特点，也受网络工具相应制约，但无论应用哪种网络交互工具，都需要在功能应用、人机磨合过程中去发挥"对话""研训"应有之义，尝试真正有效地拓展"对话"的场域空间，实现"研训"的价值。

（一）对话式网络教研需要良好的网络环境

对话式网络教研，首先是在网络环境下的教研活动。通常的网络环境具有一定开放性,需要特定的网络技术与设备的支持,同时,网络环境下人与人、人与物的关系也随之发生变化。网络环境下大量的信息资源存储、发布形式,由原始信息转向数字化,由传统单一的学科信息载体转变成多样化、综合化的数字信息综合应用,强化教师对信息化社会的基础设施和知识环境的认知,让教师掌握信息的咨询、检索,提高教师获取信息的能力,使教师学会过滤信息、分析信息、处理信息,提炼有价值的信息为其自身专业发展服务,是网络环境下研训活动的能力要求和特征。

在网络环境下开展教师对话式研训,扩大参训教师的对话参与面和拓展对话主题的深度,变浅层对话为深度对话,拓展参培教师的资源和学习路径,在全员深度参与对话中深度理解、深层表达、深入交流,实现教师的自我反思和改进(见图4.4)。

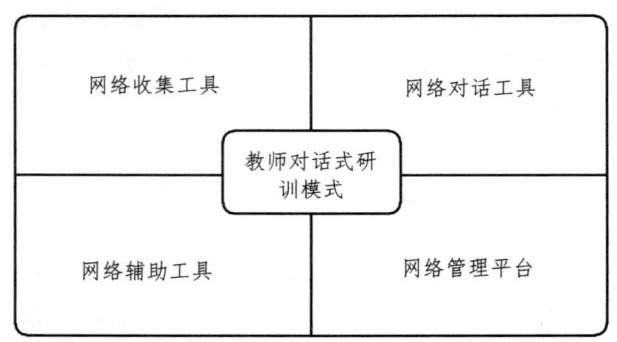

图 4.4 网络环境下教师对话式研训模式

网络环境下教师对话式研训模式从整体上建构出"网络环境",从四个方面协助和推进对话式研训的开展。诸如问卷网、问卷星等网络收集调查工具,在研训前调查统计参训者亟待解决的研训话题,根据参训教师反馈更新研训方案;诸如QQ群、微信群、钉钉群、沪江网群、直播平台群、翠屏区视频会议平台群、翠屏区教师研训云平台群、宜宾市智慧教育云沟通群、问卷网、问卷星、UMU互动平台、教师研训网群组、国家教育资源公共服务平台专题教育社区小组等网络对话工具能有效维护和管理网络对话流程;诸如翠屏区教师研训云平台、UMU互动平台、教师研训、国家教育资源公共服务平台专题社区网等网络研训管理工具对研训活动进行管理和评价……总之,增强每次对话研训的实效性,让教师能够将"对话"永久保留在网络中,方便研训后参培教师更进一步温习和补充,把收获带到研训课堂外。

(二)对话式网络教研需要遵循的原则

对话式网络教研,应符合"民主、平等、互动、生成"原则。开展对话式网络教研,是基于网络平台的对话式研训活动,立足于学科研训工作与一线教师教育教学实践的紧密结合,同样也需要因不同主题、各种目标,探讨不同的对话方式,采用灵活的对话活动流程。为此,我们要充分发挥网络平台价值,进一步认识到在基于特定网络工具应用下学科研训引发的人与人、人与物环境的变化。这种变化,既是在我们引入网络平台背景下发生的,也是我们学科对话式网络教研所必须的条件。正因为如此,我们要形成"网络对话环境"的正确认识。

(三)对话式网络教研具有的特征

对话式网络教研的"对话"方式具备网络交互和参与互动的一般特征。研究表明,网络工具的开发设计注重工具的"交互"性,会积极考虑工具如何更好地提供人与机、人与人之间的沟通和体验。网络教研在网络工具的选择上,一方面需要工具提供的交互功能,另一方面要充分应用这个功能,调动参与互动,使人与机、人与人之间的沟通更便捷、有效。"对话"在网络教研人与人之间的互动中发生,也同时在人与机的交互中发生。网络教研参与者通过键盘、语音、视频交流是"对话"存在的方式,网络教研参与者浏览、记录、分析、管理网络空间资源,同样也是一种学习,一种"对话"方式。在这里,"对话"的方式自然在时间和空间纬度上与现场对话、即时对话不同。为此,实现"对话式研训网络教研"的深度互动,体现在通过网络对话,实现问题探讨过程,达到思维碰撞、视域融合、策略生成,对参与者观念、行为产生更深层次的影响。

（四）对话式网络教研需要借助良好的工具

借助的网络平台、工具不同，网络会话中的角色定位也会不同。例如，QQ 群成员等级是腾讯 QQ 群上线的功能，可自定义编辑群内成员的等级头衔，按照积分来排序。QQ 群成员等级标识既有趣，又反映出成员在群中的活跃度。又如，在国家教育资源公共服务平台社区建设中，社区参与主体分为组织者、管理者、助学者、学习者、主题内容引领者、技术支持者、资源提供者等多个角色。不同角色，网络管理、应用权限不同，承担着不同社区任务，也赋予相应的责任和约束。各个角色分工协作，一个人可以有多个不同的网络角色身份，也必须同时遵守相应的"伦理规范"。例如，翠屏区历史学科开展网络教研，着重于"社区成员""社区资源""社区对话"三个关键要素的建设（见图 4.5）。

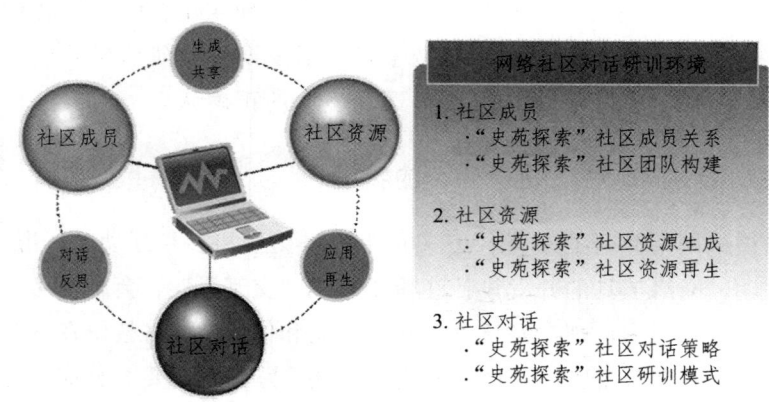

图 4.5　网络社区对话研训环境示意图

对话式网络教研，依托多种网络应用工具，构建具有学科特色，形态各异的网络对话环境，以虚拟场景、真实问题，促进成员间对话互动。在实践中，各学科开展对话式研训，为促进参与者卷入对话，有效反馈对话信息，提升对话实效，常常在一个活动中植入多种辅助工具，采取多个网络功能并用，进行线上线下结合，以实现对话式研训目标，这也对对话式研训活动流程设计提出了更高要求。

目前，翠屏区所有研训活动都实行云平台管理，网上报名、签到、签退，网上评价，学时登记、审核等网络化管理、评价手段，进一步强化了区域研训活动的网络特色。

四、对话式网络教研操作模式

对话式网络教研从不同工具、功能、视角和互动关系，探索出不同的网络教研模式：以参与者学习方式区分，主要包括资源学习、观察学习、案例学习、经验反思、研究学习等；以网络工具功能定位，可分为即时对话工具、调查问卷工具、直播互动工具、社区论坛工具等。不同网络对话工具对研训活动的支持效果不同，有的网络工具在线交流便捷，易于即时参与对话，如QQ群、微信群；有的工具融合视频直播与交流，丰富对话方式，如UMU互动平台、QQ直播、钉钉直播（视频会议）等；有的具备实施调查反馈，如UMU、钉钉、问卷星等；有的资源归类收集功能强大，方便论坛研讨，如宜宾市智慧教育云、国家教育资源公共服务平台等网站服务；有的具备强大的移动终端应用，如一些APP应用，更方便网络教研在线交流。随着网络和信息技术朝着越来越宽带化的方向发展，移动通信产业将走向真正的移动信息时代，移动终端正在从简单的通话工具变为一个综合信息处理平台，"随时随地"的网络教研将成为可能。

对话式网络教研载体工具选择，在对话式网络教研模式形成中起到关键作用。在线即时性强大的工具，能大大提升对话式网络教研现场感，增强活动主体现场参与意识，在"互动、生成"方面具有现场效果，而以网络资源信息提供为主的资源网，交互形式以资源交流和主题研讨为主，参与者往往习惯浏览网页、上传下载资源和网上留言等，"对话"的延时性比较突出，"对话"的呈现方式以关注的资源信息为载体，遂以共享互通为主。不同工具应用条件下的"对话式网络教研"各有利弊和长短。也正因为如此，我们在实现研训任务时，常常需要多种网络工具兼顾并用，取长补短，以达到对话式网络教研最佳效果和研训目的。

网络社区模式下的对话式网络教研，是在网络社区条件下增强对话交互，共同创设交互情境，平等参与网上交流，增强社区沟通合作，构建开放的、生成性的、充满生命力的对话式研训网络教研模式，提高教师主动、积极参与教学研训的兴趣，为教师培训注入生机。同时，对话式网络教研实现了教师培训范式的根本性转变，促进培训者自身素质的提高，促进学校教育教学质量的提升与发展，促进学校网络平台的特色教育发展。

【案例】"基于网络社区的历史学科"对话式研训

翠屏区历史学科依托国家教育资源公共服务平台"史苑探索"历史教学专题社区，开展基于网络社区的历史学科对话式研训，积极推动区域学科研训活动线上线下的"交互"与"对话"。

"交互"是互联网人机联系的表达方式，"对话"是学科研训活动的交流语境。"史苑探索"社区在建设过程中，通过"交互共进"推动社区小组文化建设，注重平台氛围营造，把握"虚实结合"的社区小组特点，以网下（线下）活动带动网上（线上）交流，使得经常性的社区小组互动的历史教研组和历史老师保持了稳定增长态势。社区网上和网下（线上线下）活动的开展（见图1），不仅吸引更多区内外老师对社区的关注，也促进了社区资源的生成。"社区小组"力量丰富着社区活动，充实着社区的资源，也使社区各种资源得以再生利用，社区功能建设不断完善。

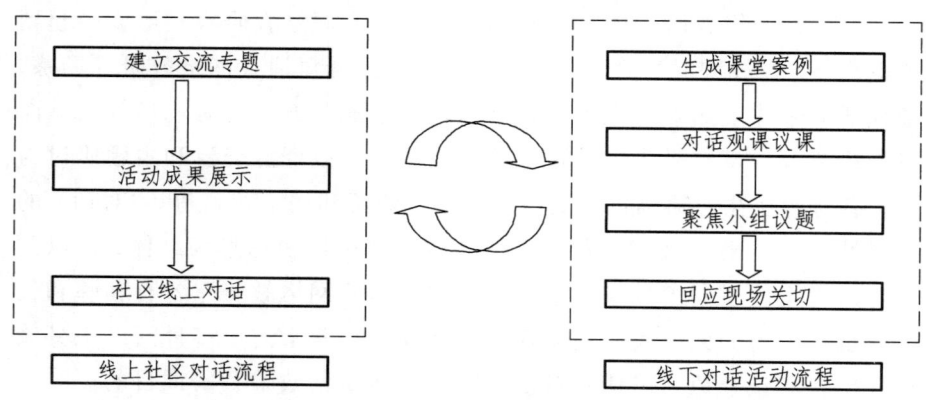

图1 历史学科基于网络社区的对话式研训"双线联动"模式图

翠屏区历史学科基于网络社区的历史学科对话式研训，探索以"双平台+双线"为载体，增强线上与线下黏合度，提升对话参与性，并在多维对话中探索对话式网络教研工作新模式（见图2）。基于网络社区的历史学科对话式研训，以对话的方式，重视线下现场活动和线上社区活动两个活动场，努力打通现实和虚拟两个空间，紧密联系学科研训与学科教师，让历史研训更好地运用两个活动场，服务学科教师专业发展，使"网络教研"发展思路扎实落地。

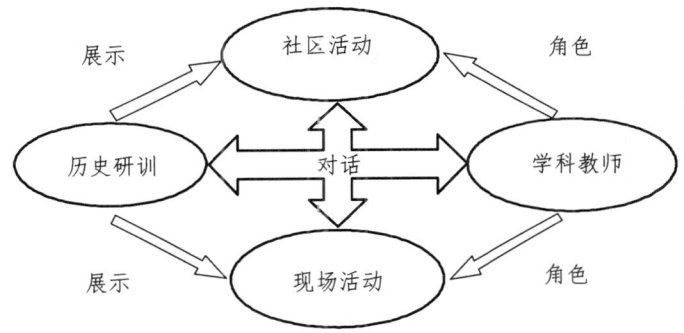

图2　网络社区对话研训工作模式

为了回应教师既要看到课例，又想达到更多信息沟通交流的需求，我们在2018年10月30日下午召开的以"对话初高中衔接"为主题的全区研训活动中，再一次尝试在学科对话式研训中进行动态调整。

活动之前，教研员在史苑探索社区建立专题话题交流帖，明确此次活动的主题和任务。为了有效"生成课堂案例"做准备，我们首先在初高中"同题课堂教学"选题上分别征求宜宾四中初高中历史组老师们的意见，决定以初中八年级统编教材新增设的一课《中华民国的创建》和高一年级必修一《辛亥革命》为主题。

与此同时，我们在史苑探索专题教育社区开设了"对话初高中衔接问题"交流专题帖，明确了活动目的。为了进一步聚焦话题，我们还尝试运用"基于ORID焦点技术的课堂观察记录"方式，并将此技术应用方法提前向老师们介绍，分享到学科QQ群，辅导大家记录观课感受。

在观课议课对话交流现场，围绕"辛亥革命"这一历史事件，来自四中初中部的廖超老师和四中高中部的叶卉老师分别献课，为与会初高中老师们呈现了两节精彩的课堂案例。这两节课，需要初中和高中老师认真做好"观察记录"，这是"生成课堂案例"的第一步。从活动案例记录情况看，我们发出记录表 70 余份，收回 69 份。其中，能够完整记录的观察表有 48 份，我们已经选出更优秀的 30 余份记录拍照上传到专题帖。

在课后"对话观课议课"环节，由现场对话活动主持人将初高中历史老师随机分组，确保初中、高中老师和不同学校的老师混合编组。这样形成的六个组，每个组十余人。此环节需要分三步完成：第一步，组内成员在随机产生的组长带领下，交流自己记录情况。只要求说自己记录的最佳"时间切片"，为方便老师们理解，我们将"时间切片"解读为"课堂某个时间点上发生的教学现象"。第二步，从组内最关注的"时间切片"中，两节课各选取一两个，再探讨"事件的意义、目的、价值"，即"诠释性记录"。第三步，通过记录这些感受老师的解读，分享他们的"决定性记录"，即事件对自己的启示、更好的技术介入方法或行动方案，以及"我打算怎么做"。这三步，在现场主持人的提示下逐一完成。

在"聚焦小组议题"环节，按照主持人的要求，各小组组长只需要将小组内最为关注的初中和高中"时间切片"和大家关注的原因向全体老师展示。六个小组，十二个关注点，有不同、有相同，当然也会有相似或交叉。怎么去认识和解读呢？进入"回应现场关切"环节，主持人先将大家最集中的关注点，初中一个，高中一个，抛给献课的老师，请他们谈谈自己的"原设计"。两位老师从自己设计的角度，回答大家所关心的问题。之后，主持人请参与了这次活动公开课"磨课"的老师，对两节课进行点评。最后，主持人进一步介绍了这次活动的流程、目标和意义，结合活动主题分享了自己的看法，并要求大家能够在接下来的网络交流中，继续围绕"初高中衔接"话题展开探讨。

五、对话式网络教研行动路径

在"对话式研训"的理论框架下,我们积极探索符合学科特点的对话式网络教研的行动路径:对话工具和资源载体,调适对话流程,研究网络教研对话与人机交互关系,总结不同网络工具下"对话"的呈现方式、推进方式和反馈方式。

1. 对话条件的确定与维护

对话式网络教研要考虑到对话活动信息数量和质量,防止影响对话效果。为此,我们需要确定对话的条件,并在过程中维护对话式网络教研的顺利进行。(1)在对话对象的选择上,要充分考虑对话者自身与环境条件的差异。在组织线下对话活动过程中,我们要尽可能照顾到各个层次对象在小组内充分享受对话的参与感、获得感。在线上,开放性为参与者提供了参与空间;同时,客观条件和主观愿望,也会影响线上参与程度。为此,积极发展线上参与对象,是促进社区对话的主要任务。网络研训平台的管理者和核心团队成员要随时关注并积极回应网络社区中对话者的观点和诉求,有助于线上对话的推动。(2)在对话主题的确定上,围绕实践问题,形成研训话题和设计对话活动流程是关键。对话式研训活动主题的确立过程,同样是通过前置的小规模或小范围对话活动及对与之相伴形成的案例反思为载体的对话。在前置的活动流程策略中,"需求评估""话题萃取"和"对话设计"也是三项基本任务,与维护对话式研训活动流程整体策略——"问题策略""对话策略""反思策略"互为因果,是不断发起对话,构建"对话主题"序列的、持续的、动态的、螺旋上升的发展过程。选择参与者关注度高的问题和案例载体开展多维对话,维护并促进成员间的对话流程良性运转,有利于对话信息数量与质量提升,使得对话主题系统化构建更具有效性。(3)在对话场景的安排上,场景是对话氛围营造的重要环节。对话场景应具有交互性、即时性。以"双线联动"为特色的翠屏区历史学科对话式研训活动,积极围绕活动主题,尽可能创设实时、实地、适合的线下与线上对话场景。(4)在对话时机的把握上,体现出对对话对象、主题和场景的综合考虑和平衡,主要体现在学科教学进度、学校教师需求和学科发展需要等时机的把握,为合理设计对话式研训活动,权衡利弊,保障对话的质量。

2. 对话推进维度与层次

对话式网络教研在对话推进的维度与层次上,与传统研训工作和对话式研训有明显的不同。对话式网络教研借助的是线下和线上两个对话平台,丰富了对话的形式和层次,增强了对话的参与感,同时,也强化了一系列对话式研训工作的组织、推进要求。(1)在组织与参与方面,我们从单纯的网上建立交流话题,到开展网上集体备课,再到二维码扫码等举措,不断推动对话成员在社区交流中的参与度。在学科网络研训活动中,我们不可避免会遇到"沉默的参与者"。如何调动他们对话的积极性?这是我们开展学科对话式网络教研需要解决的问题。为此,我们要积极采取策略,推动对话式网络研训活动向好的方向发展。(2)在促进生成与碰撞上,我们积极增强线下对话与线上对话的交互性和生成性,发挥社区空间对话信息的积淀功能,让更多参与者吸收到更有价值的信息,使思维碰撞更为有力。(3)在推动融合与反思上,基于网络社区的对话式研训以其信息的交互性和长时效性,为对话参与者反复思考和后置反思提供了可能。对话式研训网络平台通过增强活动吸引力、网络平台黏合度,提升线上与线下对话融合效应,双线联动,促进活动参与者积极反思。(4)在行动与改善上,由于线下对话的局限,也由于对话研训活动后的跟踪调查不足,我们很难观察到对话参与者对话后的行动和改善。但社区对话为一个较长时段的对话提供了可能,让对话者更能感受一场对话研训活动、一个对话主题所产生的作用和影响。这样,对话的层次也变得更加丰富起来。

3. 对话互动时间与空间

对话在特定的时空下展开,积极互动需要良好的时空保障。(1)现场即时对话往往是一场对话式研训活动的主体部分。现场即时对话符合大多数人的交际习惯，能够直接、清晰地传递信息，是激发对话者角色热情的主要对话场。(2) 社区即时对话是基于网络社区对话式研训活动努力的方向。因其对话具有交互的即时性、情境性和参与性特点，使对话研训活动更具有时代感和信息化优势，对话的过程能自动被网络工具记录留存，形成资源积淀效果。(3) 线下延时对话是在研训活动中常常发生的现象。所谓"延时"，是针对特定的对话对象、主题、流程等安排。活动结束后，"余音绕梁"也使得围绕主题的探讨在线下和线上都会发生。(4) 社区延时对话是网络社区的常态。社区空间让对话场景发生转移，但围绕对话活动主题的对话，常常在网络社区持续数日，有时候，一些话题会引发数日后更深入的反思对话。

4. 对话角色个体与团队

基于网络平台的学科对话式研训活动，对话者角色是多样的，也是多面的：(1) 个体与个体对话既是自己与自己的对话，也是自己与同伴的对话，可以是自问、反思，也可以是互动问答。活动参与者在网上点击浏览、留言，与他人网上互动。无论是"浮萍式"点击，还是"往来式"问答，这些活动痕迹被以数据、文字或其他形式储存在网络空间，这样的"对话"方式呈现在网络，能够被其他参与者解读出更多有价值的信息。(2) 个体与群体对话是网络社区对话的特色。网络中的群体往往是"虚拟的"，没有固定的对象，或者是网络身份，有可能预设，也会被参与者自我设定；或者是一种意见、观点的代表，伴随活动组织、立场发生变化。个体在网络与虚拟群体的对话，要体现民主、平等参与，更有助于网上对话的推进。(3) 团队与团队对话是网络社区交互对话中最倡导的对话。例如，翠屏区历史学科在史苑探索专题教育社区建立了20多个活动小组。这些活动小组自成"社区中社区"，能够独立开展自己的社区活动，实现网上对话。我们更期待有这样的网上对话，如线下开展的片区教研联组或学校联合教研一样，实现网络社区对话。(4) 个体与平台对话是网络教研参与者自我角色的存在感表现，是每一个参与到网络社区活动教师自我认知、角色定位和认识他人的过程,能否积极与平台对话,是衡量网络教研角色持续参与、深度互动的重要标准。

5．线上线下对话定位

网上对话很有意义,而线下对话更为重要。在学科与网络教研融合过程中,我们要进一步丰富对话载体和形式,拓展对话对象与内容。但更主要的是,互联网络本身只是工具,在网络化并未占据生活沟通主渠道的今天,线下对话仍然是必须的,而且是最主要的。为什么又要倡导"对话式网络教研"？这就是我们意识到,线上与线下对话,应当各有定位。(1)对话不能处在"庄周梦蝶"之境,而必须是"我与你"的良好互动。在研训活动出现"群体性孤独"现象的今天,重拾交谈,开展多形式、多层面、多时空对话意味着对话"破壁""重生"。线上和线下对话并行不悖,只会有助于学科研训过程中多方汲取研训信息,多渠道倾听"他人"的声音,为区域学科研训工作搭建研训资源库,优化"学""研""训"交流平台。(2)正是因为线上线下多维对话,让我们的研训有了文化的温度。对话式研训中的"民主""平等""互动""生成"原则,在我们对话式网络教研中不断体现,也在不断丰富其内涵。这些文字概念的文化象征意义在我们的对话式研训实践活动中,不是政治、文化术语,而是富有鲜活生命力的。而各学科研训在"互联网+"大潮中,更加需要主动作为,适应信息技术发展趋势和教学一线需求,加强网络教研,增强线上线下对话互动效能。(3)对话是基层研训"做有理论高度研训"的有效路径。我们将对话作为"我与你"的良好互动的实践路径。基层研训,在缺乏更高层次的"专家"引领的环境中,如何做到理论高度？网络教研开放性和资源富集功能,将有助于改善传统学科研训工作相对封闭保守的环境和条件,有利于学科研训的资源提升、理论提升和智力提升。(4)"社区"线上对话增强了对话的"时间厚度"。所谓"时间厚度",恰恰是网络空间对话应具有的积淀作用和价值。今天的对话如何延续下去？如何激起别人的对话？如何成为未来的对话？只有增强对话的"时间厚度",才有这样对话产生的条件。"实践问题—研训话题—

思想碰撞—视界融合—策略生成—行为改善"这一对话式研训路径，被证明是可行的，有意义的。(5)对话式研训网络教研评价是反馈、总结、调适网络对话活动设计的关键。根据翠屏区各个学科网络教研活动开展经验，我们要从以下几个维度加以关注：① 自主性。对话式网络教研参与主体的自主性体现在活动流程中。对话式网络教研设计要充分考虑活动主体在整个活动流程卷入程度，维护民主、平等参与权利，体现所有参与者的自主性。② 交互性。对话式网络教研依据网络工具的不同，决定其交互性是否更充分、更有助于对话活动的推进。在对话式网络教研中的交互性，其交互形态在时间维度和交互对象上，与网络工具关系紧密。③ 黏合度。各个学科开展对话式网络教研，会受到研训对象所从事的学科、学段特点制约，受到参与者对工具的新鲜感、便捷性应用体验，或者活动方案设计的吸引力等多种条件制约和因素影响。因此，我们要根据网络研训平台工具特点，合理设计线上对话式研训活动，增强网络教研平台吸引力，防止参与主体的分心，甚至流失，影响网络研训效果。④ 生成性。生成性是对话式网络教研的重要原则之一，也是评价对话达成度的重要标准。对话式网络教研要充分利用网络资源，以求在多维时空，展开对话，更好地促进围绕问题的对话，促成视域融合、问题解决。⑤ 适切性。研训活动正趋向资源整合和活动形式多样化发展态势。"互联网＋教育"也要形成研训资源、方式和评价的综合化、合理化，适应教育教学实际需求，要反映线上和线下结合的信息技术优势互补，取长补短，适度选用契合研训目标的路径、方法和工具，发挥传统教研和网络教研的最佳状态、最大优势和效能。

【案例】

田云春在翠屏区小语骨干二班的2020年第一轮培训中，借助"钉钉"平台进行了对话式研训。培训由钉钉线上直播、分组视频会议、填写线上协作文档等方式进行，围绕如何进行阅读教学内容的整合展开对话式学习研讨。

为期一天的培训，全程以对话为主线，田老师通过安排任务与阶段点评、讨论汇总相结合的形式，组织学员以"如何整合教学小学语文统编教材阅读内容"为话题进行了多轮对话。学员们在深度参与活动的过程中，完成了三项学习任务：生成了阅读内容的整合策略"罗列单元所有要素—梳理单元核心主题—确立单元重点目标—重组单元教学内容—调整单元教学时间—设计单元教学过程"，撰写学期语文教学计划，设计单元整合教学方案。每次接到学习任务，各小组内的对话气氛就活跃起来了，成员们在组长的带领下充分交流：自我对话、组内对话、班级对话……学员们各抒己见、集思广益，从自己所教学年级的每个单元的语文要素和教学目标出发，对教材整合分别提出自己的建议，完成了《阅读教学内容整合计划》等五份协作文档，再由组长在田老师组织阶段小结直播时连麦向全班汇报。在汇报中，我们了解到有的小组对整本书的内容进行了重组，有的增加了阅读内容，有的对教学目标进行了取舍，各有特色。田老师适时的点评、解惑，使得大家有了更明确的方向。

据翠屏教育网活动简报数据统计，从2020年4月7日开学复课到6月末，不到三个月时间，翠屏区师培中心各学科各学段应用各种在线平台工具，开展全区性对话式研训网络教研线上活动近百场。学科研训员在活动筹划期间，与主讲教师、各学校骨干教师线上集体备课、网上研讨更加频繁。

六、学科与网络教研融合反思

1．平台建设

学科开展对话式网络教研，需要强大的平台支撑和技术支持。翠屏区在学科研训工作中，通常会应用到国家教育资源公共服务平台、宜宾市智慧云平台、沪江网、三舰云平台、钉钉、UMU等。各种平台所提供的用户功能和用户体验会影响对话式网络教研的组织设计和活动对象范围。客观上，平台提供的硬件软件功能强大、便捷、丰富、实用，对用户有吸引力，更有助于对话式网络教研参与者开展交流，提升获得感。

对话式网络教研注重网上互动,对网络工具交互功能要求高。疫情期间大规模应用的网上直播工具,尤其是会议视频工具,更增添了网络研训的现场感,让对话的维度和时空丰富起来,节奏和层次感增强,参与会议的老师发言、问答的积极性和互动性增强,与现场分组活动各异其趣,而网络平台资源积淀的影响力更强、更长效。

2．制度建设

学科与网络教研的融合需要政策支持,需要健全运行机制和考核激励,不断激发网络研训活力。对话式研训向网络延伸,需要研训部门根据区域教育发展水平,结合教育信息化工作部署,制定网络教研实施方案,确定推进网络教研规范程序和评价标准,促进网络教研常态化应用,加强网络教研与学科研训的融合,使学科系列化、常态化开展网络教研活动有章可循。为此,各地应出台相应措施,鼓励各个学科根据学科特色进行网络教研;学校结合学校实际,因地制宜、创新工具,形成区域内、区域间对话式网络教研的新形态(见图4.6)。

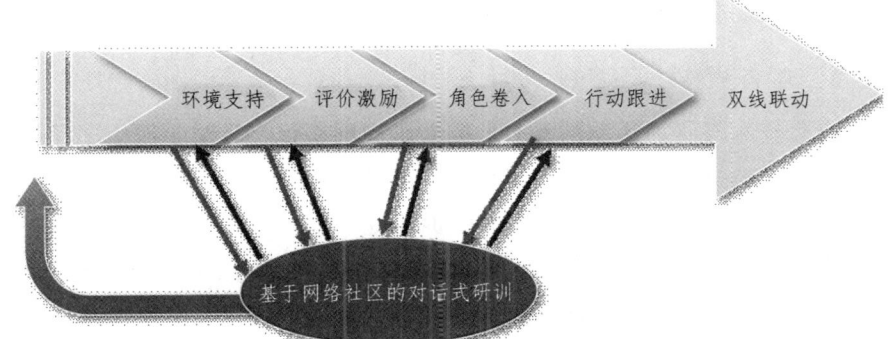

图4.6 基于网络社区的对话式研训"全程式"推进与改进要素进阶图

3．团队建设

研训工作离不开团队建设。网络教研推进力度和效度根本还是在人。网络教研具有开放性,涉及现实社会群体有时不仅限于教师,可能包括学生、家长。网络教研要有相应硬件设备,技术上有网络工具提供商和技术人员的参与。网络教研团队建设需要任务驱动、问题导向和骨干引领，又要防止随时间推移、任务解决导致团队力量分散、流失，缺乏网络教研常态化支撑。所以，学科开展网络教研，既要有现实角色、资源、环境、工具的支撑和保障，又要涉及虚拟空间的角色、资源、技术、活动流程安排，从研训活动设计、线上交互、资源推送到信息反馈等环节，有一个可靠的、有凝聚力的团队支援。网络教研只有不断走向持续、有效、常态化发展才具有核心力量、坚强动力。

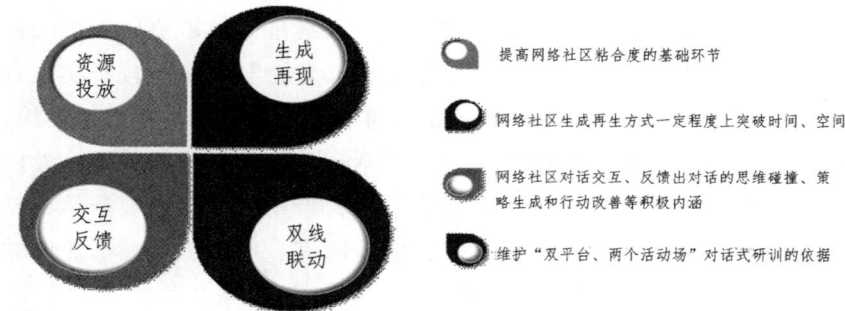

图4.7　基于网络社区的对话式研训"全景式"展现与运行进化模式图

4．课程建设

信息技术与研训活动的融合，推动研训网络化、活动课程化进程。课程是一个成长过程，要做长远规划，可通过一系列对话，而非一次次、一场场独立的活动，构建基于网络的研训课程，形成有利于网络教研发展的主题序列和资源体系。网络是一个开放的空间，有利于网络教研资源的形成和积淀，有利于网络教研资源为今后研训课程提供重要的资源载体。学科要有意识、有目标、有序地开展学科系列化、课程化的网络教研活动，精心设计活动流程，积淀活动资源，将研训过程转化为课程建设过程。

综上所述，各地要依托良好的互动平台，依靠有力的政策，组建网络研修共同体，用对话式研训先进理念为引领，以学科教学为核心，以实际问题为导向，以新兴技术工具为支撑，构建有效的网络教研课程，促进学科与网络教研的深度融合。

【案例】基于网络社区的历史学科对话式研训活动多流程模式

形式1:"主讲+群体"对话——专题交流。2017年5月23日下午2:00,翠屏区历史学科七八年级期末复习对话式研讨活动在南广初中举行。活动包括大会主题发言、分年级对话交流、大会总结三个环节,集中研讨期末"复习重点、复习方法和复习训练"三个方面的教与学,通过对话方式,交流、分享各学校在教学中的经验。

形式2:"主场+分场"对话——空中课堂。2017年4月25日上午,翠屏区在师培中心五楼举办了一场初中历史"空中课堂"与"远程对话"教学研讨活动。在师培中心教学点,翠屏外国语学校杨晓玲老师执教七年级下册《明朝灭亡》一课,与宜宾六中和视频连线的各乡镇学校七年级同学们一起同上一课。课后,部分市级历史骨干教师作为特邀嘉宾,与各乡镇学校教研组老师们召开了一次别开生面的学科对话式研讨,体现出"空中课堂"主场和分会场师生互动的独特魅力。这是翠屏区教师培训与教育研究中心为适应课堂教学信息化发展,积极探索以"空中课堂"形式实施远程课堂教学,探索区域内学科教师多渠道开展对话式研训的新尝试。

形式3:"文本+个体"对话——教材研究交流。为推动全区历史学科对统编新教材的研究和开发,更有效地挖掘新教材内涵,促进历史课堂教学更加生动、深刻,提升学生学习品质。2017年9月19日下午,翠屏区在南广初中举办了一场七年级历史教学研讨会,区内各初中学校七年级历史教师参加了这次活动。会上,我们尝试用"与文本对话"的方式去研读统编教材,学会与教材文本对话,学会更准确、深入地探究知识背后的知识,寻找教材文本中史实史料背后的价值。"与文本对话"是我们自身一个持续修炼的过程,也是为了更好地与学生对话,与同行对话。我区创建的史苑探索专题教育社区针对统编教材的培训,开设了专题在线活动和交流话题,为及时传递教学信息、分享资源、开展网络对话提供了一个互动开放的交流平台。对话,让我们学会分享,共同进步。

形式4:"小组+主教"对话——集体备课。2018年3月27日下午,翠屏区历史学科八年级统编教材对话式研训活动在师培中心举行。这次活动以统编教材八(下)第8课《经济体制改革》为例,提前以《活动须知》形式,公布活动主题、内容、目标、主要任务、活动流程和参训名额、材料准备。来自翠屏区各初中学校八年级历史老师三十多人,带着自行设计的课件、教案、备课资料,汇聚在一起,尝试了一次以"对话方式"进行的"集体备课"。2018年4月17日下午,宜宾四中陈忠莲老师、宜宾六中叶小燕老师再次以同课异构形式,进一步深入开展课堂教学研讨活动。这次翠屏区历史学科开展的对话式研训活动,结合对八年级统编教材的深入学习和研讨,贯穿活动主题,分三个阶段,线下线上结合。线下集体备课、同课异构,线上通过网络社区、UMU等平台延伸开展对话和交流,体现出平等对话,众筹学习,分享共进的积极影响。

形式5:"主题+小组"对话——期末复习。为促进我区历史学科期末复习教学,推动校际相互学习和交流,探索学科对话式研训序列课程的构建,翠屏区师培中心先后于5月22日、5月29日举办了七、八两个年级历史期末对话式复习研讨活动。活动前,我们拟定了活动方案,并通过QQ工作群发布了"活动须知"。这次历史期末对话式复习研讨活动以"突出主干、提升素养、转化命题"为主题,通过对话研讨和试题交流,进一步梳理统编教材主干知识,挖掘考点,探讨核心素养试题考查。根据两个年级教学情况,两次活动侧重点有所不同。22日下午,由袁向阳老师主持的八年级对话研讨活动主要就教材单元教学内容进行了梳理。活动中,各小组临时抽取任务,通过组内合作,绘制各单元"知识导图",展示交流各组对单元主干知识、必备知识的梳理,对重点、难点知识进行分析。在活动中分享,一位老师在UMU交流中这样留言:"各校老师基于学科核心素养出发,深入分析教材,挖掘史料价值,创新使用材料,有针对性地练习,并给予方法指导,给我很多启发。这是一次有益的愉快的教研活动。"每一次对话,就是一次观点的分享、智慧的汇集、思想的碰撞。活动既是我们区域学科教师交流的平台,也是各个学校教研组和老师们展现自己学科教研成果的机会。

形式 6："线上＋展示"对话——线上备课、线下展示。2017 年 12 月 12 日下午，翠屏区八年级历史期末复习研讨暨子课题工作会在牟坪中学召开。此次活动，是翠屏区历史学科"基于网络社区的对话式研训的实践研究"课题工作的一部分，是以史苑探索专题教育社区为平台开展网上集体备课同步进行的线下展示与研讨交流。部编版历史学科八年级新教材变化大、内容多，许多老师非常关注期末复习。翠屏棠外杨兴琼老师承担活动公开课任务后，及时在史苑探索专题教育社区开设了"集体备课"交流话题帖，初步呈现出自己的教学设计思路。随后几天，学校历史组教师和社区参与者在线上线下与杨老师交流复习课设计，提出意见或建议。现场活动结束，但交流从未终止。史苑探索专题教育社区为平台的历史网络对话式研训给我们展现出"互联网+"的优势，让我们真正感受信息社会带来的便利。

形式 7："线下＋线上"充分展示——激发对话角色意识。为了增强线下和线上对话的即时性，让更多活动参与者主动积极参与对话过程，我们在研训活动中，坚持运用二维码网址扫码，推送社区专题交流话题，以"线下+线上"对话形式，方便活动参与者同时参与线下和线上对话，强化活动参与者的对话角色，推进话题聚焦，不断生成并展现新的对话资源，呈现更为多样的观点，激发思维碰撞。2018 年 11 月 13 日下午，翠屏区七年级历史统编教材教学研讨会在李庄中学初中部召开。这次活动，以史苑探索专题教育网络社区线上对话研讨、线下开展"同课异构"和专题讲座方式进行，来自区内各中学校 50 多位历史教师参与了这次现场观摩活动。参会老师通过手机扫码方式登录进社区进行了相互交流，并发表了观课和讲座感受。

第六节　家校协同研训

党的十九大提出，要全面贯彻党的教育方针，落实立德树人根本任务，《中小学德育工作指南》也指出，协同育人是中小学德育工作的六大途径之一。学生的成长环境除了学校还有家庭和社会。学校教育的成效离不开家庭的支持和配合。学校、家庭必须在教育目标上一致,在时空上密切衔接、积极互补,形成以学校教育为主体、以家庭教育为基础的教育格局,发挥教育的整体效应。

一、家校协同研训的现状审视

家校协同,是学校与家庭一起,共同完成对孩子的教育与指导。在家校协同教育中,许多学校建立起家长委员会、家长教师协会等工作机制,并通过家长会、家访、家长开放日、家长接待日等向家长传达科学的教育理念,还通过家长学校、网络培训等对家长进行系统的培训,不断提升家长素质,使家长更好地承担家庭教育中的职责。审视当下的家校协作,还存在的问题主要有:(1)开展时间单一。学校往往集中在开学时、半期考试以后通过集中召开家长会的形式进行家校沟通和协作教育。固定单一的时间,给家长和学生以心理暗示,学校只在乎学生的成绩,而不在乎学生的综合素质的培养与发展。(2)活动主题单一。家校协作的主题大多指向成绩,主要是教师分析成绩、指出学生存在的不足或可上升的空间。单一的主题忽视了学生的健康成长还包括身体、心理、品德、习惯等方面的养成;单一主题的交流让成绩不占优势的学生无法收获自信,也可能导致学生自我放弃,及家长逐渐放弃不愿配合。(3)组织形式单一。现有的家校协作与沟通大多采取讲座形式,即由教师主讲,家长听。这样的组织形式忽视了家长本身就是教育学生的最大资源,家长优秀的教育方式得不到展示,家长在教育孩子中的困惑得不到解决,家长在教育子女过程中压抑的情绪得不到缓解。

正是源于此,翠屏区各校尝试学习、借鉴中小学教师对话式研训的理论与实践成果,在家校协作方面努力实践、探究,创造性地利用相关成果,着力探寻家校协作研训的行动路径。

二、家校协作研训的推进路径

家校协同研训是班主任、教师与家长一起，利用线上线下渠道，在平等、民主、宽容的氛围中，通过一起做、互相看、认真听、深入思，共同聚焦学生教育的问题与困惑，展开深入探讨，着力解决发展的思想、行为问题，更好地促进学生的发展。在家校协同研训中，我们以"创新、协调、绿色、开放、共享"五大发展理念为指导，围绕"问题—情境—碰撞—融合—生成"的对话式研训要素，以班风建设与家风建设为着力点，不断拓展家校协同研训的行动路径。

1．在班风建设中渗透家风建设

（1）结合少先队、团委工作渗透家风建设。学校大队部、团委可根据学生核心素养培养目标，根据学校德育工作目标，有计划、有组织地开展家风建设相关活动。如开展主题鲜明的班队会、演讲比赛、征文比赛；组织利用黑板报、校园广播系统宣传优良家风；评选家风优良小家庭等。这一系列活动的开展，势必促进每个小家庭对家风建设的重视。（2）结合特色班级的打造渗透家风建设。每个班级都是一个学校的细胞，是学校各项工作的最终落脚点。每个班级的学生不同、家庭情况不同，班主任应根据实际情况，结合自身优势、学生优势、家长优势打造有特色的班级。有经验的班主任都会致力打造一支高素质的家长队伍，高素质的家长团队必然注重家风的建设，有好家风的家庭一定能培养出有好品行的孩子。（3）结合学科教学渗透家风建设。学科教学工作是学校工作的最常态工作。在学科教学中，都会涉及德育方面的教育，我们要有意识地结合学科教学渗透家风建设。如我在教学"学生做简单的信息调查和撰写简单的研究报告"时，结合家风建设这一课题研究，为孩子们设定简单的表格，让他们去调查家庭家风情况，既联系学生生活实际完成学科教学任务，又同时让每个家庭重新认识家风建设的重要性，对每个家庭有所触动。（4）结合网络媒体渗透家风建设。在"互联网+"的时代，各项工作都可以借助网络媒体，实现学校与家长、社会的有效沟通。每学年，我们可向新生家长下发《致家长的一封信》，内容涉及诸多方面，如学校基本介绍、作息时间、常规要求等，也体现家风的要求。在每期的假期亲情作业中，我们可安排"展现优良家风的实践活动"，如尊老爱亲的劳动、关注国家及家乡建设的调查等，让每个孩子在假期里更好地去实践"家风精神"；我们还可结合省区市相关活动推选出各类"美德少年"，利用学校微信平台推广，利用报刊对"美德少年"进行广泛的宣传，宣扬正能量，为家风建设注入活力。（5）结合家长学校建设工作渗透家风建设。家长学校应该是学校指导家庭教育的主阵地。我们利用家长学校平台，组建优秀的专家、教师团队，形成家风系列指导课程。如入学常规教育专题、毕业青春期教育专题、学习习惯养成教育专题、礼仪之风教育专题、艺术之风教育专题、运动之风教育专题等。我们要根据孩子的年龄特点、家庭教育各阶段的需要，各有侧重，多方面关注，指导家风建设及家庭教育。

【案例】唐艳：家庭教育指导活动案例视频《和孩子好好说话》

（一）设计意图

据很多家长反馈，自己好心好意管教孩子，可他们还不高兴。为此，我专门调查了班级里家长和孩子说话的语言。原来家长明明爱着孩子，和孩子说话时却面目狰狞，命令、指责、威胁、贬低、贴标签、发泄情绪，和别人家的孩子做比较……"不提作业母慈子孝，辅导作业鸡飞狗跳"是一部分家庭的真实写照。作为班主任的我，有责任促进家校共育，让孩子们在正能量语境中成长，呵护他们的自尊心和自信心，开发他们的潜能，于是我决定和家长们聊聊怎样"和孩子好好说话"。

（二）活动时间：40分钟。

（三）活动地点：多媒体教室。

（四）辅导对象：学生家长16名。

（五）辅导方式：对话式研讨。

（六）辅导目标：学习并掌握和孩子好好说话的一个小技巧；体验不同语言带给孩子不同的影响，引起内心震撼，引发觉察和改变意愿；践行和孩子好好说话，融洽亲子关系，促进家校合作和班级管理。

（七）教学重点：学习并掌握和孩子好好说话的一个小技巧；践行和孩子好好说话，融洽亲子关系，促进家校合作和班级管理。

（八）教学难点：体验不同语言带给孩子不同的影响，引起内心震撼，引发觉察和改变意愿；践行和孩子好好说话，融洽亲子关系，促进家校合作和班级管理。

（九）课前破冰和热身活动：（1）破冰：相互认识（3分钟）。（2）热身舞动《I'm happy, I'm good》（3分钟）。

（十）活动流程

1. 谈话导入（5分钟）。

家长们今天抽空来了，我特别高兴！欢迎大家，让我们一起投入这次活动分享吧！请看照片《开学了》。（观察家长神情，采访发笑的家长。）请问家长您笑什么呢？孩子为什么难过呢？结合自家孩子的实际情况谈谈。

预设：在家很多时候不听话，孩子上学家长解脱了，家长高兴……孩子在家更自由还可以玩手机，上学作业更多……

从家长们的回答中，我感受到大家对孩子深深的爱。我也是家长，我很理解大家。请看孩子们的日记，它也反映了孩子们和家长之间的一些不愉快。根据最近家长问卷调查的结果，很多家长反馈了同一个问题：孩子在家不听话，怎么管教孩子都是一脸不高兴。大家有类似感受的，请挥挥手。

那今天我们就来聊聊怎样既能达到教育目的，又能和孩子好好说话。（板书课题：和孩子好好说话。）

【设计意图】照片触发痒点、痛点，谈话引入主题。

2. 语言的影响（8分钟）。

我专门在班上做了"无记名调查"，这些手稿上写的都是家长说的最让孩子难过的话。

我整理了全班孩子的调查表，做出分析和统计。

（1）汇报调查统计表一（课件呈现孩子们写下来的原稿照片）：

2016级3班学生无记名"真心话"调查统计表		
类　型	说过比例	家长最让孩子难过的话（孩子原话）
贴标签	75%	"笨蛋"等
命令、指责、威胁、贬低	85%	你整天就知道玩手机！马上做作业！你再这样，我就要打人了！你考这点分数，还好意思见人啊？
发泄情绪	90%	脸皮厚！白养你了！我不要你了！翅膀硬了！白眼狼！
做比较	88%	你看人家小军同学好厉害，你呢？
脏　话	25%	……

观察家长的表情："我看到有家长在……偷偷笑（很吃惊），从汇报调查统计表可以看出，很多家长都会不自觉地、无意识地说一些伤害孩子的话。您说过的话可能您已经完全忘记了，可孩子却记在心里。孩子们听到这些话会怎么想呢？这是我们班个别孩子的想法，但您可以通过它洞察孩子当时真实的内心世界。"

（2）汇报调查统计表二（课件呈现孩子们写下来的原稿照片）：

2016级3班学生无记名"真心话"调查统计表
听家长说的那些令你难受的话，你当时是怎么想的？（孩子们原话）
当时我真的想死了算了！我想跳楼！我想永远不读书！ 我希望世界上没有学校，没有作业！我想把他们告上法庭！ 我想离家出走，永远不回来……我感觉爸爸妈妈根本就不爱我…… 我生出来就是为了达到他们想要达到的目标吗？

以上是孩子们内心真实的想法，您有什么感触？短期来看，不当语言会让孩子有很多消极情绪和想法，自尊自信水平降低，学习兴趣减弱。长期来看有怎样的影响呢？请看视频！

（3）视频《语言暴力对孩子的影响》。看了视频你有什么感受和想法？（采访两位家长）小结："家长的语言里藏着孩子的未来。语言的力量巨大而神奇，接下来我们探讨该怎么来好好说。"

【设计意图】针对本班实际情况分析统计，层层递进，让家长感受好好说话的语言的魔力。

3．好好说话四部曲（25分钟）

（1）好好说话大前提：平情绪。

"我们说让人伤心的话是在什么情绪下？（生气的时候）那么，好好说话的前提是什么呢？"（板书：大前提——平复情绪。）

启发并小结："平常您都用哪些方法平复情绪呢？家长们特别有生活智慧：逛街购物、出去散步、暂时分开、深呼吸、写便条、找人倾诉等都是很好的平复情绪的方法。坏情绪＋坏情绪＝互相伤害！只有双方情绪平静，才能好好说话！平情绪是好好说话的重要前提！调控情绪是每个人一生的功课，以后我们还会专题探究。今天我们探究的重点是，情绪平静下来后怎样和孩子好好说话。"

（2）好好说话小技巧：说事实＋谈感受＋共约定。

比较中体验：让我们看同一件事情，两个家长不同的表达：

A妈妈方式："你写作业拖拖拉拉，一个小时才做半页，咋得了？！再不快点棍子来了！"

B妈妈方式："我看到你一个小时做了半页题单，我很担心你的习惯养成，我希望你抓紧时间在十点前完成。"

体验："请一位家长，想象空椅上是您的孩子。模拟A妈妈方式对孩子说；再请一位家长，想象空椅上是您的孩子，模拟B妈妈方式对孩子说。"

采访："请问您更愿意做哪个妈妈的孩子？为什么？"

预设点评小结："说话的效果是孩子说了算，我们要以孩子接受的方式来说。"

"除了内容，和孩子说话还有什么非常重要呢？（家长话略）是的，我们说话的态度很重要，语气语调、表情、身体语言都能让孩子感受到我们是不是带着爱去说的。"

A家长方式，让孩子感到家长的愤怒，被指责、被批评、被威胁恐吓，迫于怕挨打的压力勉强应付完成。(不是生气地表达，而是表达自己的生气。)

B 家长方式，家长说的是客观事实，孩子感受到父母的爱，有效指出解决问题的办法。孩子是在被爱、被支持、被期待的心境下，心情愉悦地写作业的。

（我们不是和问题一起打败孩子，而是和孩子一起打败问题。）

我们看看 B 方式里面藏了什么秘密："我看到了你一个小时做了半页题单"，这是说事实（请像镜子一样反映事实，不带评判）；"我很着急，担心你的习惯养成"，这是谈感受（"你……"换"我……"，非指责表达）；"我希望你抓紧时间在十点前能完成"，这是表达期待，指向问题解决。

小技巧语言结构：我看到（听到）……我感觉到……我希望（期待，相信，建议）……也可以这么说：我看到你一个小时做了半页题单，我担心你睡迟了对身体不好，我建议你今晚抓紧完成题单作业，朗读部分明早早起完成。

进一步运用：找出共同意图，进行约定。

如果此时您和孩子都有意愿商量解决这件事，我们可以这么说。(教师示范）我希望的是（你十点前完成作业早点睡）。

你呢？我也希望早点完成作业有玩耍时间。(表达自己希望，同时询问孩子。)

我们共同的希望是（早点完成作业）……现在我们来想想怎样可以做到？

你想到了什么办法呢？我还想到了……（孩子参与问题解决，家长建议补充。）

商议好后，口头约定或书面约定。

小结好好说话四部曲：平情绪+说事实+谈感受+共约定（手势记忆）。

运用举例：这个小技巧可以广泛用于生活中。比如：家长们今天抽空来了，我特别高兴！让我们一起投入这次活动分享，好吗？你做的菜太美味了，我感觉家好温暖，以后我们多在家吃更健康，好吗？这么实用的方法，让我们去尝试一下吧……

（3）体验式练习。

模拟情景一：暑假里你下班回家，了解到孩子作业还没做，却连续玩了几个小时的手机了。

模拟情景二：暑假里某一天，孩子自觉早起晨读。（注：以往是要提醒督促）

练习规则：两人一组，一人扮家长、一人扮孩子。左边练习情景一，右边练习情景二，用好好说话四部曲"平情绪+说事实+谈感受+共约定"模拟练习，练完相互分享感受。

分别请一组上台展示，全体集思广益，思维碰撞补充，评议。

点评方向：情绪是否平复？说事实是否不加评判？是否表达内心真实感受？"共约定"是否关注孩子的想法？

点评或小结（预设）："手机游戏让孩子上瘾，孩子能在其中找到快乐和成就感！如果我们让孩子在学习中也体验到快乐和成就感，孩子也会对学习上瘾。当孩子听到家长欣赏、嘉许、赞美，就能唤醒孩子内在动力，激发孩子的潜能。家长说话要四两拨千斤，有时一句话能让孩子动力无穷，心里乐开花。"

过渡："在生活中，家长许多朴实的话也会带给孩子无穷力量。这是我们班孩子写的家长让他们自信和开心的话！再来看看我们班真实的事例（点击视频）。"

（4）积极语言的力量。

A. 出示调查表和视频：这些就是能给孩子增加力量的高能量语言，请大家大声说出来。

2016级3班学生无记名"真心话"调查统计表（孩子原话）	
家长让自己开心的话	孩子当时的感受
爸爸竖着大拇指夸我："做得好！" 妈妈拥抱我，对我说："宝贝，我爱你！""乖乖，快起来，摔痛了没有？""没关系，尽力就好，下次我们一起努力。""你可以做到的，去试试吧！"	感觉爸爸妈妈很爱我，很关心我。很高兴，很开心，很幸福。 我想做得更好，让爸爸妈妈骄傲！

B. 拓展"积极语言"。

积极语言	孩子感受	效 果
我相信你！我尊重你！ 太欣慰了！我欣赏你！ 进步真大！我为你骄傲！ 好专心啊！多爱动脑筋啊！ 我会永远爱你，支持你！	被认可尊重 被激励引导 被赞赏关爱	关系融洽，问题得到解决。 自尊自信水平提升。 为自己树立更高目标。 激发潜能，发展得更好

小结："和孩子说话的技巧很多，比如专注聆听、巧妙批评等。今天唐老师只是抛砖引玉，但所有技巧本质是相通的，那就是让孩子感到被理解被尊重，感受到爱和有价值感，增加解决问题力量！不同孩子不同时候适用不同方法，面对不断变化的孩子，作为父母我们就要不断学习成长！"

C. 看信件："前几天我给孩子们上了《和父母好好说话》的微课，孩子们给家长写了一封信。在椅子底部，请查收阅读。"

D. 全课总结。家长总结："请用一句话总结您的感受或收获（采访两位家长）。"

班主任总结："我看到大家积极参与活动，有很多觉察触动和思考，我感受到各位家长才真正是教育自己孩子最好的专家（因为你们每个人最了解自己也最了解孩子），我坚信你们能把小技巧实实在在用在生活中内化为习惯化说话模式。"

【设计意图】平静情绪是大前提，小技巧是本课重点，从常见冲突频率最高的辅导作业情景为例，对比出现不同的说话方式，体验式活动中学习掌握小技巧，手势形象记忆四部曲，感受积极语言力量，提炼小技巧本质以便触类旁通。

4. 实践行动（2分钟）

（1）暑假实践作业：我们班的暑假实践作业"亲子共成长，好好说话实践册"，请家长和孩子共同参与，用自己喜欢的方式（作文日记信件故事、绘画配文字等），记录下你们之间说话点点滴滴的小改变！下学期开学我们将展示,凡是积极实践的,将颁发证书和奖励!愉快活动到此结束了,谢谢大家的分享和陪伴,再见!

【设计意图】亲子同听课共实践,暑假实践作业把好好说话落地延伸内化为习惯说话模式。

2.在家风建设中渗透班风建设

(1)宣扬好家风促进班风建设。我们可利用好班级家长会,邀请家风好的家庭介绍自己的家庭教育经验,互相探讨,树立榜样;结合学校"父母进课堂"活动,有意识邀请家长展示好家风,如尊老爱幼、爱国爱家乡、爱学习、学习生活本领、热爱劳动、展示才艺等好家风;结合"班级文化展示",展示孩子及家庭的才艺,在琴棋书画中彰显家风……这些活动,可以促使家长有意识地在自己的家庭教育上花心思、下功夫,形成自己的家风家训,促进孩子的健康成长;同时,也让其他家长有意识地去学习名人的家风家训,了解他们的家风故事,吸取他们的教子经验,使得自己的家风家训更完善,也就更好地促进了良好班风的形成与巩固。一个班风优良的班级背后一定有一个个家风优良的家庭、一群优秀的家长团队作为强有力的支撑。(2)让优秀家长参与班级活动。学校要积极调动家长参与到班风建设中来,让家长了解班级建设的方向、目标和孩子们的动向,如让他们参与班级的环境布置,发挥每个家庭的特长,将环境育人,润物细无声地把好家风带入到班级中来;在运动会、"小脚丫走家乡"等活动中,邀请素质过硬的家长做家长志愿者,用他们良好的言谈举止为孩子们树榜样,将优良的家风教育渗透到更多的孩子眼中、心中,形成班级积极、健康向上的精神风貌。(3)以评比表彰促进家风与班风建设。学校可开展"传承优良家风"系列优秀评选活动,突出的可在家长会上交流,并进行层层筛选,由学校统一审查,评选出"尊老爱幼""团结互助""谦虚礼让"等类别的优秀家庭,然后大张旗鼓地进行表彰,形成一种学习氛围,以家长的言传身教潜移默化地影响学生,以达到家风班风的共建。同时,我们还通过班级评比促进班主任抓好组织建设、制度建设、文化建设,结合学校校本课程、特色课程、精品课程和少先队大队开展的各项活动来增强班级凝聚力，促进良好班风的形成。班级定期开展批评与自我批评活动，学会反思言行，向做得好的同学学习，评选出"班级文明星""班级示范星""班级智慧星""班级劳动星""班级学习星"等。这样，让优良班风深入孩子骨髓，把枯燥的说教转化为孩子的自觉行动。

【案例】宜宾市中山街小学：家校携手，对话提升

（一）活动主题

为了将"对话"模式运用到德育实践活动中，让更多的人切身体会"对话"带来的益处，宜宾市中山街小学尝试采用对话式家长座谈会的方式来开展德育实践研究。

（二）活动目标

1. 以问题为引领，使学生家长真正参与活动，积极思考，各抒己见。

2. 学生家长在对话中相互学习、取长补短，解决家庭教育中存在的疑惑。

3. 学生家长在对话中共同商讨切实可行的策略，拓宽家校共育路径。

（三）活动时间：2018年11月28日（周五）下午3:00—5:30。

（四）活动地点：宜宾市中山街小学对话式研修实验班级各班教室。

（五）活动准备：

1. 课前黑板布置。

2. 家长完成问卷：本次家长会中您有什么需要聚焦讨论的话题。

3. 教室内多媒体设备循环播放音乐，营造氛围。

4. 6张桌子为一组，桌面铺好桌布，放好水果。抽屉里摆好玫瑰、海报纸、彩色白板笔、八个本子、八支黑色中性笔。

5. 摆好桌椅，学生对号入座，会前学生将家长带到相应座位后离开。

（六）活动流程

1. 主持人开场白。

2. 校长讲话。

3. 班主任老师组织开展对话式家长座谈会：

（1）班主任谈话，引出对话话题。

（2）组长领取各组子话题，独立思考。

（3）拿起话语权杖，轮流发言，交流家庭教育中的困惑。

（4）组内交流，汇总好方法，及解决困惑策略。第二小组针对拓宽家校共育路径的发言。

刘×阳妈妈：成立爱心妈妈和爱心爸爸团队、家长讲师团队等，让家长根据自身特长自主参与学校活动。

王×轩家长：家长充分发挥自身优势和特长，为学校提供更多的教育资源，更加积极主动地参与到孩子的成长过程中。

陈×博家长：开展家长课程探究，通过公益课程、劳动课程、家长团队建设等，完善家长队伍建设，为学校和学生提供更多样化的课程选择。

陈×家长：设计家校活动，如亲子系列活动等，让更多的家长参与孩子的成长过程，让孩子在活动中学会合作分享，感受生活的美好。

（5）齐心协力，制作成果海报。

（6）整组上台展示，展示对话成果。

（7）班主任进行点评与交流。

家校沟通的最终目的是了解对方需求，并明确要为对方提供什么服务和帮助。因此，我们开展了这次"家校携手，对话提升"德育实践研究活动，通过"对话"这座桥梁，努力创建适合学生成长的"祥和"教育环境，与家长共同打造良好的教育生态，促进孩子健康成长。

（七）活动成果

对话式家长座谈会，让老师和家长从"面对面"走向"手拉手"，在"对话"中家长一改曾经的听，变成了座谈会的主角。家长们的热情也鼓舞了老师们。参会家长充分发表自己的看法，会场气氛热烈又不失秩序；会中家长们各抒己见，深入探讨交流并形成了以下策略：

1. 帮助孩子树立自信心。从孩子的行为中汲取教育营养，站在儿童的角度，努力理解他的所想所为，以他乐意接受的方式对他的成长进行引导，多与孩子沟通，多鼓励孩子。

2. 帮助孩子养成好的学习习惯。鼓励孩子一堂课至少发一次言，给自己定下目标，从而提高学习效率。

3. 家长树立家庭教育意识。积极参加本年级的家校活动，如家长开放周、亲子活动、班级文化建设等；对于老师布置的作业，一定要足够重视；针对考试和作业中的错题，和孩子共同分析问题，寻找问题根源；建立错题集，督促改正，并做到持之以恒。

（八）活动反思

这次家长会一改过去的陈旧模式，给予了家长们"对话"体验，老师们和学生家长从"面对面"走向"手拉手"。通过对话，家长们实实在在研讨出了可行的策略，但此次对话活动中同样存在一些问题：

1. 在活动中，教师应采取多种形式鼓励学生家长畅所欲言，做到共享、共学、共长。

2. 在活动中，教师应注意把控好时间与流程，坚持开展好每一个环节的任务，同时设置、限定并把握好最终完成的时间。

3. 在活动前，教师应对家长进行分组，并对组长进行培训与指导，确保小组能按照对话式研训提供的基本模式进行对话，确保对话的质量和实效。

对话式家长会给家长带来不一样的心情，不一样的感受，不一样的收获。家长在对话中进行思想的碰撞，形成了智慧火花，实现了家校关系从"面对面"走向"手拉手"。

第五章

效果评价：对话式研训的实践成效

【导语】

历经多年的探索与实践，对话式研训引发了教师与学校的发展嬗变，取得了显著的实践成效：对话式研训，大大提升了教师的专业理念、师德水平，促进了教师专业知识的横向延伸、纵深拓展，促进了教师专业的快速发展；对话式研训还提升了学校的办学质量，促使学校课堂和课程改革的全面推进，促进学校办学效益的全面改善；对话式研训，犹如一个加速器，创新区域师培路径，加速推进了研训员的成长，全面提升研训员的专业素养。当然，对话式研训的评价是一个复杂而系统的工程。要想对对话式研训的完整性、实效性进行准确的衡量，自然就离不开科学的多元评价。在对对话式研训进行评估时，我们需要借助恰当的评价方式和多样的评价工具，采取灵活的评估方法，运用科学的评估模式，侧重从对话过程和研训成果两个维度进行效果评价，综合考核与判断对话式研训的过程及结果。

第一节　对话式研训评价

一、对话式研训的评价内涵

（一）评价的内涵

在生活中，我们经常会在不经意间进行评价，或者在无意识状态下就经历了一次评价。那究竟什么是评价呢？评价的内涵是什么呢？

评价，在《现代汉语词典》中的注释是"衡量评定人或事物的价值，也指评定的价值"。也就是说，评价是指评判事物价值的高低，其内涵是与价值有关的。

对评价，不同的专家学者对评价的理解也是各不相同的。通过文献研究，我们发现，有些学者认为评价是"价值判断与质或者量的记述"。而"价值判断"则是在人的需要和愿望的事实基础上对客观事物的判断。"质或量的记述"是对事物现状与事实、属性与规律的客观描述。美国评价协会则认为评价是运用不同的方法对信息进行收集并分析，从而决定项目行动的相关性、适宜性、进展、效率、效果、影响和可持续性。项目行动包括监控、案例研究、调查研究、准实验与实验设计、时间序列分析等内容。

由此可见，评价的过程实质上是事物价值和质量的管理过程：没有科学的评价，也就没有科学的管理与决策；科学的评价离不开科学的管理与决策。评价既是管理的重要手段，也是管理的重要环节。评价在发现事物发展规律和经验同时，也能发现事物发展存在的问题和不足。可以说，评价促使活动更完整，具备评价的培训才是完整的培训。为此，教师的发展需要在含有评价的培训活动中才能得以更好地实现。

教育部在《关于实施"中小学教师继续教育工程"的意见》中指出：各级教育行政部门要建立符合继续教育特点的监测评估制度，不断改进和完善中小学教师继续教育工作，要定期检查和评估本地区实施相关培训计划情况，加强对中小学教师继续教育工作的指导和管理，把中小学教师继续教育工作的评估检查纳入教育督导之中。教育部《关于加快推进全国教师教育网络联盟计划，组织实施新一轮中小学教师全员培训的意见》（教师〔2004〕强调建立和完善教师培训机构资质认定和质量评估制度，加强对中小学教师培训的监管。2010年"国培计划"的通知中指出："建立项目评估监管机制，建立专家评估、网络评估和第三方独立评估等多种方式相结合的评估机制，对项目实施进行全程监控和质量评估，并将项目执行情况和评估结果作为调整培训任务和项目经费的重要依据。"

基于评价定义和相关政策的理解，我们认为，评价至少应该涵盖两个基本要素：过程事实判断或管理和结果价值判断或管理。那么评价的内涵呢？评价是主观和客观活动的结合，是针对评价对象（项目、课题、课程或政策等）运用科学的判断工具进行过程事实判断管理与结果价值判断管理。简而言之，评价就是对项目、课题、课程或政策等实施中的活动效率、接受程度、匹配程度、实施效果等方面进行精准的分析，判断预设的目标、内容和解决问题的方法措施是否合理或有效。而回归教师对话式研训的视角，评价是对话式研训的重要组成部分，始终贯穿于整个对话过程的设计、实施之中。评价通过收集、分析、判断的过程确定研训活动的价值，改进研训活动的决策，实现整个活动的全面监测、控制，确保活动方案设计的可行性、先进性、实效性，同时还判断活动是否成功的标准。

（二）培训评价的内涵

一些学者认为"培训评价是指收集培训成果以确定培训是否有效的问题"。戈德史坦（Goldstein）从培训管理视角提出培训评价是"系统地收集必要的描述性和判断性信息，以帮助做出选择、使用和修改培训项目的决策"，培训后的评价才是培训效果的评价。培训效果的评价是对培训后产生的影响进行评价与判断，是培训评价的重要组成部分。评价目的在于使施训者能够分辨培训项目设计优劣，了解培训目标的实现程度，为后期培训计划、培训项目的制定与实施等提供有益的帮助。但培训评价不仅只有培训后的结果评价，还有培训决策、实施过程和过程管理等多环节评价。评价依据对象或内容的差异，可以确定评价是短期的行为，还是长期的行为。就短期而言，被培训者可针对培训方法、使用资源、所获得的知识和技能等进行评价。就长期来讲，可跟踪评价被培训者的岗位业绩和生产效益情况。学者董洪学认为效果评价是"为制定培训活动而搜集信息的一个过程，其目的在于评价一个培训项目是否有价值，是否取得良好的效果"。

培训机构的培训质量是建立在培训评价的基础上，依据培训评价的主体，构建科学、具体和完善的评价指标，通过培训结果的测评与判断、培训过程中教师的表现和培训机构的监督与评价，判断参培教师的学习行为，判断教师研训机构开展活动的效果。

综上所述，教师培训评价就是运用合理的测验工具，针对教师培训过程与效果的评价，对培训项目的设计、实施过程、管理办法、产生影响等进行系统的调查和分析判断并获取相关数据，进而判断培训预设目标的达成度、培训活动过程是否合理、培训效果是否达到预期、参训者能力是否提升或行为是否改善。

（三）对话式研训的评价内涵

对话式研训评价是借鉴合理的评价工具，通过设计、重组量化标准及评价标准，对对话式研训的操作过程及研训结果进行综合考核与判断，并据此确定、衡量研训的价值和效果。对话式研训评估借助多种评价方式和工具，主要从对话过程和研训结果两个维度进行效果评价。

对话式研训的过程评价主要借助他人评价方式，对研训中对话环节的个体行为、个体学习投入、研训过程活动观察和研训质量进行评价，判断对话式研训的效果。研训中运用的评价工具主要是：对话环节个体行为评价、学习投入的观察评价、基于LICC范式的研训过程观察评价、基于UTOP模型的研训质量评价、基于教师培训四级评估模型的对话式研训结果评价。

二、教育培训评价现状

（一）国外教师培训评价研究现状

从 20 世纪初，美国许多学校就使用正规方法对教师进行评估。同时，许多学区将测验结果作为评估方案是否有效的参考依据。随着研究的不断深入，评价不断受到重视，不断开发、完善评价工具。确保所有学生达到高标准，切实提高教师质量，这是美国基础教育改革的核心追求。评价是衡量教师工作绩效的标尺，更能引导和引发教师对优质教育标准的探讨。评价利于提高教师的专业化水平，催生教师间的交流与合作，激励教师之间的竞争，还利于教师培训机构的持续发展。自 2001 年以来，美国推行和实施的 Performance-based（基于绩效）的教师教育项目评估方法"NCATE 评价标准项目"，构建了教师培训项目和专业化发展项目评价标准，方便了教育行政部门的管理人员指导教育项目的评价。从 NCATE 评价标准来看，美国的教师培训评价从关注培训内容向培训效果转变，从关注培训者向培训项目本身转变。现阶段大量的教师培训机构都建立了培训项目评价机制，建立了规范化和科学化的评价标准。标准包括项目培训效果评估、科研评估等多方面，评价结果纳入教师绩效评价体系，使得美国教师的培训始终处于全程化监控之中，促进了培训质量的提高。

20 世纪 80 年代，英国主要利用督察评估完成教师教育管理。英国师资培训咨询委员会提出了教师培训评价的九项指标，其中涉及培训机构的评估。英国教育与科学部发表了《教学质量》的白皮书，提出了对教师评价改革的设想。同时，教育与科学部和教师协会等组织共同发表报告指出："应该将教师评价理解为一种连续的、系统的过程，目的是有助于教师个人的专业发展，帮助教师规划自己的教师生涯，使得教师的在职培训和岗位设置符合教师个人和学校的需求；同时，应该将教师评价看作一种积极的过程，通过更加符合实际状况的决策，让教师获得更多的工作满足。"随后，英国有关机构和专家正式开始了教师发展性评价的研究。英国的专业顾问组织，采用访谈（访谈通过电话、面谈）、问卷调查等方式进行评价，从决策者、培训者、质量保障、学校和教师的角度进行评价。评价整个项目的培训质量，证明开展项目的必要性，明晰教师培训中存在的问题，为决策者提供决策分析。

德国迪林根教师进修与人才培训学院院长海林的研究在某种程度上指导着教师培训评价方案的设计。海林把培训对学员的教学和教育质量的提高作为评价中小学教师培训工作的唯一标准。它主要评价参训教师对培训的满意程度、参培教师的知识技能水平的提高程度、中小学校长和教育行政部门对培训的反馈意见以及基层培训人员对参培教师教学水平的反馈意见。

多元教师培训理论认为，在职中小学教师培训的价值最终是通过对学生学习成绩的影响来体现，而教师培训方案性质、教师培训方案内容、教师的组织气氛和文化背景是在职培训中对学生学习成绩提高的影响要素。培训评估需从参加培训教师的变化（教师的知识、技能、实践乃至他们的态度和信息的变化）、学校和学区组织的变化（通过观察、座谈、问卷、文献分析来判定）、学生的变化（通过受培训教师成就测试、标准化或模拟成绩测试、学生作业优秀率和课程等级来判断）三个方面收集信息进行判断与评价。

（二）我国教师培训评价研究现状

教师职业培训是教师教育的重要组成部分，重在形成教师的自我反思能力和适应急剧变化的教育、教学条件的能力，我国对教师职业培训非常重视。

教师队伍的扩大与质量提高一直是教育发展的主旋律，教育质量的核心是教师素质，教师素质的提高离不开培训学习。《国家中长期教育改革和发展规划纲要》（2010—2020年）特别强调加强教师队伍建设，创建一个高素质、高品德的教师队伍，明确提出"完善培养培训体系，做好培养培训规划，优化队伍结构，提高教师专业水平和教学能力"。《基础教育课程改革纲要》中也指出：'地方教育行政部门应制定有效、持续的师资培训计划，教师进修培训机构要以实施新课程所必需的培训为主要任务，确保培训工作与新一轮课程改革的推进同步进行。"目前我国中小学教师继续教育制度已经成为我国中小学教师专业发展的重要保障，而且在全国范围内开展着各种有组织、有计划的教师全员培训和骨干教师职业培训等活动。

1. 我国在教师职业培训方面的实践

我国以培训为主要形式的中小学教师继续教育已经有十多年的历史，教师职业培训已成为教师专业发展的有效途径，对教师职业培训的研究也成为教师专业发展的重要方面。

为了促进教师队伍的建设，国家组织了一些具有代表性的大型教师职业培训项目，比较有影响的项目有以下几项：

（1）中小学教师教育技术能力培训(教学人员)。

此项目为教育部"全国中小学教师教育技术能力建设项目"，以"任务驱动、强调活动、强调参与"作为培训活动的指导思想。通过面授和网络培训的方式实现培训认证考试，提高广大教师的教育技术能力与素质。

（2）"知行中国——中小学班主任教师职业培训"

为了使远程培训的成果落到实处，保证"学思结合、知行统一"，该项目实施在岗实践的校本培训，促进学员学以致用，积极解决面临的实际问题，改进班主任工作。要求学员在自己担任班主任的所在班级内开展岗位实践行动，撰写班主任工作典型案例或实践总结反思，以网络班级为载体开展班级管理和家校沟通。

（3）英特尔未来教育培训。

Intel 公司组织的大型教师职业培训项目分为基础课程项目和核心课程项目，已有超过百万名中小学一线学科教师和师范生通过培训。基础课程项目面向农村中小学教师和学生的 21 世纪的教学理念和信息技术基本技能的培养，支持农远工程。核心课程项目面向具备电脑应用及项目式学习基本技能的在职教师和师范生而设计的，意在提高信息技术在课堂上的有效应用。

（4）教育部—微软(中国)"携手助学"项目

携手助学项目是微软与教育部携手开展的大型教师职业培训项目。包括课程开发、师资培训和计算机教室三大培训内容。该项目的课程体系分为三级培训，基础培训课程采用 DVD 方式，中级培训课程主要培训操作系统与 Office 软件。高级培训课程主要针对信息技术专任教师。

（5）新课程师资培训。

教育部师范司组织的数百万师资培训活动。为了在全国范围内实行基础教育新课程体系，需要做好基础教育新课程师资培训工作。"先培训，后上岗；不培训，不上岗"。岗前培训不得低于 40 学时。

（6）中小学教师国家级培训计划。

根据教育部关于中小学教师国家级培训计划总体部署，主要项目包括：中西部地区中小学骨干教师职业培训、边境民族地区中小学骨干教师职业培训、中西部农村义务教育学校教师远程培训、普通高中课改实验省教师远程培训、培训者培训、援助地震灾区中小学教师职业培训、中小学体育和艺术教师职业培训和知行中国——中小学班主任教师职业培训等，已覆盖全国 50 多万名中小学教师。一是继续以农村教师职业培训为重点。二是培训内容进一步强调贴近教师，贴近课堂，贴近实际，突出实践性。三是面向全国，组织有实践经验、有水平的师资力量，开发和整合优质培训资源。四是创新培训模式和方法，继续采用远程培训、集中培训、送教上门等多种形式，突出案例教学和参与式培训。

在国家实施的这些大型项目培训中，其培训方式是多种多样的，而且多以案例为主。这是由于近年来，国际教师教育研究表明教师职业培训采用"基本课程+案例教学+实践反思"的模式。这种培训方式是造就有经验教师和专家教师的必由之路。这种培训方式，案例处于纽带和中介的地位，弥补了以往教师职业培训的缺陷，以原理知识为主要内容，忽略案例与策略的知识的不足，取得了较好的效果。

2. 当前我国教师职业培训现状与问题分析

我国学者对教师培训进行了大量的研究，但多数教师培训研究关注更多的是培训内容和形式，对培训评价的重视度不够，在培训中往往重培训实践过程轻评价环节，培训项目的评估只有形式，很少有实在、系统的考评。其实，培训评价是非常复杂、系统的问题，如果缺乏科学理论指导、科学方法评估，评价就会浮于表面、流于形式。而现阶段教师培训项目评价主要存在的问题是：评价方式单一，评价工具运用少。培训项目评价一般通过问卷调查、电话访谈等方式了解教师学习情况和对培训项目的主观感觉、满意度。这些评价更多关注的是学员对培训整体性反应，缺乏学员在培训过程中的具体行为的关注。

近年来，我国研究者对教师培训的评价进行了大量的探索和实践。各级教育部门初步建立起了国家级、省级和县级三级教师培训体系，并相继开展了许多教师培训项目，如20世纪末由原国家教委人事司组织开展的高校师资培训中心的评估。方国才认为教师继续教育的评价体系应包括：对教师本人的评价；对基层学校的评价；对各级教师培训机构办学方式、课程设置、教育师资等的评价；对学校所属政府及职能部门法规、条例、经费投入的评价。有的学者提出评价教师培训效果可以采用一个完善的培训评估框架，采取多样化、多层次的评估方法对绩效进行评估。于是，上海"师资培训工作质量评价指标体系"的课题研究就形成了一个比较完整的培训评估框架，而在此评价框架中，针对教学质量和办学条件的评价采用了CIPP模式。从2000年起，各类教育评估活动在上海市教育评估院陆续展开。此时，有研究者发现，企业培训中的柯克帕特里克评估模型（即四层次评估模型）可用于教师培训效果的评价。北京师范大学曾琦、杜蕾就借鉴柯克帕特里克的四层培训模型，在参与式教师培训效果的评价研究中进行实践。参与式教师培训效果评价综合运用了定性和定量评估方法，仅对知识、情感态度和行为评价，对培训的感受进行调查，对教师培训内容的掌握的学习层面评估，对教师课堂教学行为变化的观察进行行为层面的评估。但该研究的评价体系不完善，缺乏对培训结果层面的评价，所以无法建构具体的评价指标体系。河海大学商学院李景奇等在"基于BKT模型的网络教学跟踪评价研究"中运用了基于CIPP模式的网络学习跟踪与评价模型，从教学参与、交流反思和学习成果三个维度进行了评价指标体系的设计，对网络学习进行过程性和结果评价。CIPP模式的网络教学跟踪评价根据教学过程的跟踪数据和评估结果对学生的学习活动及时反馈，完成了学习过程的动态跟踪，提高网络学习的效率。该研究成果对教师培训效果评价具有很好的借鉴意义。

（三）培训评价模型现状

评价的成功取决于一个或多个好的评价模型。当前，培训评估模型的探索主要分布在企业管理领域、教育管理领域，但这两个领域的研究内容和侧重点也有很大差异。教育管理领域的培训评价研究主要是学校教育评价和师资培训评价，关注点是教育活动的价值和优缺点的评定。企业管理领域主要是研究从人力资源中企业员工培训评估，侧重点是企业产生经济效益的评价。教育评估模型大多是从学生评估和课程评估的实践中抽象概括出来的，并反映不同的教育评估思想。教育领域成熟的评估模型一般都有较大的适用范围。

教育培训常用的评价模型有泰勒模型、CIPP模型、柯克帕特里克的四层培训评价模型等。

泰勒模型是西方现代教育评估史上影响较大的理论模型，它源于20世纪30年代美国进步主义教育联盟（PEA）在俄亥俄州立大学从事课程改革运动。泰勒模型将评估定义为评估重要目标的达成度，即成果与实际成果的比较。它把教育目标转化成可测量的学生行为目标，并根据这些行为目标制订方案和开展教学活动，然后依据行为目标对教学活动的效果进行评估，判断教学活动达到预期目标的程度。

在泰勒模型的基础上，美国著名评估专家斯塔弗尔比姆（Daniel

L.Stufflebeam）提出了 CIPP 模型。该评价模型认为评价的主要目的是改进。CIPP 模型包括背景评估（Context Evaluation）、投入评估（Input Evaluation）、过程评估（Process Evaluation）及结果评估（Product Evaluation）四个层面。背景评估是评价培训者的需求、存在的问题与障碍、可利用的资源、培训目标。投入评估是评价实现目标的方法、计划、安排、服务策略和预算的可行性和潜在成本。

基于泰勒模型评估，美国芝加哥大学教授心理学家布卢姆等提出了认知领域目标分类理论。布卢姆的认知领域目标分类理论对个体学习目标进行分类，明确了个体学习行为的各级目标，并根据各级目标制定出不同的测验标准，做出更有效的教学评估。布卢姆的认知领域目标分类、20 世纪六七十年代克拉斯沃特提出的情感意志领域目标分类、哈罗和辛普森提出的动作技能领域的目标分类的研究成果为以后的相关研究提供了一个可操作的教育教学过程观察、教育教学分析和教育评估的框架。这三种目标分类方式也影响了我国教学评价的研究，甚至是教育培训效果评价的研究。

三、对话式研训的评价模型运用

（一）对话式研训评价目标指向

评价的目的在于帮助判断培训项目的合理性、先进性，确定活动是否合适，了解培训的执行情况，确定项目是否达到预期目标等。评价是为了改进培训工作，改进培训方法和流程，提升培训质量。

教师培训评价是一个具有连续性、动态发展性的过程，可细分为培训前、培训中、培训后及跟踪阶段三个评价区间。看似独立实则相互联系的三个评价区间，在设计与实施过程中需要注意统筹规划、综合评价，还应该侧重评价理念、评价方法、评价内容、评价对象在评价过程中的整体思考。

对话式研训活动的评价也是基于改进培训方法和流程，提升培训质量为主要目的的评价。我们为什么需要引入评价，也是培训价值的重要体现。而培训价值的关键是"效果怎么样"。我们要想了解对话式研训的效果怎么样，就必须对研训的过程和结果进行评价。培训评价是一个复杂而系统的工程，需要采取科学的评估模式、评估方法，要利用多种评价工具进行全面判断。对话式研训要体现出完整性，培训效果的判断自然离不开科学的多元评价。

对话式研训活动的评价是运用一定的评估方法、量化标准以及评价标准，就对话式研训的过程及结果进行综合考核与判断，并据此衡量研训的价值和有效性。对话式研训评估借助几种评价方式和工具，主要从对话过程和研训成果两个维度进行效果评价。教师对话式研训活动评价可借鉴教师培训评价区间划分，对培训前、培训中、培训后及跟踪阶段三个连续、动态、发展的动态区间过程进行评价。

（二）对话式研训评价模型运用

基于国内外教育培训的评价模型众多,我们依据对话式研训的内涵，审视研训的过程是培训者和参训者话语实践的过程，更关注和侧重过程的评价和培训效果。因此，对话式研训评价借助多种评价方式和工具，主要从对话过程和研训结果两个维度进行效果评价。

1. 对话式研训的过程评价

过程评价指在项目运行过程中收集与项目运作和进展有关的资料，对项目运行情况做出判断，并提出改善或提高项目运作的建议。过程评价可以了解项目的运作情况、实施过程中的执行程度，及时发现问题并解决，促进项目的顺利推进。过程评价还能了解项目活动的适用性和被接受性等。过程评价始终贯穿于整个项目实施的过程中。对话式研训的过程评价就是对教师在研训活动中参与对话的过程进行监测，评估对话情况，基于教师认知共振、思维同步、情感共鸣三个方面，了解对话的接受度、参与度和投入度，判断评估对话六环节的具体行为，反映研训活动的效果。对话式研训的核心价值之一是重组与建构。重组与建构的过程是培训者与参培教师在平等关系的基础上，通过对话建构新意义、新认知和新策略的过程。关注新认知和新策略的生成过程，也是关注对话式研训的核心价值。因此，核心价值的关注正是评价的主要内容，即对话式研训需要过程评价。对话式研训的过程评价主要借助他人评价方式，通过对对话环节个体行为、个体学习投入、研训活动过程观察和课堂教学质量评价四个方面得出评价结论，印证研训活动的效果。主要包括：

（1）研训对话环节行为评价。培训者是对话式研训活动的设计者、观察者。培训者与参训者的对话是多维、多层、多回合的互动。参训者通过倾听、理解、接纳和自我重建，生成新认识并形成行动策略。这是一个动态、反复的互动过程，并在对话的过程中反映研训的效果。参训者积极参与对话，则说明研训效果明显。基于组织行为学"归因理论"，对研训活动的过程进行多视角观察。对话式研训各环节个体行为评价是指对教师研训过程中的各环节进行情况做出的状态判断。这种判断是对教师对话行为的整体评价，也是对活动中各环节具体行为投入、专注和达成的评价。

（2）学习投入的观察评价。在对话式研训活动中，组织者要有意安排观察者对参训者参与对话的过程进行隐性观察、记录参训者的具体行为（见表 5.1），对参训者在活动中的"学习投入"（包括活力、奉献和专注三个维度）做出整体评价。

表 5.1 对话式研训活动观察记录表

活动主题：

活动环节	规则礼仪				问题	创新	建议
	时间或时段	话题维护	工具使用	参与度			
主题聚焦							
研训对话							
思维碰撞							
视域融合							
策略生成							
行为改善							

（3）基于 LICC 模型研训活动过程观察评价。LICC 模型是一种"课堂观察"的专业化听评课活动模式。"课堂观察"是一种以听评课活动的特殊形式的教育科学研究方法。LICC 模式理论成熟，易于操作，也便于听评课活动教师进行选择和使用。在专业理念的引领下，听评课教师通过使用专业的观察工具（如观察量表），完成课堂观察。华东师范大学崔允漷等专业教育研究者开发的 LICC 范式是目前我国具有代表性的课堂观察模式。成人的学习是以问题为中心。对话式研训是培训者与参训者基于实际教学中问题进行民主平等、动态开放性的探究式对话。因此，本研究中的对话式研训活动本质是成人学习的课堂活动。我们借鉴了 LICC 范式评价对话式研训过程中教师的投入程度，通过教师的课堂活动行为、态度反映研训效果。如果课堂行为、态度越积极，说明教师在研训活动中的投入度就越高，对话式研训活动效果越好。因此，我们将 LICC 范式"课堂观察量表"进行了改良，用于教师对话式研训的评价（见表 5.2）。

表 5.2 对话式研训活动过程观察表

学员行为态度	学员态度行为起始时间点	任务单引入阶段（Phase 1）行为态度表现	任务单引入阶段（Phase 1）观察记录	自主完成任务阶段（Phase 2）行为态度表现	自主完成任务阶段（Phase 2）观察记录
行为态度	对话前	需求评估，萃取话题，对话设计，完成可视化研训方案，创设情境		寻找问题、完成任务单	
行为态度	对话中	展开对话，深入话题，维护对话，重组经验，拓展视域		关注教师引导、组员的讲解，策略甄选、内化	
行为态度	对话后	策略反思、方案再生		策略实施，反馈修正，行为改善	

（4）UTOP 课堂教学质量评估。课堂评价标准的有效性，是影响教

师发现教学中的薄弱环节的关键，也影响课程结构和教学方式。在众多课堂教学质量观察评估工具中，信效度好、便于操作、适用范围广的是由美国得克萨斯州立大学 UTeach 教师中心提出的教学观察方案（UTeach Observation Protocol，简称 UTOP）。因此，中小学教师对话式研训效果评价也运用了这种方式。基于 UTOP 评估系统观察要点的课堂环境（Classroom Environment）、课程结构（Lesson Structure）、执行效果（Implementation）和教学内容（Math/Science Content）四个维度，组织者设计出对话式研训活动质量评价观察一览表（见表 5.3）。

表 5.3　基于 UTOP 测量维度的对话式研训活动质量观察

测量维度	观察要点
活动环境	① 参与：教师创造良好的活动氛围，让学员提出想法、问题、猜测和意见。② 互动：学员间通过合作解决问题，如通过对课程进行讨论得出问题答案。③ 对话：通过分析组内、组间对话，显示学员积极深入地思考问题。④ 专注：活动中学员专注于任务。⑤ 布置：对话环境的创设满足研训需要。⑥ 平等：研训环境和氛围平等、愉悦
课程结构	① 课程顺序：课程有清晰的学习目标和路径，结构明确。② 课程资源：利用世界咖啡、5W2H 等对话工具完成课程内容。③ 课程反思：教师课后对自己的活动过程进行再认识，寻求改进策略
执行效果	① 提问：培训者通过对话工具的引导促进学员关注、思考和解决问题。② 参与：培训者尽量让所有学员参与到培训中，促进学员间的交互性和思想碰撞。③ 联系：让学员通过课程内容和活动联系以往的知识和经验

2．对话式研训的结果评价

结果评价是指在项目计划执行结束时对项目实施所产生的结果进行评价。要找出项目是否真正产生了预期的结果就要进行结果评价。结果评价的主要内容包括：一是目标人群状态。培训内容是否符合目标人群的需要；目标人群是否对活动的形式满意以及对将来活动的具体建议等；目标人群对项目培训人员是否满意，与同伴参与人员相处是否主动、和谐，参与活动心情是否愉悦等。二是倾向因素状态。教育项目实施后，目标人群的相关行为、态度与项目实施前相比较，有比较明显的变化。三是相关行为改变状态。在教育项目实施前后，目标人群相关的行为是否发生变化。结果评价侧重项目实施后目标人群的行为变化。柯克帕特里克提出的反应、学习、行为和结果四级评估模式，是目前国内外应用最广泛的培训评估工具，并一直影响着国内教师培训评估活动。四级评估模式理论认为培训评估四要素主要是培训内容、学员、培训讲师、培训项目的管理。柯氏的四层模型评估包括反应、学习、行为和结果四个层面的状态。成效评估采用柯氏模型，即四层次评估模型进行。柯克帕特里克按照评估的深度和难度递进的顺序将培训效果分为反应层（Reactions）、学习层（Learning）、行为层（Behavior）和结果层（Results）四个层次。回归培训本身，即参训者的满意度、参训者掌握知识与技能情况、参训者行为改变情况和参训者的行为改变对团体组织产生积极影响情况。

  对话式研训具有民主性、平等性、互动性和生成性的特征。对话式研训特别强调和关注研训后的生成，让培训者与参培教师双方在真诚沟通中互相借鉴、取长补短，在充满激励的合作氛围中引发新的思路，生成新的智慧和解决问题的办法。对话成果在这种充满智慧和创造色彩的过程中动态生成，而非培训者事先预设。因此，对话式研训必须也有必要对培训结果进行判断和评价。

  通过多种考核评价工具的研究、甄别，我们采用了有多年教师培训评估经验的北京教育学院提出的教师培训四级评估模型。这个评价基于柯克帕特里克四级评估模式理论迁移产生。教师培训四级评估模型是对培训结果和效果的评估，所涉及的要素并不是面面俱到，主要侧重学员要素评估，可以客观、合理、可测量、可操作地评价对话式研训活动效果。通过相关研究分析表明，培训结果评估与反应层、学习层、行为层总体上呈显著的正相关。换言之，反应层、学习层、行为层的评估结果越好，说明结果层的评估结果就越好。反应层可反馈受训者的学习心态和心情。学习评估可反馈受训者知识、技能和态度。在培训过程和培训结束后，学员改变了工作行为和工作方法，将所学知识、技能应用到教学实践中，促进教学方法多样化，提高工作的熟练度，提升工作的绩效，进而影响到结果层的评估。对话式研训结果的评价围绕"实践问题→研训话题→思维碰撞→视域融合→策略生成→行为改善"的对话过程，根据结果评价的主要内容目标人群状态、倾向因素状态和相关行为改变状态进行评价。为此，评价需要借助科学的评价工具。基于此，我们将教师培训四级评估模型运用到对话式研训结果评价中（见表5.4）。

表5.4　教师培训四级评估模型

评估级别	评估层面	评估要素	主要评估方法	常用评估工具
一	反应评估（反应）	学员满意度	问卷调查法	满意度调查表
二	学习评估（收获）	学员态度、知识、技能	访谈法	访谈问卷
			测试法	前后测分析表
三	行为评估（转变）	学员理念、行为转变	观察法、访谈法	活动观察评价表、学员变化评估标准、访谈
四	成果评估（影响）	最终结果及影响	访谈法、问卷点查法	影响力评估标准、访谈提纲

3．评价路径与保障

（1）线上线下搭建全覆盖多元评价路径。我们通过线上线下综合考核路径完成评价，特别是借助虚拟平台，完成大数据评价分析。我们借助翠屏区教师研训云平台群、QQ群、微信群、钉钉群、沪江网群、直播平台群、翠屏区视频会议平台群、宜宾市智慧教育云沟通群、问卷网、问卷星、UMU互动平台、教师研训网群组、国家教育资源公共服务平台专题教育社区小组等，对研训活动的目标、内容、课程设计、研训方式、研训成效与收获等方面进行效果评价，在网络环境中分析统计，完成教师对话式研训的质量监测和诊断，促进教师反思和智慧共享。

（2）科学评价工具提供多维评价技术。我们运用多种评估工具，充分运用柯氏评估方式规范评估过程，建立标准评价模式，形成科学的评估结论。在研训各阶段、各主体中,我们充分运用相应的评价工具,在定义评估效果中进行综合评价,确保评价阶段性和准确性。我们注重评价过程,统一评价标准,并针对不同的评价工具,每次都召开考前培训会,明确评价流程、要求和标准,保证评价过程的真实、科学、有效。每种形式的评价结束后,课题组都要及时进行数据统计,进行信度和效度分析,从多方位、多角度、多层面对培训过程中的学员认知态度、技能学习和行为转变等方面进行有效分析,客观真实地反映评价结论。

【案例】"校本课程有效实施的对话式研训"评估案例分析——以初中数学分层校本课程为例

(一)培训背景

为了给一线教师提供常规教研活动中运用对话式研训方式开展教学研讨的个案和范本,师培中心开展了一次区域内的现场研讨活动。

为了化解宜宾市第五初级中学省级科研课题"初中'走班制'课程构建研究"成果推广和转化难题,学校需要开展以"初中数学分层校本课程的有效实施"为主题的对话式研训,在平等对话中找出阻碍初中数学分层课程有效实施的原因及解决策略。

(二)实施对象与主题

1. 对象(共70人)。(1)线下活动对象:宜宾五中数学骨干教师、中层管理人员和片区学校部分数学教师共25人。(2)线上活动对象:"翠屏区第二届中小学生态课程建设优秀成果展评活动"中获奖课程主要研发人员,共45人。

2. 主题:初中数学分层校本课程的有效实施,即阻碍初中数学分层校本课程有效实施的原因及解决策略。

(三)培训目标

1. 教研活动目标:找出阻碍初中数学分层校本课程实施的主要原因;初步形成初中数学分层校本课程有效实施的策略。

2. 研训活动目标:体验对话式研训教研活动方式;了解并基本掌握部分对话新工具——"5W2H"、UMU等。

（四）培训内容

1. 利用新的对话工具研讨阻碍初中数学分层校本课程实施的主因。
2. 利用对话工具研讨初中数学分层校本课程有效实施的解决策略。
3. 对话新工具："5W2H"、UMU和质疑头脑风暴的具体使用。

（五）实施条件

1. 场地、人员准备：分组教室、主持者、观察者等。
2. 引入工具：暖场技术、排序发言、5W2H、质疑头脑风暴。
3. 研讨材料准备：A3纸、组号牌、黑色马克笔、黑板、"5W2H"分析表、校本教材复印资料等。

（六）实施过程

1. 课堂观摩，产生话题。观摩老师利用UMU互动学习平台，在观摩过程中探究数学分层教学的得与失，分析课程实施中存在的问题，并及时将自己的所思、所感进行线上交流。

2. 破冰游戏，准备对话。活动分为五个小组，各组在主持人的口令下开展"解手套"破冰游戏，营造轻松和谐的对话氛围。

3. 实施对话，生成策略。

对话节点	对话方式	对话途径	对话内容	对话工具	对话对象
第一轮	自我对话	线下	阻碍初中数学分层校本课程实施主因	5W2H分析表	自己
		线上		UMU线上调查	
第二轮	组内对话	线下	组内梳理、汇总主因	5W2H	组内同伴
第三轮	组间对话	线下	参训教师生成共同观点	5W2H	组外同伴
		线上		UMU线上讨论	同伴
第四轮	组内质疑	线下	组内就他组观点进行讨论、质疑并提出解决方案	质疑头脑风暴	组内同伴
第五轮	组间质疑	线下	优化有效实施分层的解决方案	运用质疑头脑风暴法进行障碍评估	组外同伴
		线上			同伴

4. 参训教师总结培训感受和收获。

5. 主持人、观察员与专家总结。

（七）培训过程评价

1. 自我评价。本次活动成功运用了"5W2H"技术，引导参训者从"what""why""when""where""who""how""how much"七个维度进行定性分析，明确了问题的指向，增强了分析的针对性，确保了自我对话的切实有效。自我经验的对话不游离于问题之外，同伴对话使小组成员都进行平等的交流。同伴间相互交流、启发，吸纳彼此的经验与智慧，促使思维得以碰撞，最终提炼出富有本组特色的阻碍课程有效实施的原因和解决策略。小组展示和组间质疑是面向全体参训者的对话方式，既再次梳理了各小组提出的原因和策略的异同，又升华了各小组提出的改进策略。

2. 他人评价。组织者利用观察者对参训者参与过程的观察记录、对参训者在活动中的"学习投入"（包括活力、奉献和专注三个维度）做出整体评价。我们根据观察记录表得知：在整个活动的五轮对话中，参训者的学习投入度分别为 96.9%、98.3%、86.6%、96.3% 和 88.4%；25 名参训者总体平均学习投入度为 93.3%。

（八）培训结果评价

培训结果评价运用柯氏四层次评估模型进行。柯克帕特里克按照评估的深度和难度递进的顺序将培训效果分为反应层（Reactions）、学习层（Learning）、行为层（Behavior）和结果层（Results）四个层次。回归培训本身，即是参训者的满意度、参训者掌握知识与技能情况、参训者行为改变情况和参训者的行为改变对团体组织产生积极影响情况。

1. 反应层（Reactions）。参训者在 UMU 上完成活动效果反馈：96% 的参训者参与调查，并对培训进行数值型评分，85.7 的参训者都给出了 10 分，14.3% 的参训者给出 9 分，此次培训平均分为 9.85 分（分值 10 分）。63.6% 的参训者参与了开放式问题"您对这次培训的活动形式想说点什么？希望我们改进的地方是什么"的调查：85.7% 的参训者对培训做出了肯定答案，仅 14.3% 的参训者在破冰游戏的方式和训间休息时间上提出了修改意见。

2. 学习层（Learning）。（1）确定了阻碍初中数学分层校本课程实施的主因及应对策略。参训者通过培训明确了阻碍初中数学分层校本课程实施的主要原因，并找出"教师不愿或不能有效利用初中数学分层校本课程进行教学"的解决策略。例如，从"为什么"角度探讨"课程更新不及时、对校本课程的理解不够，教考分离的考核缺乏激励性，校本课程系统性、针对性不强"等症结；从"怎样解决"角度探讨"每年对分层校本教材进行及时更新；加强教师集体备课、二次备课，做到学情与校本教材的有机融合；加大经费投入，建立教师激励考核制度；专家与一线教师协同编写校本课程"探寻解决对策。（2）体验了对话式研训的教研活动方式。（3）了解并基本掌握了对话工具："5W2H"、UMU、质疑头脑风暴等。

3. 行为层（Behavior）。组织者要从行为层面看参训者行为的改变：（1）细化策略。活动结束后 1 周内，参训者要结合培训结果细化数学分层课程有效实施的策略，并在第二次学科教研活动中分享。（2）修订课程。参训者审视数学分层校本课程内容，在活动结束一周内上传一节九年级初中数学分层校本课程。学校改变课程研发人员结构，邀请当地高校专家介入课程修订和完善，在 1 月内完成了课程的修改、补充。（3）转变考核机制。学校管理者修订教师考核、激励制度。

4. 结果层（Results）：（1）深化学校课程改革。通过培训，教师对校本课程的实施并有了新的认识，推动宜宾市第五初级中学继续深化校本课程的开发研究，申请立项了 2019 省级科研课题"初中分层走班下的数字化资源校本建设研究"。（2）转变校本教研方式。项目培训的进行，使参训者在本校教研活动中想用、能用对话工具。区域内参训学校 85%都采用了对话的教研活动方式。

（九）问题与反思

1. 存在问题。（1）存在阻抗者。由于对话工具"5W2H"、UMU、质疑头脑风暴都是在培训中第一次使用，个别年龄偏大的教师比较排斥，表现为一定程度上的不配合、不投入。(2)缺乏技术引导。培训需要向中小学提供校本教研活动范本,常常选择本校教师担任活动的主持人。在培训中,由于主持者缺乏成人培训经验,不注意引导技术的使用,影响了参训者的活动卷入和学习投入。(3)产生"霍桑效应"。培训过程因需要关注、评估参训者的投入程度而确定了5名观察员分配到各小组。活动中,部分靠近观察员的参训者,在思维和表达上可能受观察员地理位置影响,注意力较其他参训者有所分散,并表现出拘谨或紧张,导致思维受到抑制。

2. 改进思考。(1)干扰阻抗。阻抗的类型主要有阻碍别人和自己抗拒。培训者和观察员要及时发现、关注阻抗者,针对自我排斥参与对话活动的个体,可利用群体影响力带动其互动。对于自我抗拒又阻碍同伴参与活动的个体,培训者可利用适时闯入阻抗者安全区域进行干扰,如可从坐姿心理暗示、拍照心理压迫等技术手段快速引导参与。(2)介入引导技术。引导技术是一门管理技术。引导技术使参训者研讨目标更清晰、对话更专注,避免对话中的偏题、跑题,在团队的研讨、决策中能促成高质量结果的形成。培训者利用引导技术引导参训者共同探讨、理解并彼此接受,最终形成解决策略或方案,会让团队后期的贯彻率和执行率更高。(3)植入隐秘观察者。有效的课堂观察可以给教师提供有效的反馈,使他们发现问题,有助于教师清晰地意识到支配课堂教学行为的教育教学行动策略,促进其专业成长与发展。培训者展开培训时,隐秘观察者不会对被观察者造成干扰和压力,可记录参训者自然、真实的状态,获得更科学、有效的数据。

第二节 对话式研训效果

一、对话式研训,促进教师专业发展

对话式研训,表现为教师与课改的对话、教师与自身的对话、教师与教师的对话、教师与管理者的对话。这种"对话"的本质就是一种"共享"——知识共享、经验共享、智慧共享。"对话研修"这种载体能调动教师的参研积极性，有效促进教师专业发展，加快教师专业化进程。

（一）教师专业理念与师德得以提升

1. 职业理解与认知更全面

关于教师的职业阐述，历代有很多论述，如荀子的"天地君亲师"、韩愈的"师者，所以传道授业解惑也"。我国1994年颁布的《教师法》总则第三条明确规定："教师是履行教育教学职责的专业人员，承担教书育人、培养社会主义事业建设者和接班人、提高民族素质的使命。教师应当忠诚于人民的教育事业。"作为一项职业，教师职业特性决定了从职者必须用心付出、用爱教育、与时俱进。一直以来，教师都是一个受人尊敬的职业，也被誉为辛勤的园丁、人类灵魂的工程师，但部分教师的态度反映自身职业归属感正在降低。教师在繁忙的工作之余，还要面对来自社会的期望和压力。由于教学任务繁重、考核繁多、疲于应付升学率等压力叠加，教师对职业的认同感及幸福感逐渐消磨。这从侧面说明，教师的职业认同感并不高。随着我国新课程改革的全面开展，教师在教育活动中的作用也越来越受到研究者的关注。虽然对于教师职业认同感的独立研究只是近二十年来的事情，却是新课程背景下教师专业化发展过程中一个十分重要的问题。在此环境下，我们从教师需求的角度出发，不断增强教师的自我认同感，并以"对话式研训"的模式进行培训，全面提升教师的职业认同感，增强教师职业的幸福感和归属感。为了更好地掌握教师的职业状况，我们先后对全区500名中小幼教师进行了前测、后测（见表5.5），并对相关数据进行分析。从统计表中，我们可清晰地看到，通过对话式研训的深入开展，教师的职业认同感、幸福感有了明显提升，更加热爱自己的职业，同时也体会、认识到了培训对自身专业能力提高的重要作用。

表 5.5　教师职业归属感调查

项目数据	你对目前的工作满意吗？			教师职业让你获得幸福感吗？			培训对专业能力提升有帮助吗？		
	满意	比较满意	不满意	能	一般	不能	帮助很大	效果一般	没有帮助
前测	56.1%	29.3%	14.6%	40.1%	18.5%	41.4%	30.1%	68.1%	1.8%
后测	78.4%	20.3%	1.3%	79.6%	19.5%	0.9%	86.7%	13.3%	0

2．态度与行为有所改善

得益于对话式研训的锻炼，参培教师的态度和行为得到大大的改善。这主要表现在：

（1）参培者对"对话式"研修方式的接受度明显提高。我们采用自编问卷对翠屏区 393 名中小学、幼儿园教师进行了问卷调查及访谈，对样本的人口学资料以及对"对话式研训"的认识度、接受度及需求度进行调研。随后，我们采用 SPSS 对数据进行了分析和处理，结果发现：教师对对话式研训及其相关概念的认知均值为 41.73，对话式研训的接受均值为 73.51，其中，认知度与受访者年龄、学历的相关度分别为 0.601 与 0.578。我们经过近两年的对话式研训实践，区内外参训教师累计 4500 余人。现阶段，参训教师对"对话式研训"及其理论的认知均值已提升至 81.20，对话式研训的总体满意度均值高达 93.01。对对话式研训，我们经常听到区内参培教师的培训感言："听了唐老师的讲座真的受益匪浅，因为培训者的期望来源于受培者的困惑。""唐老师的这种培训模式值得学习和推广。国培要少讲点理论，多讲些课堂实践技能。""这种合作交流式的培训好，在问题对话中产生共鸣和碰撞，找到问题解决的方法。""根据需要，分层次培训，探究合作，非常精彩，学有所获。""尊重是最好的培训，兴趣是最好的培训。""经典而不失真，精彩而不失礼。亲身参与是培训的最好形式。""一次精彩的培训能引起老师自身内心的深刻变化——只有这种自身的变化才能转化为教师发展的动力。""教师在特别紧急的关头往往会爆发出巨大的潜能。"而区外参培教师观摩、参加了对话式研训后,也发出了自己的培训感言,如北京市密云区教师进修学院李金凤的"对话式研训,让每个人成为学习者也成为智慧的贡献者"、湖北省武汉市东湖区教师进修校校长方贵琴的"对话式研训打开了培训的新思路,调动了学员的积极性,解决了学员培训的倦怠问题,让每一位学员深度参与,富有成就感"、河南省济源市教师进修学校琚东娥的"对话式研训有别于传统的研训模式,充分调动了每个教师的积极性"……总之,对话式研训让参训者自觉、主动地全身心、深度参与培训,从而在团队交流、个人反思、教学实践的系列过程中获得态度及行为的改变。

（2）对学生需求的关注明显改善。通过参与对话式研训,参训者切身体会到了当需求被关注而成为培训主体时所带来的成就感,并将这种体验迁移到教育教学中。这具体体现为:在教学中更加尊重学生的独立人格,能平等对待每一位学生;更加信任学生,尊重学生个体差异;主动了解和满足有益于学生身心发展的不同需求。所以,对话式研训让参训教师对学生的需求更加关注,自觉地在教育教学中将"以学生为主体"落到实处。

3．个人修养得以提升

每位卓越教师的潜能都得到了理想的、充分的开发。我们通过对参培教师的活动观察及参培后的反馈分析得出:参培教师参与研训活动的主动性更强,通过积极营造研训活动中对话的环境,不仅激起参培教师交流的本能和欲望,也提供了同行深入交流、共享资源和策略的平台;同时,也增强了各级教研组和区域不同类别不同学校教师群体的凝聚力。现在,翠屏区教师对各级各类研训活动都能踊跃参与。区级各科研训活动的报名参与率从 2015 年的 71%,上升到 98.3%。此外,通过对话式研训的带动,教师更加注重自我学习。在对话研训中,参培教师体验到了材料学习的重要性,也学会了理论联系实际地分析材料,更能提出具有个性的建议。这一过程潜移默化地提高了教师的个人修养与行为。

（二）专业知识横向延伸与纵深拓展

1. 对学生发展的认知更加深入

通过对话式培训，参研教师进一步了解了不同年龄学生学习的特点、心理特点，明确了学生良好行为习惯养成的方式，掌握了帮助学生成功过渡各学段、年龄段的方法。

2. 学科知识及学科教学知识更加精通

对话式研训注重对研训内容进行精挑细选、反复论证，以训练模式来促进教师的专业成长。当然，要提高教师的专业能力，培养其学科知识及学科教学知识尤为重要。我们通过近五年的实践研究，通过若干次对话式研训，引导参训教师深入分析掌握所教学科课程标准、掌握所教学科课程资源开发与校本课程开发的主要方法与策略，并能针对所教学科内容进行教学和研究性学习的方法与策略。

（三）专业能力与水平得到大幅提高

现在，全区已分批组织了上万人次的一线教师对话式研训活动，通过培训促进了翠屏区中小幼教师对对话式研训的理解和运用，能对自己的教学行为、教学思想进行反思和改进。据调查，有 98.5% 的教师认为对话式研训改变了传统的"你讲我听"的培训模式，实现了培训者与参培者双方民主、平等、互动的交流。而温晓鹿等 20 多名对话式研训骨干教师被评为"翠屏区名师工作室主持人""宜宾名师"及特级教师。

1. 教师教育教学设计能力提高

教师的教育教学设计能力是教师专业能力中非常重要的一项，也是课题研究需要着力解决和推进的内容。我们通过近 5 年的深入研究，参研教师的教学设计能力得以显著提升，能综合运用各种知识和技能，并根据课程标准的要求，针对学生的实际设计出具有一定教育理念的活动方案。

（1）教学设计能力不断提升。

随着对话式研训的不断深入和研究工作的扎实推进,课堂教学策略的研修已经逐步深入到一线教师的实践之中,成为一线教师教学水平得以有效提高的有力推手。近年来,翠屏区教师队伍中年轻教师比例逐年提高,他们急需教学策略方面的经验知识;中老年教师的课堂教学进入固化思维模式,不易接受他人建议。针对以上实情,我们探索出了一套行之有效的方法,为教师提高教学设计能力、教学策略搭建了平台。例如,某校四年级语文各课组在开展"诵读经典"的对话式研训活动中,通过观摩研讨课、分小组在规定时间内集体讨论,梳理出了经典诵读教学的有效策略,并以海报和讲述的形式呈现了小组讨论成果：一是反复诵读,让学生"读出形""读出意""读出情"。教师指导学生有层次地诵读古诗文,诵读要体现出四个层次：初读——读正确通顺；再读——读出节奏韵律；悟读——读出画面情意；诵读——读出诗境韵味。二是创设情境,引导学生抓住诗词中具体的事物,让学生想象画面进入作者描绘的情境中,从而帮助学生理解诗意,感受诗歌的意境美。三是链接资料,既可链接作者简介、诗歌的创作背景,又可链接同一作者的其他作品或同一题材的其他作品,让学生在对比中体味诗人的创作风格,以点带面地引导学生在诗歌的海洋中遨游,使他们真正体会到中华经典古诗文的巨大魅力。四是抓关键字词,与经典深度对话。教师可以抓"诗眼"巧设问题,在一问一答的同时,步步深入,引领学生细说所见之景、细思所悟之情,让学生和经典中的景、物对话,和诗人初步对话。教师还可以抓关键词"大做文章",让学生用心地写,让他们走入诗词,走进诗人,和经典所代表的中国文化进行一次深度的对话。可见,接地气、层层深入的对话研训,让新教师、中年教师等各类教师群体在自我反思、群体交流、教学实践中,生发出了具有活力、行之有效的教学策略。

（2）课程建设能力不断加强。

新课程要求教师不能只是教材的教授者,同时还应是课程的设计者、开发者和应用者。教师要有了解学生需求的能力,要有批判、反思和行动的能力。在对话研训中，翠屏区中小幼教师的课程建设能力得到了发展，所开发出的精品课程得到了展示的平台，也更加促进了教师的开发热情。历经5年的磨炼，翠屏区参研教师均能自觉地分析学情、资源，积极主动地开发具有实效性、特色性的课程。以参研单位宜宾市第五初级中学的研究为例，在分层走班课程的开发过程中，参研教师对国家课程进行增补、整合，促进了自己的课程设计、开发和应用能力。在课题研究过程中，该校教师实现了教师专业的"组合式"发展，他们既承担分层走班课程和选课走班课程的正常教学工作，又承担分层走班课程和选课走班课程的开放工作，还承担学生研究性学习导师的任务，其专业发展模式是立体的、组合式的。该校由数学组、英语组教师开发的"初中单元整体数学分层课程"和"初中单元整体英语分层课程"在翠屏区首届生态课程评比中获"优质"课程。2017年5月，在翠屏区第二届生态课程建设优秀成果展评初评中，"英语分层课程"获得"精品课程"，"数学分层课程"获得"优质课程"。此外，还有3门兴趣活动课程获得"优质课程"。2019年，在翠屏区第三届生态课程建设优秀成果展评初评中，"魅力排球"获得"精品课程"。教师以课题研究为引领、课程建设为核心、校本研修为依托，三者相互结合，促进教师研究能力提升，促进学校构建起"走班制"课程体系。

【案例】翠屏区中小学美术教师：在对话中走近课程，在对话中走近乡土

为了让全区中小学美术教师通过学习、交流、讨论进一步明确乡土课程建设应该如何选材、如何融入课堂教学、如何根据学生年龄特点及课程标准设定教学目标，同时也让全区中小学美术教师熟悉对话式研训的方式、营造良好的研训氛围，翠屏区师培中心美术研训员刘艳艳带领课题组成员开展了"中小学美术教师乡土课程建设"对话式研训。

在总结以往培训经验的基础上，刘艳艳老师反复修订了本次培训活动方案，最终将培训定为两大环节、七小步骤。

（一）研训主题

明确乡土课程建设应该如何选材；乡土资源融入美术课程的切入点；开发乡土课程时，应如何根据学生年龄特点及课程标准设定教学目标。

（二）研训内容

以上一阶段开展的中小学美术教师乡土课程建设竞赛获奖案例为对话材料，分析其选材得失，教学目标制定是否恰当；乡土资源融入美术课堂的切入点及教学目标如何紧扣课标，并为培养学生美术核心素养服务。

（三）参研对象及情况分析

中学美术教师18人，小学美术教师12人，共30人；本次活动参研人员中只有1名教师参与过对话式研训，而且是在新教师培训时参与的，其余29名教师均未参加过。参研人员来自全区公办、民办、城区、乡镇学校，有新教师，也有教学经验丰富的骨干教师。

（四）过程评价

一是自我评价，即培训团队在课程实施后及时反思，对课程设计方案与实施过程、效果进行质性评价。

二是形成性评价，即观察参与者在活动中的行为表现（表达与倾听、规则意识等），搜集参与者的典型表现，对参与者做出整体的评价，并及时反馈。

三是作品评价，即要求参与者设计教学设计，对提交的教学设计进行评价。

（五）引入工具和材料准备

（1）引入工具：话语权杖、分组与破冰活动技术、ORID焦点技术。

（2）材料准备：阅读材料（乡土课程教材、教学设计各一份）、全开素描纸、马克笔等若干、翠屏区中小学美术教师对话式研训活动记录表、观察员观察记录表、基于ORID焦点技术的教学设计观察记录表。

（六）研训时间

2018年3月27日，上午9:00—12:30。

（七）活动流程与内容

时　　间	活动内容	投放材料与植入工具	设计意图
9:00—9:10	主持人明确本次培训的主要目的和流程		使参培者明确活动流程
9:10—9:15	团队建设：分组（小学4人一组、中学6人一组）	6名画家姓名卡片	打破固有小团体，便于后期对话式研训能有思维的碰撞
9:15—9:35	参培者阅读投放材料，填写《翠屏区中小学美术教师对话式研训活动记录表》	填写研训活动记录表、阅读材料（乡土课程教材、教学设计）	为后期对话研训提供素材，为参训教师提供思维碰撞的素材
9:35—9:55	第一轮会谈：参培教师交流汇报自己的记录表，需记录他人汇报中的一个点	话语权杖、对话式研训活动记录表	为后期对话研讨提供素材，也为参训教师提供思维碰撞的素材
9:55—10:15	第二轮会谈：参培教师组内交流自己选择他人汇报的哪个点，原因是什么	话语权杖、教师对话式研训活动记录表	营造对话氛围、调动参与者的思维
10:15—11:00	第三轮会谈：组内统一意见，选择一个点进行再设计	话语权杖	整合集体经验、深化认知
11:00—11:15	第四轮会谈：每组展示自己的再教设计	大白纸、马克笔	以《基于ORID焦点技术的教学设计观察记录表》为载体，感受科学的课堂观察方法
11:15—11:20	观察员针对学员学习情况进行汇报	观察员观察记录表	让学员对自身学习情况有一个了解
11:20—11:40	主持人总结：乡土课程设计时需要注意的问题，展示上次竞赛活动的优秀案例	《基于ORID焦点技术的课堂观察记录表》	经验整合、认知深化
11:40—12:00	参培教师谈收获、疑惑		
12:00—12:30	课程反思：主持人总结反思今天的研训得失		反思课程设计，修改课程设计，确定下轮培训方案

（八）活动成果

1. 参训教师现场分组设计成果。

2. 参训教师展示设计成果。

（九）活动效果

参训教师由于初次接触到对话式研训，一开始有些不知所措，仍然处于传统培训方式时被动接受的心理状态，未打破心理的壁垒，出现了短暂的退缩、推脱的状况。在主持人和观察员进一步引导和鼓励下，老师们逐渐进入角色，认真阅读材料，深入思考，珍惜话语权真诚交流，尊重话语权认真倾听，谈自己的看法，集大家的观点，直至达到思维碰撞和智慧的迸发。培训结束后，参训教师纷纷主动分享参培感悟："这是一次耳目一新的培训！""新颖独特，有趣又有效！""每位老师分享自己的 idea，就像拿出一片独特的叶子供给研训讨论的主题，我们讨论的主题就变成一棵茂盛而饱满的树。""全员参与，思维碰撞、交流激烈，收获成长。""话语权杖运用的重要性和仪式感，让每个发言者都能充分感受到真诚、平等和被尊重，这样每位参与者都会友好开放地分享自己的智慧。""对话式研训对美术老师业务水平提高太有帮助了。"

（十）活动反思

1. 破冰的必要性。对于是否需要破冰环节，两个主持人存在分歧。主持人一认为破冰环节能让参训者更快消除陌生感，投入角色；主持人二认为该环节没有必要，因为所有参训者都是翠屏区的在职美术教师，平时有所接触和了解，相互比较熟悉，所以破冰环节可以取消。从活动后的效果来看，破冰环节还是有其必要性，特别是对于刚参加工作不久的教师，更利于她们融入，并获得话语权。但随着对话式研训方式的广泛、频繁运用，破冰的方式、时长要有所改变。

2. 组外游学的重要性不容忽视。本次活动因为时间关系，没有设计组外游学环节，只有组内的四轮会谈和最后的小组展示。这样的环节设计，缺乏了组外成员的智慧碰撞。

3. 主持人观察、调整的能力有待提高。主持人在每次研训时的作用至关重要，可以说在某种程度上，主持人决定着研训活动能否成功。在对话式研训中，主持人看似讲得很少，但实际上，必须时刻观察参训者的情况，发现问题，并调整研训进程，甚至增减研训环节。在本次研训时，第一次使用话语权杖，两位主持人在一开始都进行了强调，但主持人二在后面的研训时，忽略了强调话语权杖的问题，这样导致的结果就是部分教师，特别是新教师在本组内丧失了话语权。所以，主持人的能力需要进一步提高。

4. 观察者到底观察什么。本次研训，每个研训室虽然设定了两名观察员，但对观察员的观察视角还有待明确。有主研提出疑惑：观察员的观察视角应该放在主持人还是参训者，或者是整个研训环节的设计？是否应放在设计环节对参训者的作用上？有人认为：观察员不是单纯记录参与度与活跃度上，对今后的活动设计作用不大！在深入思考后，我们认为：（1）观察者应既看参训者，又看主持人，也要看培训环节的设计。因为课题的研究，也是对课题研究者能力的提高，通过观察者对主持人行为的记录，可以有效帮助主持人发现并反思自己存在的问题。（2）研训内容、研训环节的设计是否合理，必须通过观察参训者的反应来判断。如果参训者参与度不高，那我们就必须反思原因是什么。这些原因往往和研训内容、研训环节、主持人相关。所以，观察者也必须详细地记录参训者在每个培训环节的表现，并在后期分析中提供基础数据。

2．教育教学的组织与实施能力提高

教育教学的组织实施能力决定着教师能否将已有的教育理念、教学设计、教学策略贯彻到教学实践中。教师须与学生建立良好的师生关系，能创设适宜的教学情境，善于调动学生的学习积极性，能充分发挥学生学习的主体性，能鉴别学生行为和思想动向，并用科学的方法加以引导。在有计划的分层、分步、分类的对话研训中，翠屏区教师的教育教学组织与实施能力获得了质的飞跃。

【案例】宜宾市中山街小学校：班级文化展示提升班主任德育能力

（一）研训主题：如何有效开展"班级文化展示"？

（二）研训目标

1. 在研训结束后，教师能认识到"班级文化展示"的意义和价值。

2. 教师能从"在活动中育人"的角度，通过编排丰富多彩的活动，让学生经历过程，从而在舞台上自信地展示自我。

3. 教师通过小组合作，能对原有"班级文化展示设计方案"进行改进、优化，做到"一班一主题，一班一特色""展班级风貌，展学生风采"。

（三）活动评价

1. 研训目标的达成度。

2. 是否体现了中小学教师对话式研训的一般流程与特点。

（四）研训对象：中山街小学三个校区的德育处主任、少先队大队辅导员、优秀班主任等共计24人。

（五）研训时间：2018年9月20日。

（六）研训地点：宜宾市中山街A区。

（七）准备活动

1. 根据大部队本期主题式德育工作安排，拟参加研训的教师每人上传一份自己的"班级文化展示"设计方案给研训员，供研训员了解"学情"，同时作为对话式研训的备选案例资源。

2. 拟参训教师阅读研训员上传到QQ群里的阅读材料《如何有效设计"班级文化展示"方案》，并思考：在"班级文化展示"方案中，你觉得是否将相关德育主题有效融入活动中？学生是否全体参与？能否调动学生的积极性？能否体现时代特征和班级特色？形式是否新颖？内容是否健康积极？是否有调动家长参与？试着对自己某一份方案逐条进行分析，如具备哪些要素，不具备哪些要素。

3. 每小组从本校上传的方案目标设计中（四个组分别为爱国教育、文明礼仪、经典诵读等三种德育主题班级文化展示方案）无记名投票评出最优秀的一份，以此作为对话式研训时的研讨案例材料。

（八）活动流程

1. 分组设计对话引入：进场手环颜色相同的为一组，座位上系有绳子的为组长。播放四（3）班优秀班级文化展示视频"祖国在我心中"，引出交流话题：班级文化展示的意义及价值何在？如何有效设计班级文化展示方案？

2. 三轮会汇谈对话展开。通过所提交的方案，选择其中最好与最有待改进的两篇，进行修改、优化；提出有哪些好的建议？还有什么困惑？第一轮：组内讨论个人独立完成，再小组交流。第二轮：外出交流时，组长留下接待其他组来访的组员。第三轮：交流外出学习的成果，并制作海报（内容包括德育主题、表现形式、具体流程、人员分工等）。

3. 集体展示。

4. 观察员与专家点评。

5. 参与教师谈收获感受。

6. 课后运用：研训活动后，每人上传一份修改优化后的班级文化展示设计方案。

（九）对话成效

通过此次对话式研训，参与研训的教师发生了较大的改变，具体表现如下：

1. 教师认识的改变。"班级文化展示"的意义和价值何在？如何有效开展"班级文化展示"？在此次对话式研训之前，参训教师普遍不太了解，他们都说，以前根本没有这样认真地思考过。日常，基本都是上台唱一首歌或跳一段舞，教师让学生在网上照着学的。从这些老师研训前上传的方案可以看出，其展示大多随意、不规范。研训结束后，大队辅导员李金锋谈道："班级文化展出的是学校的形象，是艺术化了的德育教育，在以后的工作中，我将更重视提升这项活动的质量和评比活动！"李旭敏老师说："丰富的文化内涵，和有趣的形式结合起来，快板、中国功夫、朗诵、舞蹈、朗诵、吟诵原来都可以整合应用到我们的班级文化展示中来呀！"

2. 教师行为的改变。这批参训老师，在对话式研训前，他们的班级文化展示大多随意、对德育主题的表现不准确，有的只是请一部分学生上台展示。对话式研训后，每位教师都对原来方案分析、修改或优化。修改、优化后的方案表述出近8周的班级文化展示周周有精彩。例如，二（2）班师生同台展示，多声部合唱"吃水不忘挖井人"；四（3）班舞台剧"文明在我身边"；四（4）班"少年中国说vs龙的传人"，朗诵与动感街舞整合表演。

3. 家长的认识在改变。对此次研训活动，家长们反响热烈。我们采用了UMU互动学习进行"班级文化展示"调查，获得家长们的好评。

（十）活动反思

我们今天的德育处处充满了说教，孩子不喜欢，总是"不听话"……表面上看，这虽是对孩子"立德树人"的要求，但对这些孩子来讲，仅仅一味地制约是行不通的。我们要让孩子亲身参加班级文化展示活动，在活动中体验个人是集体的一分子，到舞台上用丰富多彩的形式来展示自我、展示班级风貌，感受"爱国""扬民族文化""红领巾，我为你骄傲"等一个个主题。要想真正解放孩子，教师还得从解放自己的对话模式开始。

通过此次活动，参研教师认为要提升自己的德育培养能力，班主任老师应做到多维对话：一是与学生对话。教师要了解自己的学生，了解学生的自身情况和家庭情境等，要关心爱护，要因材施教。二是与家长对话。活动的开展离不开家长的默默付出及全力支持。班主任要与家长多对话，整合家校资源，确保活动顺利开展。三是与同伴对话。班主任在与同伴的对话中吸纳彼此的经验与智慧，生成用比较恰当的方法表述教学目标的新策略。四是与文本对话。教师要基于经验又跳出经验去思考解决问题的方法。五是与专家对话。班主任要把理论用于实践，用理论指导实践，生成解决问题的更有效的策略，让理论变"浅"、变"活"、变"实"。

3. 沟通与合作能力的提高

卡耐基认为："学习中有两种东西是最重要的，一是信心，二是与人合作。一个人的成功 15% 靠专业知识，85% 靠人际关系和处世技巧。处世技巧和人际关系指的就是学会合作。"合作学习有着悠久的历史，《学记》中提到"独学而无友，则孤陋而寡闻"，可谓点明了学习过程中合作的重要性。教师的成长离不开合作，而合作又建立在沟通的基础之上：与学生沟通、与家长沟通、与同事沟通、与社会沟通。与学生沟通，教师能了解其思想动态、心理需求；与同事沟通，能分享经验、共同发展；与家长沟通，能获得理解与支持；与社会沟通，能与时俱进。所以，沟通与合作能力是教师专业能力中又一重要内容。随着课题研究的推进，翠屏区参训教师体验到了良好的沟通带来的有效合作，有效合作带来的共同进步。从教师沟通与合作能力的前后测对比分析来看，参训教师的倾听能力、表达能力、交流能力均有大幅度提升，特别是合作交流能力及自我反思能力最为明显。自我反思能力增幅为 40.7%，增长幅度最大。这反映出参训教师经过对话式研训已将被动回答变为主动表达，被动描述变为主动交流，被动总结变为主动反思。同时，在课堂教学活动中，参训教师先让学生分组对话，并引导学生遵循合作交流规则，有话语权杖的学生才可以发言，其他同学必须专心倾听，积极思考，交流讨论后如有疑问再向老师或其他同学请教；经常鼓励班上学生独立思考、大胆发言；表扬主动探究的学生，课后经常与学生一起讨论、交流教、学中的心得……参训教师在对话研训期间不断尝试，提高了自我反思能力、表达能力、交流能力。

【案例】教师沟通与合作能力前后测分析

对话式研训效果项目	题 目	班 级	答题情况统计		
			研训前	研训后	效 果
倾听习惯	对话交流时，你能专心听别人发言吗	武庙街小学全体教师	36.80%	63.60%	26.80%
	对话交流中，你能仔细、认真听，不随便插嘴吗？	武庙街小学全体教师	33.80%	61.20%	27.40%

续表

对话式研训效果项目	题目	班级	答题情况统计		
			研训前	研训后	效果
表达交流习惯	在独立学习中,有问题再向专家或他人请教吗?	武庙街小学全体教师	35.90%	62.50%	26.60%
	在问题探究中,你经常与同事一起讨论和交流吗?	武庙街小学全体教师	37.80%	61.30%	23.50%
自我反思习惯	在独立学习中,有问题再向专家或他人请教吗?	武庙街小学全体教师	28.90%	59.10%	30.20%
	你能用心听取他人不同意见,并进行积极思考吗?	武庙街小学全体教师	14.70%	55.40%	40.70%

4. 反思与发展能力的加强

通过研究,学科教师对对话式教学的理解和应用不断增强,并能关注、控制自己的教学过程,能寻找到恰当的教育教学方式,重视专家、同行提出的问题,坚持实践—反思—再实践—再反思的持续经验评价过程,能对自己教学行为、教学思想进行积极反思。通过有效的"对话式研训"活动,教师在"对话课标""对话教材""对话课堂""对话自我"过程中,已经把"对话式"作为一种教研常态。有了这种和谐、平等、互动的研讨氛围,教师能更好地总结、反思自我的教学,促进了自身专业素养的提高。

【案例】教师专业能力成长反思自评表

宜宾市翠屏区安阜街道中心幼儿园

姓名:张运昭	时间:2017.09—2019.07
预定发展目标: 1. 通过导师引领并结合个人实际,开展教育教学实践和研究。 2. 在学习中不断提高业务能力,总结提炼自己的教学经验,形成自己的教学风格与特色。 3. 大胆实践、探索,开展课题研究,提升自己的教研水平。 4. 希望能全面提升自己的教学能力和科研能力,在学术上取得一定成果,成为具有终身学习和创新能力的特色教师。 5. 强化团队作用,努力挖掘自身潜能,发挥骨干教师的辐射作用。	

续表

随着课题推进和应用，我先后观摩了翠屏区鲁家园幼儿园、教工幼儿园组织的幼儿园区域环境主题研训活动，先后参加了青幼集团对话课题组联合骨干园开展的理论与实践相结合的对话课题推进对话式研训活动，以及幼儿园开展的各项对话式研训活动，了解了世界咖啡、六项思考帽、团队列名法、鱼骨分析法、乔哈里视窗等多种对话工具。每一次观摩与参加对话式研训活动，都让我深刻地感受到对话式研训的独有魅力。它与传统研训方式相比更有效、更有趣，既沾仙气，又接地气。因此，每一次对话式研训活动对我来说都是一次新的学习、新的出发。

我深知，作为一名市级骨干教师，必须不断充实自己，向着更高的目标发展。两年来，我先后参加了"宜宾市2017—2019市级骨干教师培养人选"培训班、"翠屏区学前教育第二届李敏工作室"学习、"翠屏区'国培计划（2015）送教下乡学习"。我十分珍惜每一次学习培训的机会，边听课、边记录、边思考，学习先进的教学理念，积极参加班级论坛，勤于反思，从中汲取了许多有价值的信息。在宜宾市2017—2019市级骨干教师培养人选培训中被评为优秀班干部、翠屏区国培计划（2015）送教下乡学习中被评为优秀学员。

作为一名市级骨干教师，我将"垂范、敬业、好学、反思"作为行动准绳，带动青年教师，以各种形式学习并深刻领会《3—6岁儿童学习与发展指南》精神，带领他们在先进的教育理念指导下，借助于行动研究，对自己的教育实践进行反思，积极探索与解决教育实践中的问题，撰写反思随笔，促进自身的专业成长。在宜宾市2017—2019年学前教育骨干教师培养人选课例比赛中，《神枪手》荣获二等奖；翠屏区"'国培计划（2015）'送教下乡"活动中承担《社会领域培训成果》专题分享；翠屏区师培中心举办的"国培成果推广会"中承担《快乐的拥抱》公开课、"幼儿园新教师培训"中承担《润物"戏"无声，让环境有戏》主题讲座；在翠屏区第五届项目研修成果（个人）评比中，《无声教育有声互动》荣获二等奖。2017年11月，主研的区级课题"城乡接合部幼儿园提升青年教师专业发展的实践研究"正式开题。2018年6月主研的省级课题"城乡接合部幼小衔接实践研究"顺利结题，主研的区级项目研修《基于〈幼儿园教师专业标准（试行）〉的环境创设与利用研究》》在翠屏区第五届项目研修优秀成果展评中荣获三等奖。同时，我还利用业余时间，阅读、摘录教育理论，学习先进的教育理念，认真研读了《3—6岁儿童学习与发展指南》及《指南解读》《游戏力》等书籍，并认真撰写学习心得，发表了《幼儿园教师专业发展的问题与对策》《新课改下幼儿园美术情景教学浅谈》《幼儿园科学领域课程实施探讨》等文章。

此外，我还积极参加省区市各级各类活动，带队参加2018年"邹凯杯"四川省第三节幼儿基础快乐体操比赛并获得"优秀领队"荣誉称号，参加区"立足岗位做贡献、教育发展我争先"主题演讲比赛荣获二等奖，并先后主持市、区级幼儿园教师读书心得演说比赛。

路漫漫其修远兮，在今后的学习与探索道路上，我将继续努力前行，不断提高自身的业务水平与素质，不断深入研究，并在教育实践中锤炼思想，树立成果意识，争取在论文发表、研究成果方面做出更多的成绩。我只有不断努力，才能发现自己潜在的价值，并实现自己的梦想！

续表

目标未达成的原因分析：在工作中虽然积累了一定的经验，但在教科研及课题总体把握上还有待加强；外出观摩学习机会较少，专业书籍阅读量不够。
今后的打算：认真研读专业书籍，提高自身理论素养，更新知识结构；积极参加教科研活动，灵活运用多种研讨对话工具与同事对话、与专家对话，总结灵活驾驭活动的经验；利用教科研时间或备课时间，大胆交流工作中的问题，及时改正不足，并学习别人的长处，使自己不断进步。

二、对话式研训，提升学校办学质量

学校的发展，需要教师队伍建设、校本课程支撑、学校特色文化积淀等。通过对话式研训，学校教师团队整体成长、教师对话教学和整体业务素质与能力快速提升、教师课改理念转变，促使学校课堂和课程改革全面推进、区域学校教育教学质量和办学效益全面改善。

1. 内生学校发展动力

"百年大计，教育为本；教育大计，教师为本。"学校的办学质量离不开教师队伍建设，而教师队伍成长离不开教师内驱力的形成。教师对话式研训在教师内驱力的培养上起着非常重要的作用。我们通过区域中小学教师对话式研训的实践研究，助推了学校教师内生动力的形成，形成了教师的对话能力、常态化研修能力、课堂变革能力、课程研发能力、继续教育能力和特色学校的建设能力。

（1）对话能力。有效的"对话式研训"活动，让教师"对话课标""对话教材""对话课堂""对话自我"，让"对话"成为教师的工作常态。自学、集体学习、培训交流等多元对话，使教师思想观念转变，对话意识增强，对话互动习惯养成。教师在和谐、平等和互动的对话中发现教育智慧，运用教育智慧，并逐渐认识和熟练掌握多维对话的方法。教师在不断总结、反思中实现自我对话，全面提升了对话能力。问卷调查发现，参训教师的"倾听表达、合作探究、策略提炼、总结反思"能力都有所改善。结果表明，通过"对话式"研训活动的开展，参研教师在"倾听表述能力"方面提高了17.1%、在"合作探究能力"方面提高了13.4%、在"策略提炼能力"方面提高了49.7%、在"总结反思能力"方面提高了42.1%。由此可见，对话式研训这种研训模式，有效培养和提高了教师在研训活动中的对话能力。

（2）常态研修能力。对话式研训让教师身心总是处于积极的思考状态及自主建构状态，他们开始有了自己的独立思考，敢于表达自己的观点，不再惧怕权威。对话让教师从被动接受开始走向主动建构。在多维对话中，教师逐渐变得敢说、能说、会说，找回了自信。"对话"改变了教师参与校本研修的被动状态，提高了教师研修的积极性、主动性。对话式培训让校本研修根植于教师实践中的"真问题"。对话式研训给校本研修带来了活力，让校本研修成为教师乐于参与、提升教师专业素养的平台，让校本研修成为学校教学质量稳步提升的动力源。历经对话式研训的洗礼，不少教师感慨："以前参加培训，总感觉专家高高在上，培训总是听过就忘，收获甚微，而对话式研训中的对话体现在各个环节，通过不同阶段、不同形式的对话激发我们的参培热情，指导我们逐步深入，让我们从被动走向主动。""在培训前，课程方案及预习作业提前发布，让我们做好应有的知识储备，做到心中有数，有话可说；培训中，通过多种形式展开自我对话、同伴对话、书本对话，让我们想说、敢说、能说，形成积极的策略；培训后，鼓励我们再回到实践，重新提出实践中的新困惑，产生新的对话主题。""这样的培训，较好地改变了以往通过灌输得到的理论与实践脱节且难以转化为教育行为的状况，让我们身心总是处于积极思考及自主建构的状态，最大限度地激发培训的主体意识，让我们得到切实的成长。"

（3）课堂变革能力。基于区域中小学教师对话式研训的理解和应用，全区80多次4 600多名一线教师参与的现场培训活动，使98.5%的参训教师认为对话式研训改变了传统的"你讲我听"的授课方式，实现了课堂真正的民主、平等、互动与交流。对话式研训影响了学校课堂教学方式，提高了课程变革的能力。在对话式研训活动中，教师着眼于"教学策略"的研讨，在师与师、师与课例的对话中，通过多层次的、多方面的研讨，提炼出了有针对性的、行之有效的教学策略，指导教育教学工作，从而提升课堂教学效率。学校课堂教学变革能力彰显，对话式教学运用于课堂教学实践，师生建立对话共同体。教师通过对话式研训，把对话研训的策略成果运用于课堂实践，把对话式研训加以改进，并尝试进行对话式教学。"对话式研训"促进了教师在不同学科、不同课例的教学中实现答疑解惑、提炼有效的课例策略。对话式研训加深了教师对对话教学的理解和应用，对教学行为、教学思想进行积极反思和改进，更好地指导教学，提升教学效果。课堂由一问一答的满堂灌向师生互动、生生互动进行有效转变：课堂有提问、有探讨；学生思维活跃，兴趣高涨，大胆质疑；教师新课改理念革新，培养了学生自主、合作和探究能力，促进学生的全面发展。"通过参与对话式研训，我认识到师生对话的价值：一是可以调动幼儿的积极性，促进幼儿积极思考；二是可以培养幼儿想说、敢说、思辨的能力，促进幼儿语言、社会及思维等多方面的发展；三是通过对话可以达到'授人以鱼不如授人以渔'的效果，让幼儿通过对话掌握更多的学习方法和技巧，而不只是单纯地接受知识。"正如张会芳在随笔中所写，对话式研训唤醒了教师的课改激情，培养了教师的课改能力。

（4）课程研发能力。在对话式研训的思维碰撞中，教师的观念发生了根本性的变化，由课程最忠实的"执行者"向课程的"决策者"过渡。对话式研训下的校本课程开发要求教师自己寻找、确定课程目标和课程内容，不断完善课程实施与评估策略，具备制定课程目标、确定课程内容、实施课程、评估课程的能力。校本课程的开发，增强了教师课程意识，激发了教师自我发展的内需，催生了教师的创新思维，培育了教师课程研发能力。对话式研训引发了教师课程建设能力、校本课程研发能力的提升。教师不再是缺少课程意识的教材教授者，而是课程的设计者、开发者和应用者。教师有了解学生需求的能力，能自觉进行学情、资源等相关分析。教师在开发过程中与专家对话，不断优化完善课程，开发了丰富多彩的校本课程。近三年，区域内的教师自主开发了精品课程22门、优质课程62门。

（5）继续教育能力。"对话"使研训形成了生长力，而校本研修使教师增强了继续教育的能力。校本研修必然以校为本，以教师为本，要符合教师的需要。合作交流式的研修才能在对话中产生共鸣和碰撞，找到解决实际教育教学问题的方法。对话后的实践、实践后的交流、交流后的行动反思、反思后的行动改变、改变后形成的操作策略，更能满足教师发展的内在需求，更能助力校本研修的扎实推进。在校本活动中，专注而投入的对话式研修，打开了校本研修的新思路，调动了教师的积极性，解决了教师的教学困惑，让每位教师既是学习者也是智慧的贡献者。"对话式"的校本研训，让校本培训不再是以专家的课堂讲授为主，而是还原真实的课堂情境。在平等宽松的氛围中，同伴交流互动，发现问题，反思疑难，解决问题，改进教育行为，让教师成为自身实践的研究者、行动学习者。

（6）学校特色创建能力。对话式研训中的"对话文化"是教师与课改的对话、教师与自身的对话、教师与教师的对话、教师与管理者的对话。这种"对话"的本质就是一种"共享"——知识共享、经验共享、智慧共享，以"对话研修"这种载体促进教师课堂变革能力的发展，通过课堂变革能力的发展助推学校特色校本课程建设和学校特色教育的形成。对话式研训引发教师教学行为改变，从而引发学校文化的改变。对话让学校的理念与文化、校本课程更具特色，引发学校文化的改变，培育了一大批独具文化的特色学校。区内部分学校的特色建设得到迅猛发展。区域内有17所3A级特色学校、26所2A级特色学校、22所1A级特色学校。这些学校，各具鲜明的特色文化与办学理念。

2．改善校园人际环境

通过对话，心与心有了链接，人与人的距离拉近。教师被尊重，是学校的主人，有了教育教学和学校管理的发言权。学校面貌焕然一新，教师间的人际关系变得融洽，校本研修焕发新的生命力。如学校一位即将退休的教师，多年不参加学校的校本研修活动，对教学成绩、绩效考核不予理会。通过对话式校本研修的开展，这位教师从去年开始主动参加每次活动，并对班级的课堂管理、学生管理提了三次可行的建议。教师参加学校研修的积极性显著提升，学校管理的过程更加顺畅、和谐。

3. 扩大学校的影响力

随着教师对话式研训课题研究的深入，翠屏区教师研训工作及整体教育教学工作越来越受到区外教育同行及社会的关注。许多区外的教育同行并不满足于听我们的经验介绍，也不满足于接受一两次对话式培训。为了进一步学习对话式研训，并亲自见证由对话式研训而引发的教师教育教学行为的改变，以及由此带来的课堂教学的改变，他们一次次到翠屏区实地考察、参观学习。例如，李庄中心校迎来了加拿大BC省华侨参观学习交流团、第二届宜宾市乡村骨干教师能力提升培训班的100名参培教师。他们观摩了学校的优质课，通过参与"对话式"研讨，表示愿意将这种新型的研讨模式带回自己的学校，从而提高老师们培训的积极性。又如，凉水井中学深入开展课堂改革，厚积薄发，不断扩大影响力。近三年，有近200个参访单位到校参观，参访人数近7000人；教育部先后有两位司长到校考察、指导学校课改，省教科所领导也多次到校考察指导；美国、印度等外国专家同行前来交流考察，广受好评；学校被写入了2018年互联网教育发展蓝皮书；《四川日报》等媒体进行了专版专题报道；2018年12月14日，学校承担四川省"新时代校本研修与教师专业成长研讨会"现场，专门进行了对话式校本研修的专题分享和现场活动展示，赢得了省教科院专家"专业性强、参与度强、实用性强、互动性强"的高度赞誉。

4. 增强家校合作力度

学校教育承载着学生教育的重要任务，家庭教育同样在学生教育中起着至关重要的作用。学校教育和家庭教育只有紧密联系、多方合作，才能较好地完成学生的教育任务。教师是学校、家长共同教育的关键联结者，家长会是家校共育的重要途径。从教师培训走向学校课堂教学的对话式研训，让教师的对话习惯和思维日趋成熟。因此，对话式家长会也是对话式研训的直接产物。对话式家长会是基于对话式研训的重要流程而进行的家长与家长、家长与教师之间的对话过程。对话式家长会改变了传统的家长会模式，打破了教师一言到底的格局，让家长有话可说、有话能说，发挥了家庭的教育功能。家长之间的对话，也为大家提供了更多可供借鉴的家庭教育经验，增强了家校共育的合力。

【案例】宜宾市人民路小学：对话式家长会

（一）活动主题

作为对话式研修实验学校，宜宾市人民路小学为了将"对话"模式推广到更多的领域，让更多的人切身体会"对话"带来的益处，确定以部分班级家长座谈会为契机，尝试采用对话式家长座谈会的方式进行。

（二）活动目标

1. 确保学生家长真正参与活动，积极思考，各抒己见。

2. 确保学生家长在对话中相互学习取长补短，从而达到座谈交流目的。

3. 确保学生家长在对话中共同商讨切实可行的策略，解决家庭教育中存在的疑惑。

（三）活动时间：2018年11月16日（周五）下午4：00—5：30。

（四）活动地点：宜宾市人民路小学校对话式研修实验班级各班教室。

（五）活动准备

1. 教室内多媒体循环配乐播放本期学生精彩的瞬间。

2. 教室讲台摆放鲜花，前黑板布置妥当。

3. 教室4张桌子为一组，桌面铺好桌布，放好水果。抽屉里摆好玫瑰、信封、海报纸、彩色白板笔、八个本子、八支黑色中性笔。

4. 摆好桌椅，学生对号入座，会前由学生将自己家长带到座位上后离开。

（六）活动流程

1. 主持人开场白。

2. 校长全校讲话。

3. 班级由班主任老师组织开展对话式家长座谈会：（1）观看视频，引出对话话题。（2）组长领取各组子话题，独立思考。（3）拿起话语权杖，轮流发言（只听不讨论）。（4）组内交流，汇总好方法，及解决困惑策略。（5）齐心协力，制作成果海报。（6）整组上台展示，展示交流成果。（7）班主任进行点评与交流。

（七）活动成果

这是一次大胆的尝试，一次全新的体验，在"对话"中，学生家长一改曾经的听众身份，变成了座谈会的主角，会场气氛热烈。每个人都有任务，都要思考，不仅要倾听，还要发表自己的看法；会上家长们各抒己见，对学习习惯中的书写、阅读、说写、改错等四个方面进行了深入的探讨交流并形成了以下策略：（1）书写习惯培养策略。家长注重言传身教，为孩子树立榜样，与孩子多沟通，多鼓励，让孩子体验成功，持之以恒。（2）及时纠错习惯培养策略。家长以身作则，走进孩子内心，针对错题共同分析问题，寻找问题根源；建立错题集，督促改正，并做到持之以恒。（3）课外阅读习惯培养策略。家长以身作则，改变自己，放下手机捧起书本，与孩子共读交流，多一些陪伴并营造良好的家庭阅读氛围。（4）说写习惯培养策略。家长多陪伴、多指导，激发孩子的兴趣，耐心引导孩子大量阅读，注重积累好词好句。

（八）活动反思

这次家长会一改过去的陈旧模式，给予了家长们"对话"体验。通过对话，家长们实实在在研讨出了可行的策略。但此次对话活动也存在一些问题：（1）部分孩子父母因工作原因无法参与，由爷爷奶奶代替参加，不利于问题的讨论和活动的开展。（2）分组时没有考虑到每个组实力均衡的问题，导致组与组之间差距较大。（3）第一轮发言中，话语权杖的规则强调不够，导致部分家长抢话说，极少数家长没有发言。（4）时间不足。本次家长会只有一个半小时，留给家长们的对话交流时间比较少，导致全班展示时第一个小组已经在交流了，但仍有一个小组没完成海报制作，没有认真倾听别的小组发言及发表自己的意见。

（九）改进建议

对话式家长会给家长带来不一样的心情，不一样的感受，不一样的收获。家长在对话中进行思想的碰撞，形成了智慧火花。同时，这次对话式家长交流会给予了我们更多的思考：（1）活动前，教师应科学合理地选择好每一次"对话"的主题。在确定对话主题前可以对家长们进行调查，了解家长们感兴趣的话题以及亟待解决的问题，并汇总再选择，这样，家长们的积极性、参与度会更高。（2）活动中，教师应采取多种形式鼓励学生家长畅所欲言，做到共享、共学、共长。（3）在活动中，教师应注意把控好时间与流程，坚持落实每一个环节，同时设置、限定并把握好最终的完成时间。（4）在活动前，教师应注重对家长分组组长的培训与指导，确保小组能按照对话式研训提供的基本模式进行对话，确保对话的质量和实效。

三、对话式研训，创新区域师培路径

自 2007 年翠屏区教师进修学校、教研室和电教馆合并成立翠屏区教师培训与教育研究中心后，翠屏区教师培训与教育研究中心在"打造研训专家团队，引领教师专业发展，铸就教师教育品牌"办学理念和"做教育思想的激荡者"校训的引领下，将"中心"定位为全区教育改革发展的"智囊团、参谋部、指挥所、服务站"，旨在为区域教育改革发展提供人才保证。而 2016 年启动对话式研训的研究，犹如一个加速器，为"中心"践行理念、定位角色提供了有效载体和巨大的动力，加速推进了研训员的成长，全面提升研训员的专业素养。

1．交流互鉴，绽放精彩

据统计，2017—2019 年期间，课题组成员及中心研训员外出交流的次数和档次呈上升趋势，对话式研训部分研究成果在国内得到推广和应用（见图 5.1）。对话式研训成果的分享，促进研训员和培训对象共同成长。2017 年，《中国教育报》以《"对话"，激荡一池春水——四川省宜

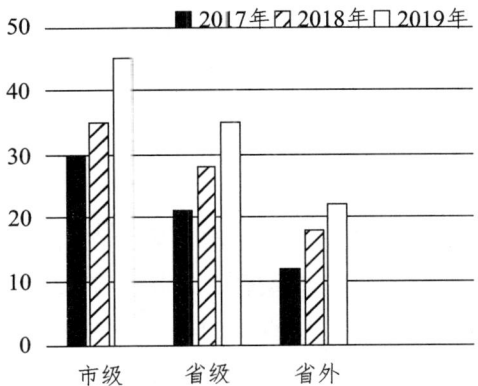

图 5.1 课题组成员及中心研训员 2017—2019 年外出交流统计

宾市翠屏区区域推进"对话式研训"工作纪实》为题做了专题报道。课题负责人唐元毅于 2017 年 4 月应邀为贵州省黔南师范学院承办"国培计划"(2017)培训团队做"乡村教师究竟该如何培训——乡村教师培训的困境及应策"专题培训、2017 年 11 月对重庆市农村中小学校长培训班做了"乡村学校教师发展路径与策略"的对话式研训专题培训、2018 年 6 月为西南大学承办的"国培计划"(2017)贵州省桐梓县培训团队培训做了"对话式研训的设计与操作"专题培训、2018 年 9 月为四川师范大学承办的"国培计划"(2018)——全国示范性专职培训团队研修中小学教师培训管理者培训做"对话式研训的设计理念与操作流程"专题培训。2016 年 11 月,课题主研人员朱莉玲、唐煌、张倩应邀对珠海市首届幼儿园教师名师工作室研修班(120 名学员)担任培训课程设计并承担"幼儿园教研活动策划与组织"专题培训。2018 年 7 月,课题主研人员朱莉玲、唐煌应邀对重庆市北碚区幼儿园业务园长、保教主任培训班做"幼儿园环境与幼儿的艺术审美发展"专题培训。2018 年 3 月,课题组成员唐元毅、钟永强、唐煌、张倩应邀对宜宾市江安县师培中心的 50 多名教研员和县政府督学进行了为期两天的"教研转型"项目培训。2017 年,课题主研人员何奎连教授到贵州开展心理健康教育培训时采用了对话式研训,受到学员教师的一致好评。在 2018 年 5 月,课题负责人唐元毅在河南省郑州市召开的第七届全国教师培训机构发展研讨会上,以《基于对话式研训的培训项目设计》为题，对来自全国 280 多家师培机构的 500 多名代表做了大会交流，引起了来自中国教科院、教育部课程教材发展中心的专家和全国与会者的强烈关注，产生了很大影响。

2．笔耕不辍，硕果频出

文字语言表达能力是教研员的基本素质。在研究过程中，课题组成员将读书、思考、写作三者有效结合，运用文字去归纳与概括，运用文字把在对话式研训过程中的一些重要的感受、看法、观点，乃至新的教学理念撰写成稿，让"思"展现出多元的视角，让"写"展现出别样的魅力，用翰墨传播着对话研训的魅力，也展示出研训员专业能力的提升轨迹。2016—2020 年期间，课题组成员公开发表文章 89 篇，省级获奖文章 45 篇，参与 8 部专著的编写。与前三年（2013—2015 年）相比，增长了 150%；课题阶段性成果《中小学教师对话式研训的理论与实践》于 2018 年 12 月获得四川省 2018 年阶段性成果评比一等奖，2020 年，朱莉玲、钟永强撰写的研训案例《幼儿园区域主题式研训活动的实践》获得四川省 2020 年度教师培训优秀成果二等奖，《心焦点、新征程——翠屏区高中班主任心理健康教育高级研修班学员成果集》获得四川省 2020 年度教师培训优秀成果三等奖。2019 年改版的《翠屏教育》中开设的焦点、主题、师者、论坛等栏目产生了很好的反响，为基层学校和广大一线教师提供权威先进的教育教学理论指导，在一线教师中引起了强烈反响。根据信息反馈，很多校长和教师将其中的一些文章收藏或复印发给全校的每一位教师，为推广对话式教学提供了良好的理论指导和专业引领，取得了积极成效。

3．区域领先，品质发展

研训员的专业成长，为学校积蓄了发展后劲，也促进了学校内涵式发展和可持续的发展。对话式研训，为教研科研工作一体化带来了机遇，也让基层教育科研找到更坚实的落脚点。教研工作增加了学术性、科学性的引领，教学研究也更加严谨和科学，使教研工作更有指导性和科学性，并将整个教育改革大背景和谐地融为一体。翠屏区师培中心的学术能力和影响力得到了极大增长，中心的"智囊团、参谋部、指挥所、服务站"功能日趋强大。近三年，翠屏区师培中心先后接待了95所教研室、研训机构的来访，交流办学经验；承办了36次省市级学术交流会。2018年实施的"区域研修转型升级，重整行装再出发"策略，进一步加强中、小、幼片区研修联组工作，完成了中、小、幼研修联组调整，把片区研修联组建设成为了"质量监测的平台、教师展示的平台、课改深化的平台"；而"精准视导、视导回头看"制度的建立与实施，充分发挥研训员的引领作用，让研训员在视导中和乡村教师一起在教学中寻找问题、解决问题，与基层教师共同成长。2020年，翠屏区师培中心以总分第一的成绩获得了宜宾市县（区）级教师发展机构年度工作考核一等奖。翠屏区师培中心长期坚持扎实工作、积极创新，始终在全市各县（区）的师培工作中占首位。

在平等、尊重、对话文化价值的影响下，研训者们将对研修工作的热爱融入自己的工作之中。他们不断强化自己的专业素养，培养自己的教研能力，从模仿他人到表达自己，从传统教学到品质研训，不断地改变，努力成长为《教研工作意见》中要求"政治素质过硬、事业心责任感强、教育观念正确、教研能力较强、职业道德良好"的优秀研训员。翠屏区教师培训与教育研究中心也在"对话式研训"中推进了改革，优化了发展，更好地为区域发展提供优质的服务。

参考文献

[1] 石敏. 高中文言文"深层对话"课堂教学探索[D]. 济南：山东师范大学，2015.

[2] 王冰. 中学数学探究式教学研究[D]. 大连：辽宁师范大学，2005.

[3] 沈娟梅. 中学教学中数学交流的研究[D]. 武汉：华中师范大学，2007.

[4] 宋红波. 高校英语课堂中的对话教学研究[D]. 武汉：华中师范大学，2018.

[5] 黄静静. 课堂文化视域下的对话教学研究[D]. 武汉：华中师范大学，2016.

[6] 侯小琴. 论人类学田野的影视表达——《神农溪的冬天》拍摄实践及反思[D]. 武汉：中南民族大学，2012.

[7] 龙溪虎. 现代思想政治教育对话论[D]. 南昌：江西师范大学，2015.

[8] 孙媛慧. 初中语文阅读"主体对话"式教学研究[D]. 郑州：河南师范大学，2017.

[9] 韦蓓. 中学语文教学中的多重对话研究[D]. 都匀：黔南民族师范学院，2015.

[10] 孟岩. 高中语文课堂有效对话教学探究[D]. 济南：山东师范大学，2010.

[11] 余画凤. 对话教学在高中语文课堂的实践与反思[D]. 武汉：华中师范大学，2011.

[12] 王颖. 幼儿园对话教学研究[D]. 哈尔滨：哈尔滨师范大学，2012.
[13] 温馥榕. 人文价值教育视角下的小学课堂文化构建研究——以青海人文价值教育项目学校为个案[D]. 西宁：青海师范大学，2017.
[14] 章萍君. 基于中学信息科技学科的对话教学行动研究[D]. 上海：上海师范大学，2013.
[15] 魏宵英. 生物课堂教学中对话运用的实践研究[D]. 金华：浙江师范大学，2012.
[16] 李怡红. 关于小学科学课堂中追问目的的研究[D]. 南京：南京师范大学，2011.
[17] 徐蕴. 探究：对话式教师培训模式的研究——以科学教师培训为例[D]. 南京：南京师范大学，2005.
[18] 韩倩. 马尔科姆诺尔斯的成人学习思想研究[D]. 保定：河北大学，2017.
[19] 刘颖. 自考助学生英语自我导向学习能力优化研究[D]. 重庆：西南大学，2009.
[20] 沈宋彬. 在"对话教学"中发展高中生历史思辨能力研究[D]. 杭州：杭州师范大学，2015.
[21] 高俪珊. 商业银行管理人员人格特质研究[D]. 武汉：武汉理工大学，2012.
[22] 曾建发. 中学校长决策研究——基于湖北省武汉市J区的研究[D]. 武汉：华中师范大学，2015.
[23] 吴晶京. 农村小学沙龙式校本研修的实践研究——以宁波市江北区洪塘中心小学为例[D]. 金华：浙江师范大学，2008.
[24] 郑宇航. 阅读教学中对话理论使用的误区及成因[J]. 才智，2014（4）.
[25] 陈爱华. 从哲学到教育：马丁·布伯的对话理论[J]. 南昌大学学报，2015（7）.
[26] 刘忠华. 需要"合作对话"，也需要"诵读感悟"——语文阅读教

学方式的文化社会学审视[J]. 湖南师范大学教育科学学报，2008（11）.

[27] 沈炀媛. 对话教学，激发学生学习兴趣[J]. 速读，2017（7）.

[28] 胡国军. 教师培训：走向交往与对话[J]. 师资培训研究，2003（1）.

[29] 张青红. 试论新课改背景下小学高年级数学教学方法[J]. 文渊，2019（5）.

[30] 沈世红. 对话——"生态化学"理念下的教育哲学[J]. 化学教与学，2012（6）.

[31] 唐淑红. 初中数学小组合作与学生独立学习相结合的探讨[J]. 文理导航-教育研究与实践，2016（11）.

[32] 柴楠. 对话教学的内涵、特征及其意义[J]. 甘肃高师学报，2008（8）.

[33] 张宏. 确保火电施工企业培训效益的四个关键[J]. 华北电业，2011（12）.

[34] 孙凯. 对话教学的基本内涵[J]. 当代教育科学，2006（12）.

[35] 徐洁. 浅析保罗·弗莱雷的对话教育思想[J]. 宿州学院学报，2009（9）.

[36] 朱许强. 乡村教师主体性对话的失落与回归[J]. 教师教育论坛，2019（8）.

[37] 胡庆芳. 中小学教师培训转型发展的理论基础及实践走向[J]. 当代教育论坛，2012（3）.

[38] 柴阳丽. 共享监控和调节视角下 CSCL 在线异步对话分析及改进策略——以"研究性学习"课程为例[J]. 电化教育研究，2019（5）.

[39] 曹开秋. 对话教学的内涵、价值追求及功能[J]. 现代教育科学，2010（12）.

[40] 张志坚. 以对话为核心的教师培训模式探究[J]. 教育理论与实践，2013（1）.

[41] 柳夕浪. 对话：一种重要的教育研究方式[J]. 当代教育科学，2006（6）.

[42] 张帆. 秦腔音乐元素在当代音乐创作中的应用分析[J]. 艺术评鉴，2020（4）.

[43] 潘世祥. "五段互动式"：教师专业发展新模式——深圳市宝安区中小学教师培训模式实践探索[J]. 中小学教师培训，2010（8）.

[44] 徐斌. 对话：中小学校本研修模式新探[J]. 教育科学论坛，2019（5）.

[45] 刘立艳. 从心理咨询行业的变化谈心理学的发展[J]. 心理医生，2012（8）.

[46] 曾建发. "多维对话式"校本研修模式的新探索——基于武汉市解放中学校本研修的实践[J]. 湖南师范大学教育科学学报，2012（5）.

后 记

让"对话"走向纵深

　　任务驱动多,训前诊断少;行政要求多,满足学员少;自上而下多,自下而上少;通识培训多,分层研训少;单向灌输多,互动研讨少;专题辅导多,课程建构少……四年前,我们基于教师培训中存在的诸多问题,以国家级课题研究作为载体,力图通过"对话"的方式,选择适合的话题和方法,激发培训者的主观能动性,让参培者主动参与,积极互动。

　　四年来,对话式研训这种变"培训"为"研训"的方式,深受参训教师的欢迎。可以说,该课题是本区域内参与研究学校最广、人数最多的一个课题,对教师的专业发展、学校的教研方式变革、区域的教研联动、区域教育质量的整体提升都产生了积极的推动作用。

　　当然,在课题的深入推进中,我们发现对话式研训仍然存在不少亟待改进的地方。只有不断研究,不断改进,对话式研训才能走向纵深。

一、指向参训者:对话式研训的推进举措

1. 灵活选用多样工具

　　对话工具是让"对话"取得真正效果的关键之一。教师要想增强对

话的针对性和实效性，就必须使用多样工具，要根据对话主题、参加人员来选择使用不同的对话工具。否则，千篇一律地使用一套工具，势必会让对话变得过于程序化、模式化，甚至表面化，达不到研训的真正目的。就目前的研训实践来看，单一的对话工具，效果还是有较大局限性的。因此，开发更多更具针对性的工具，并灵活选用，是未来研究必须解决的问题。同时，参训者对新工具的认识、使用也有一个过程，需要教研机构加强工具的使用指导。

2. 系统分类对话主体

教师的学段、知识结构、认知水平、技能水平等因素是教研机构确立对话主题、选择对话方式、选用对话工具的重要参考。大凡高效的研训，对话都能针对不同的群体、学段、知识水平、技能水平来制定不同的对话方式或设定不同的主题。就现在的情况而言，对话式研训在高中、初中、小学、幼儿园不同学段还是采取相同的方法、相同的工具、相同的程序。这种对话，其效果自然会大打折扣。在今后的研究中，我们必须从层次、学段、知识技能的差异性入手，采取相应的方式方法，对话才能往深处走。

3. 有效跟进相应评价

科学有效的评价对于任何教育研究，或者教研活动都是必不可少的。没有系统科学的有效评价，活动往往是盲目的。为此，任何研训活动都必须制定出系统科学的评价体系，并不断完善、贯穿研究的全过程。教师对话式研训还需要对对话组织、对话参与、工具使用、对话成果等进行评价。否则，散打式的、漫无目的的对话活动，不能及时调整方法、改进措施，只会使研究表面化、空泛化、短期化。结果只会是"走到哪里黑，就到哪里歇"，效果肯定不会持续，研究很难往实里走。

4. 充分保证专家引领

任何有效的研究，都需要系统科学的理论引领，也需要正确的方法指导。中小学教师在理论方面往往存在短板：他们常常长于实践，而弱于理性反思与理论提炼，对于实践中遇到的许多问题，很难从理论的层面说清楚想明白。随着研究的深入推进，遇到的问题会越来越多，需要有专家把道理说得明白，进行理论梳理和系统指导，将问题及时解决，而这恰恰是基础教育学校老师在研究过程中迫切需要的。否则，当实践问题得不到解决时，研究方向就会偏离，研究动力就会衰减，研究就很难深入地、系统地有效推进。因此，在课题深入研究的过程中，稳定的专家团队、全程的跟踪指导都是十分必要的。

5. 持续提升教师素养

不少教师不能很好地把握对话式研训的核心要义，没有掌握对话式研训的核心策略，自然就影响了对话式研训的效果。要使对话式研训走向深处，我们必须要持续提升教师的专业水平和科研素养。从前期研究的情况看，部分教师受专业水平限制，在进行对话研训时流于形式，浮于表面，不能很好地解决教育教学实践中的问题，不能从根本上改进教学方法，甚至让教研活动偏离方向。为此，在课题研究过程中，我们必须不断培训教师，不断提升教师的科研能力，进而提高学校的办学质量。

二、提升组织者：对话式研训的改进走向

对话式研训对"对话"的组织者要求很高，要求组织者能根据对话的主题，选择有针对性的对话方法；要求组织者根据现场活动的需要，科学调控现场的对话氛围，灵活地调动参与者的积极性；要求组织者根据对话的现场需要，引导对话，针对对话过程中出现的问题，机智地调节和化解。为此，我们需要及时反思，加强总结，采取更有效的推进举措。

1. 切实强化总结交流

在研究中，课题组对课题研究过程的阶段性总结和交流仍然不够。为此，我们可加强课题的过程总结，及时交流和分享成果，相互学习和提高，找出研究中的问题，通过互动探讨学习提高；可以通过子课题之间的相互学习探讨，解决研究中的相似或者不同的问题，相比自上而下的单向灌输式培训，展示交流提高的效果是最好的。而在过去的研究中，这个方面还相对欠缺。很多时候，各个学校单打独斗，没有实现有用信息的有效整合。有的子课题单位所交总结有应付之嫌，有的囿于研究工作过程的陈述，没有对研究经验的深入理性反思和系统提炼；有的不能对问题进行系统的深入分析、提出解决的办法、制定系统的规划；有的参研学校对阶段性成果的提炼、总结水平还不高，理论性和系统性还不强，甚至部分研究单位不知道怎样有效地提炼阶段性成果，书写成果报告。在这方面，我们还任重道远。

2. 深度融合信息技术

"要深化关键领域改革，为提高教育质量创造条件，发挥教研支撑作用，完善区域教研、校本教研、网络教研、综合教研制度。"正如《中共中央、国务院关于深化教育教学改革全面提高义务教育质量的意见》强调，网络教研的必备条件之一就是教研活动与信息技术的深度融合，教师对话式研训也不例外。与信息技术深度融合的教师对话式研训可以让"对话"因不受时空的限制而更及时、更便捷、更自由、更高效，同时也可以与更广泛的有志之士、有识之士进行"对话"。目前，我们的对话式研训研究得较多的是线下的面对面"对话"，而与信息技术深度融合的基于网络的对话式研训，涉猎的学科还不全面，研究得尚不深入。基于网络的"对话"可借助 UMU 平台、问卷星、QQ 群、微信群、钉钉平台、CCtalk 沪江网等多种平台，运用问卷调查、网络直播、视频会议、语音会议、协作文档编辑等多种信息技术及工具开展研训活动。这些技术的使用不仅让"对话"研训以更灵活多样的方式开展，而且对于保存研究过程的资料以备再研究、及时固化研究成果、强化信息反馈、进行大数据分析等具有不可替代的作用。同时，我们还可利用信息技术提前发布课程，让参训教师提前思考，做好充分准备；及时回放多媒体播放教学视频或录播课程，创设真实的对话情境，激发对话欲望。因此，对话式研训与信息技术的深度融合，不仅促进网络对话的顺利进行，对于线上线下结合的对话，以及线下面对面的"对话"，也具有如虎添翼的作用。

3. 对话走向更广领域

"对话"在教育很多领域都可以运用和深化。从目前的研究情况来看，主要还针对常规的教师培训。随着研究的深入，在教学教研活动中，我们还可以针对不同学科的教师，从普适性对话，到具体学科对话，这也是本课题深化的重要方面。真正有效的对话延续，必须向学科渗透和融入。这样的研训才可能在学校不断地深入，进而改变教师的思维方式，有效提升学科教师的专业水平，改变教师课堂教学的理念和方法，提升课堂效果，提高办学质量。我们要选择不同的话题，进行针对性更强的对话；还可与新课改的深化有机结合，把对话的理念融入新课改的全程，更好地推进新课改的进程。因为对话的核心，是民主、平等的参与。对话主体围绕问题展开讨论，人人都是参与者，人人都是受益者，人人都是智慧的奉献者，人人都是智慧的受惠者。这个理念，恰恰是新课改过程中需要不断贯彻落实的，它可以有效减少自上而下、居高临下的单向灌输导致的忽视主体主动性的种种弊端。同时，如何将"对话"的方法运用于德育工作中也是该课题深化的一个重要方面。过去的德育工作，说教比较多，居高临下的要求比较多，高大上的条款比较多，而与学生生活实际紧密联系、走进学生心里、与学生进行科学平等的心灵对话少。

如果我们在德育工作中，能让德育体验化、生活化和有效化，就会收到良好的效果。

总之，在未来的研究中，我们要切实做到分主体、分学段、分学科和分主题内容，选择不同的工具、方法，提升研究的实效性，这是我们所有参研人员和参研学校下一步需要努力的方向。我们真诚地希望该课题能在各子课题学校和参研教师中落地生根、开花结果，真正改善教师的研训方式，改进研训效果，变培训为研训，进而提高教师的专业水平，改进教学方法，提高办学质量。让我们携起手来，共同努力，让"对话"走向纵深。